U0927349

生命科技发展与人格权法制度创新

周　平◎著

中国社会科学出版社

图书在版编目(CIP)数据

生命科技发展与人格权法制度创新／周平著．—北京：中国社会科学出版社，2022.2

ISBN 978-7-5203-9629-5

Ⅰ.①生… Ⅱ.①周… Ⅲ.①生命科学—科学技术—关系—人格—权利—法律—研究—中国 Ⅳ.①D922.174②D923.14

中国版本图书馆 CIP 数据核字(2022)第 014977 号

出 版 人 赵剑英
责任编辑 梁剑琴
责任校对 冯英爽
责任印制 郝美娜

出　　版 中国社会科学出版社
社　　址 北京鼓楼西大街甲 158 号
邮　　编 100720
网　　址 http：//www.csspw.cn
发 行 部 010-84083685
门 市 部 010-84029450
经　　销 新华书店及其他书店

印刷装订 北京市十月印刷有限公司
版　　次 2022 年 2 月第 1 版
印　　次 2022 年 2 月第 1 次印刷

开　　本 710×1000 1/16
印　　张 13.75
插　　页 2
字　　数 233 千字
定　　价 78.00 元

凡购买中国社会科学出版社图书，如有质量问题请与本社营销中心联系调换
电话：010-84083683
版权所有 侵权必究

目　　录

科学就其意义讲，从来没有像现在这样具有道德性质，因为科学发现的成果，任何时候也没有像现在这样影响人类的命运。

——爱因斯坦①

第一章　人格权法规制生命科技的原理分析

第一节　生命科技发展对人格权法的冲击

“生命科学是研究生物体及其运动规律的科学。广义的生命科学还包括生物技术、医学、农学、生物与环境、生物学与其他学科交叉的领域。”② 人们把21世纪称作“生命科技的时代”。从未有哪项科技，像生命科技这样，正在改变甚至重塑人们的肉体与精神，不断刷新甚至颠覆人类对自己的认识与定位。生命科技正在全面、深刻地影响着人类的命运。它无处不在：生命繁衍技术革新了人们的生殖模式，生命维护技术改善着人们的生存质量，生命变异技术改变着人们的生存状态，生命终结技术则叩问生命的价值。人的“出生”“生存”“变化”“死亡”都与它息息相关。它也正在对法律制度包括人格权制度产生深刻影响。近现代以来人格权法的变迁是一个“伟大动人的故事”，③ 期待在学界的共同努力下，人格权法也能书写好与生命科技共舞的神奇篇章。

---

① ［德］爱因斯坦：《爱因斯坦文集》（第3卷），许良英译，商务印书馆1979年版，第259页。

② 吴庆余等：《基础生命科学》，高等教育出版社2002年版，第7页。本书主要研究可能对人与人格权法等直接产生影响的部分生命科学与技术，合称为生命科技。

③ 王泽鉴：《人格权法：法释义学、比较法、案例研究》，北京大学出版社2013年版，第44页。

一 生命繁衍技术及其对人格权法的冲击

（一）生命繁衍技术简介

1. 助孕技术简介

助孕技术，简而言之就是帮助人怀孕生育的技术。它是人工辅助生殖技术（Assisted Reproductive Technology，ART）的核心内容。有的学者将人工生殖技术直接定义为助孕技术，认为人工生殖技术是根据生物遗传工程理论，利用人工方法提取出精子或卵子，处理后再将精子、受精卵或胚胎注入女性子宫，使其受孕的一种新型生殖技术。[①] 助孕技术包括体内人工授精、体外人工受精—移植两大类，其中又可以分解为配子（精子和卵子）提取技术，胚胎体外培育技术与配子和胚胎植入手术。

2. 代孕技术简介

代孕也是人类辅助生殖技术的一种，它是通过现代医疗技术将精子、受精卵或胚胎注入自愿代理怀孕者的体内，待生育后由委托人获得对孩子的亲权并加以抚养的一种生育模式。学说上常将妻称作委托妻子，将夫称作委托丈夫，将代理怀孕者称作代理孕母，将所生子女称为代孕子女。自20世纪70年代以来至今，它已经成为解决不孕症的一种临床选择。胚胎按精子与卵子的来源不同可分为五种情况：一是夫精与妻卵；二是夫精与代孕者的卵子；三是夫精与供卵；四是妻卵与供精；五是供精与供卵。依据代理孕母是否提供遗传物质，代孕可以分为局部代孕与完全代孕。[②] 代孕在技术层面并无特别之处，其挑战主要在于伦理和法律方面。

3. 孕检技术简介

现代孕检技术，以时间线为据，可以分为孕前检查和孕期检查；以检查对象为准，可以分为针对准父母的检查与针对胎儿的检查。孕前检查，是准父母基于怀孕宗旨而对自身适孕性进行的医学检查。孕期检查，主要是对孕妇和胎儿的状态进行监控，包括常规体检和专门检查，还可对胎儿进行产前诊断（prenatal diagnosis）乃至基因诊断等。

---

① 张伟：《人工生育子女法律地位初探——兼议未来克隆人技术引起的法律难题》，《当代法学》2003年第6期。

② 局部代孕为夫精或捐精与代理孕母卵子结合的代孕类型，代理孕母提供卵子与妊娠功能。完全代孕是指使用夫妻或代理孕母以外之人的精卵在体外受精后将胚胎重置于代理孕母子宫内，代理孕母只提供妊娠功能。

4. 节育技术简介

节育技术包括避孕、堕胎和绝育三大类。用于达成节育目的的手段包括使用药具和进行手术两种方式（为行文方便，本书将上述统称为节育技术）。避孕就是在不停止性生活前提下，运用医学方法，干扰或阻止受孕条件中的任一环节，以达到在特定时期内避免受孕的目的。近现代的避孕运动由弗朗西斯·普雷斯（Francis Place）在 1822 年发起。[①] 现代常用的避孕方法有服用避孕药和使用避孕药具。人工流产，俗谓堕胎，是指用手术或药物等人工方法终止妊娠。它是一种历史悠久的防止婴儿出生的做法，但一直面临道德、宗教与法律层面的争议。现代医学界采用的堕胎技术主要包括药物和手术两大类，另外中医还有针灸堕胎。绝育是指使主体人为地永久断绝生育能力的节育措施。绝育有不可逆性和可逆性两类。前者如子宫卵巢摘除术及睾丸摘除术；后者如输精管和输卵管结扎术。

（二）生命繁衍技术对人格权法的冲击

生命繁衍技术的发展，引发了诸多问题，与人直接相关的包括但不限于以下问题。

1. 生殖细胞在法律上如何定位

生命由精子、卵子、受精卵萌芽。脱离人体的精子、卵子以及受精卵、准胚胎、胚胎，其法律地位如何界定？现实中已经发生一些问题，亟待法律调整。2013 年一项报道显示，武汉市 5 家医院累积的冷冻胚胎已有近 3 万个；但因为各种原因，部分冷冻胚胎渐被父母“遗忘”，保守估计数量有近万之多。因为无法可依，如何处理医院左右为难。[②] 承认这些遗传物质就是生命体，应获得法律的认可，虽符合生命科学原理；但就现实生活而言，这类生命物质的灭失每时每刻每处都在发生：一次射精可销毁数以万计的精子；育龄妇女每个生理周期都会生产和灭失至少一个卵子……认其为生命，实难发现其神圣！否认它们是生命体，认其为俗物微尘，可是每一人类生命确实源自其中，如此难免有亵渎生命之惑！或者它们是介于神圣和平凡之间，生命与非生命之间的中介？如何给这些遗传物质一个准确的法律定位——主体、客体还是中介体，是人格权法首要的问

---

① ［美］M. 薄兹、［英］P. 施尔曼：《社会与生育》，张世文译，天津人民出版社 1991 年版，第 376 页。

② 高琛琛、刘蔚丹：《武汉近万个试管婴儿胚胎被父母遗忘》，http：//hb. qq. com/a/20120322/001296_ 1. htm，2013 年 5 月 26 日。

题。否则就会如美国那样，“联邦和州法中都缺乏关于胚胎使用的明确统一的规定，这意味着胚胎使用的法律不确定性”①。

2. 助孕生育的婴儿法律地位如何确定

夫妇借由自己的精卵或者他人精卵人工生殖的子女，与该夫妇的关系如何界定？代理孕母生育的代孕子女法律上的亲权人是谁？未婚女性、离异女性、丧偶女性，倘若她们基于某种需要而进行人工生殖，所生婴儿的法律地位又如何界定呢？从死者身上提取配子生殖的婴儿与死者有法律上的亲属关系吗？借助人工生殖技术出生的孩子，其法律地位、亲子关系应当依据血缘、契约、儿童利益还是其他规则加以确定？

3. 代孕的法律规制问题

代孕，作为生育和获得子女的一种方式，是贬损人格尊严还是彰显人格自由？是维护传统家庭制度还是破坏家庭稳定？法律应该绝对禁止还是有条件开放？应该允许代理孕母获得合理补偿还是杜绝任何形式收费？哪些人是合格的委托人，哪些人是适格的代理孕母？代孕协议的效力如何，可以强制执行吗？代孕应由法律主动监管还是该交给市场任其自由发展？

4. 孕检中的相关利益冲突问题

孕检技术是优生学实践的组成部分，“对提高人口素质将起到有力的作用”②。孕检技术的发展，使人们有机会了解胎儿的健康状态，从而有能力采取措施干预孕育进程，生育出健康婴儿。这种技术的实践正在构筑一种新的生育伦理：胎儿的生命价值需要评估，生育健康的婴儿是准父母的道德责任。这种责任应否转化为法律义务：国家为了保护未来的公民——胎儿的利益，可否立法要求孕妇必须进行孕检？可否要求孕妇终止有严重先天缺陷胎儿的妊娠？可否对孕妇不负责任的行为，如吸毒、酗酒等进行限制？孕检技术也促使人们反思生命的价值：制造完美婴儿的技术如此诱惑，应该允许对遗传基因的自由编辑吗？比较而言，那些不够完美甚至有严重残疾的生命是否价值小一些，甚至是无价值或负价值的？

5. 节育技术中的生育性别公正问题

服用避孕药物是节育的重要措施之一，然而目前常用的几乎全部是女用避孕药。使用避孕药具是节育的另一主要方式，目前主要使用的宫内

① Alyssa Lechmanik, “The Battle Over The Embryo: How West Virginia Should Legally Define The Embryo”, *West Virginia Law Review*, Vol. 116, No. 2, Winter 2013, p. 10.

② 阮芳赋：《优生学史：一种新的三阶段论》，《优生与遗传》1983 年第 1 期。

IUD（节育环）也是女用的，男用的主要是避孕套等。至于绝育手术，也多是采用输卵管结扎方式。堕胎就更不用说了，自然只能是女性来承担。女性在其中承担的风险和承受的痛苦不言而喻。这种技术发展的潮流是科技的自然趋势还是文明的刻意诱导？是自然而然还是性别不公？节育技术还对传统生命价值观给予了致命一击：如果生命总是正价值的，节育的正当性何在呢？

二　生命维护技术及其对人格权法的冲击

（一）生命维护技术简介

1. 器官移植技术简介

器官移植技术（organ transplant）是指将一个器官整体或局部从一个个体转移到另一个个体的手术。提供器官的一方为供体，接受器官的一方为受体。依据器官来源不同，可以分为自体移植（从患者身体取用组织，如皮肤等）、同类异体移植（从他人身上取得供移植的器官与组织）和异类异体移植（从人以外的动物身上取得供移植的器官与组织）。目前已实施移植的器官与组织，包括角膜、听小骨、肺脏、小肠、心脏、肝脏、肾、骨髓、皮肤等。现在，科学家们还在尝试睾丸、肢体、眼球、脸甚至头颅移植。我国从1966年开始器官移植，至今已经形成一定的规模。和器官移植功能类似的体外生命支持（Extra Corporeal Life Support，ECLS）系统也越来越发达。①

2. 基因医疗技术简介

基因医疗技术包括基因诊断、基因治疗等。基因诊断技术（gene diagnosis），又称为分子诊断（molecular diagnosis），或DNA诊断，是指利用分子生物学方法检测病患体内遗传物质的结构及其表达水平的变化的技术。基因治疗（gene therapy）是指将源于外部的正常基因导入靶细胞，用以纠正或补偿因为基因缺陷或异常引起的疾病，以实现治疗目的。基因治疗还可包括从DNA水平采取的治疗某些疾病的措施和新技术，如建立临床级干细胞库、实现子宫内膜再生、制造生物人工肝、生物方法修复脊

---

① 许天祥、王晓霞等：《体外生命支持系统在急危重症患者救治中的应用进展》，《上海交通大学学报》（医学版）2016年第5期。

髓损伤[①]、基因芯片技术[②]等。

3. 医疗美容技术简介

我国2001年颁布的《医疗美容服务管理办法》对医疗美容的定义是“指运用手术、药物、医疗器械以及其他具有创伤性或者侵入性的医学技术方法对人的容貌和人体各部位形态进行的修复与再塑”。医疗美容应用技术中最具技术性的、最为引人关注的是整形美容手术。整形美容手术可以帮助人们实现“美”的目标，但也伴随着一定的风险。

（二）生命维护技术对人格权法的冲击

1. 人格“平等性”问题

在器官移植、基因治疗、美容手术等技术的应用中，都可以发现人格平等危机。器官移植一直受到供体不足的制约，扩展器官来源是一直以来人们努力的方向。在供给器官有限的前提下，分配规则中如何贯彻人格平等？基因筛选技术为制造完美婴儿提供了技术可能，这将使得一部分人在出生时就可能取得比普通人更高的起点，这对于人们之间公平的影响绝对是非常致命的。有人提出基因人说法，基因人是科学家应用基因重组技术产生的人，其在生理机能上优于普通自然人，他们或许有着超凡的智商，或许有着超长的寿命，或许有着完美的体格等。[③] 基因人和普通自然人是平等的吗？基因检测也可能催生基因歧视。美容手术也会带来公平性争议，整形美容者在得到一些便利的同时，也遭遇了一些抵制。反对者认为受术者利用“人造的”美貌获取利益和便利，对普通人不公平；但是阻止人们手术，对容貌不佳者而言是否也是在固化一种不平等？如果结合金钱因素，这种不平等可能会被放大，贫富差距带来的不公会更加突出。越是新颖的技术，其使用成本就越昂贵，器官移植、基因治疗、美容整形中的尖端技术显然不是普惠的，而更可能是有钱人的福利。

2. 人格“自由性”问题

人格自由的内涵是什么，比如利用经济手段引导人们进行器官捐献是

① 周琪：《中国及中国科学院干细胞与再生医学研究概述》，《生命科学》2016年第8期。

② 基因芯片又称DNA芯片、DNA微阵列，是以预先设计的方式将大量的基因探针固定在玻片、硅片等固相载体上组成的密集分子阵列。基因芯片技术类似于计算机的电子芯片技术，其具有高通量、微型化、连续化、自动化、快速和准确等特点。任径幽：《植物基因克隆技术的研究进展》，《科技创新与应用》2013年第27期。

③ 胡芸迪：《基因人的伦理问题》，《经贸实践》2017年第18期。

否破坏人格自由？有学者主张“以利他主义为发动机的当前器官获取模式根本不能获得充足的器官。因此，应该用以市场为基础的方法解决器官短缺问题”①。真的这样实践，会破坏人格自由吗？民事行为能力欠缺者的遗体器官捐献是否体现其自由意志？基因治疗中的“不知情”自由是否有必要保护，人们有必要知道那么多吗？许多疾病今天仍然是不治之症，早早知道也无法预防，徒增烦恼，如亨廷顿病、阿尔茨海默症等。美国里根总统早在任期时就被检测出携带有致阿尔茨海默症的基因，但老年仍不能避免罹患该病的命运。提早知道的益处并不明显，痛苦则显而易见。当事人“情愿不知道”的自由法律该如何保证？整形美容在帮助人们获得“美”时，却也使人们失去了“真”，因而时常遭遇争议。这种选择符合人格自由原则吗？与传统的医疗行为相比，医疗机构与美容者之间是更为平等的法律关系。② 医疗美容纠纷在法律适用，损害界定以及责任分担方面可以直接适用传统医疗纠纷相关法律吗？

3. 人格“尊严性”问题

器官移植技术带给了人们长生的希望，受损的器官可以像破损的零件一样被置换，使人恢复健康。但是该技术也给现行法律带来重大挑战。越来越多动物的或人造的“器官”与“组织”进入人体，造成了“物化的人”。人的皮肤、血液、组织、器官乃至基因等皆可与人分离，或捐献，或买卖，或租赁，造成了“人的物化”。在不断进行的“人的物化”和“物化的人”之间如何维护人格尊严？基因诊疗技术作为一项较新的技术，人在某种意义上正如实验的小白鼠，其实施的长期预后难以判断，令科学家担忧这是一个“潘多拉魔盒”。基因技术还存在把人依据基因分类的风险，会否损害人格尊严？医疗美容手术帮助受术者实现了“美”的追求，却丧失了“真”的价值，强化了“容貌至上”的观念，是否会贬损人格尊严？

三　生命变异技术及其对人格权法的冲击

（一）生命变异技术简介

1. 生殖克隆技术简介

生殖克隆技术（reproductive cloning），是指基于生殖目的利用克隆技

---

① Adam Crepelle, “A Market for Human Organs: an Ethical Solution to the Organ Shortage”, *Indiana Health Law Review*, Vol. 13, No. 1, 2016, p. 17.

② 赵西巨：《医疗美容服务与医疗损害责任》，《清华法学》2013 年第 2 期。

术在实验室生产制造人类胚胎，而后将胚胎植入人体子宫从而发育成胎儿或婴儿的技术。克隆技术是 20 世纪最重要的科技进步之一。关于动物的克隆实验进步显著：1952 年，北方豹蛙被克隆；1996 年克隆多莉羊诞生；2015 年，克隆骆驼成功……克隆人因为法律的禁止，迄今只有一些未被证实的宣布，如 2002 年 11 月雷尔教派科学家布丽吉特 · 布瓦瑟利耶宣布使用克隆技术培育的女婴“夏娃”诞生。[①] 虽然人们对此消息半信半疑，但科学家们表示这在技术上并非不可能。

2. 变性手术简介

变性手术（sex reassignment surgery），也称易性术，是指把自然人原有的外生殖器改变成异性的结构并切除性腺的手术。变性手术包括阴道再造术、阴茎再造术等；同时还可结合表形重塑，如喉结整形、乳房整形等手术，以符合个体对于自我性别的再认定。在西方最早出现变性手术的是德国。[②] 我国则是 1980 年首次公开报道在上海实施一例变性手术。[③] 现代社会一般认为变性手术是对易性癖这一疾病的一种治疗方式。

3. 人体冷冻技术简介

人体冷冻技术（或人体冷藏），是一种实验中的医疗技术，将人体在极低温（零下 196 摄氏度以下）下冷藏保存，希望能借助未来先进的生命科技使冷冻者解冻后复活及治愈康复。人体冷冻学是 1964 年由美国物理学教授罗伯特在其《长生不死之前景》一书中提出的。[④] 在人体冷冻方面，美国的阿尔科生命延续基金（Alcor Life Extension Foundation）（以下简称“阿尔科基金会”）是专门从事此项研究的组织，也是做得最成功的一家，全球近半数的冷冻人体都在此机构保存和被研究。

（二）生命变异技术对人格权法的冲击

1. 生命变异行为的合法性问题

生命变异技术为主体提供了个广阔的行动疆界，拓展了自由行为的领域。生命变异技术如克隆人、变性手术、冷冻人技术本质是否合法？人们行此类手术的人格权依据是否存在？若存在，具体为何？克隆人技

① 《首个克隆人“夏娃”诞生》，http：//www. holine. com/200212/02122701. htm，2017 年 4 月 1 日。

② 黄丁全：《医疗 · 法律与生命伦理》，法律出版社 2004 年版，第 498 页。

③ 莫爱新：《变性人私法问题研究》，《中国性科学》2012 年第 6 期。

④ ［美］埃德 · 里基斯：《科学也疯狂》，张明德、刘青青译，中国对外翻译出版社 1994 年版，第 82 页。

术可能是迄今为止最挑动人们神经的技术，它对生命价值、家庭伦理、生育制度的冲击不亚于伽利略坚持的“日心说”对于基督教“地心说”的影响。反对者担心克隆人会破坏生命独一无二的神圣性，损害生命短暂因而格外值得珍惜的紧迫感，会破坏生育制度、家庭结构甚至会因单性繁殖妨碍人类进化。克隆人技术现在被禁止，会永远被认定为非法吗？讨论并未结束，一些人也坚持，人格（表达）自由[①]、不育者的生育权支持克隆人的正当性与合法性。就变性手术观之，一些医生坚持在精神、心理治疗无果的情形之下，对变性癖者施以手术是一种值得肯定的医疗行为；但持反对观点的医生则认为满足变性癖者的要求，就如同给麻药成瘾的人注射麻药一样，本质上并非医疗行为。人体冷冻技术，有人视其为痴人说梦，无稽妄想；有人则坚信其是科学至理，永生曙光。冷冻技术是直接追逐长生的人类梦想，如果可以死而复活，最终实现长生在世的目标，这样的技术该被允许或鼓励吗？关于冷冻人目前并无法律禁止，但这就是合法的吗？

2. 生命变异技术的使用规制问题

生殖克隆、性别变更、人体冷冻都是颇受争议的问题。生殖克隆存在技术安全性、伦理正当性等争议，对此技术立法应如何规制？变性人实施手术后丧失生育能力，成为中性之人，而非意欲的性别；变性手术会对受术人身体造成不可逆转的损伤，违反法律关于身体健康保护的规定。日本一位实施变性手术的医师曾被法院判决违反母体保护法、刑法和麻药取缔法而处以徒刑和罚金。[②] 德国也曾出现父母为满足自己的女孩偏好而对两个幼龄儿子实施变性手术的事件，促使《德国民法典》增补相关规定，明确禁止未成年人变性。实施变性手术，如果限于变性癖者，请求权依据是身体权、健康权还是一般人格权之人格自由？基于社会原因的变性可以被允许吗？人格自由能否支持此种诉求？性别变更技术具有高侵袭性、不可逆性等特点，满足哪些条件，通过何种程序才可以进行此类手术？冷冻人的死亡标准并不是现在多数学者主张的脑死亡，而是传统的心跳、呼吸停止标准，这时欲冷冻者支配的仅仅是自己的遗体，还是包括了生命？人体冷冻技术冷冻的是活人还是遗体，如何

① Meredith Lewis, “Book Note: Age of Human Cloning and the Constitutioual Crisis That May Result”, *Journal of Law and Family Studies*, No. 6, 2004, p. 3.

② 黄丁全：《医疗·法律与生命伦理》，法律出版社 2004 年版，第 501 页。

防范其侵害当事人生命权？确定具体的技术应用制度是必须考虑的问题。

3. 变异者的主体身份确定问题

克隆人如果出现，我们在法律上怎么定位“他/她”或者“它”？变性人在社会上如何定位，变性需要得到配偶同意吗？变性人和家庭成员间的关系需要重新界定吗？人体冷冻技术应用中，冷冻的是身体还是遗体，冷冻体是主体还是客体；假使复活技术成功了，复活者是新人还是本人？法律如何对待这些被“改变”了的人？

四 生命终结技术及其对人格权法的冲击

（一）生命终结技术简介

结束生命的手段甚少人专门研究，但几乎自发形成花样百出的各种方式。日本学者鹤见济（Wataru Tsurumi）于1993年7月出版《完全自杀手册》。该书主要介绍各种自杀方法。由于违背提倡延续生命的道德标准，1997年该书在日本被禁。相较于如何生育制造生命、保存维系生命或改变生命，终结生命几乎是最没有技术含量的事情。

（二）生命终结技术对人格权法的冲击

安乐死技术彰显了一些问题：人们是否对自己的生命享有支配权能，自然人有“死亡权”吗？如果有，何时可以行使此项权能，有权要求停止无效治疗[①]结束生命吗？有权在生命末期自主结束生命吗，有权要求他人协助自杀吗，有权要求他人“仁慈杀害”自己吗？

生命科技是把“双刃剑”：它帮助人们制造了许多新生命，它也阻截了许多新生命的问世；它修复了许多病变的身体，它也把一些健康的身体变得伤痕累累；它维系了人类的存在，它也改变着人类生存的自然样态；它延缓了死亡的到来，它也可以加速死亡的来临！有人说每一次技术上的突破都是科学打头阵，市场紧跟其后，政府往往被远远抛在后面。但作为法律人，我们希望，政府不要被甩得太远，法律可以在需要时现身。

---

① 所谓无效治疗，广义上是指就当前的医疗水平，经过治疗而没有任何益处或完全没有治愈可能的治疗；狭义上是指依靠先进的医疗药物和仪器以维持患者生命的治疗。朱乐莹、陈香桦：《终末期患者不予或撤除无效治疗文献综述》，《经济研究导刊》2015年第21期。

第二节　人格权立法面对冲击的回应态度

一　生命科技具有伦理价值

传统观念一直认为，技术是中性的，可控的，它本身并无善恶之分。如爱因斯坦就曾指出："科学是一种强有力的工具。怎样用它，究竟是给人类带来幸福还是灾难，全取决于人自己，而不取决于工具。"① 科学技术成果可以被用于行善，也有可能被用于作恶，因而管控机制必不可少，以防止新技术被错误地使用。许多人乐观地相信，"人类有能力制定正确的监督机制，有能力限制甚至抵消新技术被滥用所造成的恶果"②。这种科学上的乐观主义是可以信赖的吗？它是建立在可靠的事实基础上的，还是更多地体现为人们的一厢情愿？近来的研究对上述传统观点提出了质疑。

（一）对技术中立论的反思

传统主流观点认为"技术无善恶"，科技本身是中性的，不具有伦理价值。古希腊的哲人甚至说过"知识就是美德"。这种观点长期以来流行于科学界和社会学界，成为通说。德国社会学家马克斯·韦伯首次提出"价值中立性"概念，并视其为科学的规范原则。他强调应在经验科学与价值判断之间划出泾渭分明的界限。③ 但笔者看来答案并非绝对肯定。生命科技的飞速发展对人类自身的价值观、伦理观提出了挑战。恩格尔哈特说："在带有沉重的伦理学和政治学外罩的科学争论中，或在带有重要的科学焦点的伦理学争论中，人们都会看到事实与价值纠缠在一起的关注。""生命伦理学争议中的大多数关键问题都具有这类复杂性。"④ 他举例说在人工流产中人们所用的"已能存活的胎儿"这一术语，就不是一个纯事实，医学的发展使得胎儿"已能存活"的时间不断前移。

---

① ［美］爱因斯坦：《爱因斯坦文集》（第3卷），许良英等译，商务印书馆1979年版，第56页。

② 赵功民：《遗传学的发展及其社会伦理问题的思考》，《北京工业大学学报》（社会科学版）2002年第1期。

③ ［英］罗素：《宗教与科学》，徐奕春、林国夫译，商务印书馆1982年版，第123页。

④ ［美］H. T. 恩格尔哈特：《生命伦理学基础》，范瑞平译，北京大学出版社2006年版，第222页。

常识也向我们展示：一些技术本身包含着重大的道德判断，比如克隆人技术、人兽杂交繁殖研究等。对于大多数人而言，很难认可人兽杂交技术（嵌合体）的研究或应用是合乎伦理的。人们对克隆技术也是莫衷一是。许多国家都有禁止嵌合体实验、生殖性克隆等的立法，这表明在立法者眼中，这类技术本身绝非中性无害。另一些技术虽然自身不会引起道德上的善恶之争，但是它的应用却会带来道德标准的变化。例如捐精、人工授精一度被某些人认为和通奸无异，今天则被看作一种常规的、正当的生育方式；产前检查技术的发展，使得原本自然生育的妇女，现在怀孕后须进行产检，不进行产前检查的妇女往往会被视为不负责任的准母亲。可以说这类技术构造了新的行为规范。

（二）对技术可控说的质疑

乐观主义者坚持认为与技术相关的“恶”是一个应用导致的问题，而非技术本身的问题；并且这些问题可以通过技术应用控制加以避免。他们因此反对对技术本身进行任何限制。事实真的如此吗？现在热议的人工智能（AI）技术，其可控性就显然成疑：人是会成为机器人的主人还是会反被机器人奴役，两派观点都有实力拥趸，显示技术可控性观点正遭遇挑战。《寂静的春天》一书表明这种乐观多少有些盲目：因为杀虫剂而灭绝的物种无法复活，给生态环境造成的破坏也难以复原，给人体造成的损害更是不可逆转。而这种放任的尝试，放在生命科技领域，其后果将直接加诸在人类自身之上，其切肤之痛，入髓之毒，恐怕是我们不愿也难以承受的。

（三）生命科技蕴含伦理性

现代科技的发展改变了自然人的出生、生存、死亡等的自然面貌。技术的介入越来越多，人逐渐成为生命科技精雕细琢的作品。生殖技术改变了以往人类自然生育的面貌；生命维护技术如器官移植、基因治疗、美容手术等改变着人的存活质量与生命长度；生命变异技术如克隆、变性、冷冻等改变着人的诞生方式、生活状态、死亡观念；生命终结技术则挑战生命权制度。现代科技使人们不得不思考，人的本质到底是什么？如何选择才是对人格尊严、人格自由与人格平等的真正维护？事实与价值纠缠在一起，技术和伦理裹挟，难舍难分。天主教庭甚至颁发文件宣布“声称科学研究及其应用没有善恶之分固属虚妄”①。有人严肃地指出：“科技发展是不问人的生存意义与尊严的，它隐含着无法预料的后果，而且科技不能体现对人类的终极关怀，它无法消除人类与科技的对立和冲突。”② 在医学领域，此类冲突更加普遍和尖锐。恩格尔哈特就感叹医学是一门在悲剧状态中实践的专业，医生经常面对无奈的选择：并非所有权利都能被满足，也非所有权利都可得实现，然而并没有一个确定权利位阶的等级系统来提供指引。③ 新的医疗技术催生新的权利主张，制造新的生命难题，带给我们无尽的困惑与思考。

二　人格权法“适度反应”的立法选择

生命科学领域，我们既不能完全放任，也不宜绝对管制。完全的放任可能使得生命科技成为脱缰野马，横冲直撞，危害社会，无法管束；绝对的管制则可能使生命科技这匹马变成伏枥老骥，规行矩步，滞后于他国，无益于社会，徒然浪费。刘长秋先生依据是否会产生负面问题这一标准，将生物技术分为三类：不会产生负面问题的；肯定会引发负面问题的；会否引发负面问题尚有争议的。④ 对这些生命科技，法律需认真鉴别，对于其不善的一面，法律要管控抵制；对于其善的一面，则要顺势而为，引领其造福于人类。因此适宜的策略选择是非常重要，适度放任和事先管控是同样必需的。

（一）人格权法的适度放任

一方面，立法要保持谦抑，尊重主体自主选择，尊重市场自身规律，对通认不发生负面问题的生命科技采取自由宽容的做法。恩格斯曾断言“民法准则只是以法的形式表现了社会的经济生活条件”⑤；立法者的任务是“发现”“社会的经济生活条件”，而非“制造”“社会的经济生活条件”；立法者也没有能力完全脱离“社会的经济生活条件”去独立制造该

① 天主教廷：《有关尊重生命肇始及生殖尊严的指示》，https：//www.douban.com/group/topic/4862458/，2017 年 4 月 1 日。

② 黄丁全：《医疗法律与生命伦理》，法律出版社 2004 年版，第 10 页。

③ ［美］H. T. 恩格尔哈特：《生命伦理学基础》，范瑞平译，北京大学出版社 2006 年版，第132 页。

④ 刘长秋：《生物经济发展的法律需求及其立法原则研究》，《中国科技论坛》2014 年第 3 期。

⑤ 《马克思恩格斯选集》第 4 卷，人民出版社 1995 年版，第 253 页。

条件。立法者要有这样的认识："最好把很多法律规则理解为利用社会规范的自主规制力量的努力……社会规范不大可能因为政府简单的、个别的、低成本的干预而改变。"① 社会规范源于无数个体理性自利行为的互动，许多规范促进了社会福利，当然也可能部分规范会损害社会福利。立法者要做的是消除源自社会规范的病症，而不是全部否认社会规范——"干涉社会规范的努力是危险的，因为社会规范是复杂的，敏感于一些难以控制的因素，我们对它们只有一知半解"②，因而不要轻易进行激进的社会规范变革。

保持立法谦抑，尊重生命科技自身发展规律，是对生命科技的一种应有态度。除了部分存在较大争议的敏感技术，大多生命科技是有益无害、不生争议的；其中一些也可能造成局部的、个体的损害，但重要的是衡量利弊，适度反应。除非该技术确实影响深远、失控风险大、存在严重伦理问题，应予管控；否则尊重当事人自主选择、尊重市场自身规律，顺势引导，才是正确反应。不适当的严管最终可能会因反对而废止，如意大利的立法就是一个显例：2004 年意大利通过了非常严格的《医学辅助生殖法》（MAR），使意大利处于欧洲最保守的地位。该法律招致了广泛的批评，十多年来，意大利宪法法院受到打击，被迫于 2009 年、2014 年、2015 年裁决否定该法一些条款。但是，还有很多批评认为直至废除该法的禁令出现才能最终恢复被限制的自由。③

有的学者针对相关科技立法的不足，指出行政（立法）规制自身具有缺陷，其面临着与行政法理论不能协调的理论困境以及难以适应实际需要，甚至导致行政滥权的实践困境。因而建议推行科学系统对风险的自我规制。认为相比政府主导，自我规制具有妥适性、正当性以及与法治原则相协调的优势。④ 自我规制确有其优点，在有益无害、不生伦理争议的生命科学领域，可以谦抑立法、以行业自治为主导，政府管理为辅助，实现

① ［美］埃里克·A. 波斯纳：《法律与社会规范》，沈明译，中国政法大学出版社 2004 年版，第 10 页。

② ［美］埃里克·A. 波斯纳：《法律与社会规范》，沈明译，中国政法大学出版社 2004 年版，第 10 页。

③ Riezzo Irenel, Neri Margherital, etc., "Italian Law on Medically Assisted Reproduction: Do Women's Autonomy and Health Matter?" *BMC Women's Health*, No. 16, 2016, pp. 1-7.

④ 张青波：《自我规制的规制：应对科技风险的法理与法制》，《华东政法大学学报》2018 年第 1 期。

对行为的规范。国际干细胞研究学会（ISSCR）在 2021 年 5 月 26 日取消了其执行了几十年的关于人类体外胚胎培养不得超过 14 天的限制，以灵活的审核制代替固定期限，就是科研行业自律的一个显证，体现了这一模式的科学性和灵活性。

（二）人格权法的事先管控

另一方面，要求立法者对生命科技进行适度干预的选择是事先管控——不仅在其应用时予以法律规制，在其研究时就需置于法律监控之下。人格权遭受损害便难以恢复原状的特点决定了人格权保护要注重事前防御。[①] 事前预防胜于事后补救已成为大家的共识，我们不能等马儿失控或偏离道路之后再强制。为降低风险，以合适的法律规则引导科技的发展，则毋庸置疑。从《纽伦堡法典》到《赫尔辛基宣言》，再到《涉及人的生物医学研究的国际伦理准则》，人们一直在努力给生命科学这匹烈马带上伦理的辔头。法律的管控尤为必要。在此处，笔者认为事先管控主要强调两点：一是敏感技术研究与应用准入制度；二是技术风险事先预防制度。

敏感技术研究与应用准入。有的学者提出对于有负面影响和会否引发负面问题有争议的技术要禁止其产业化。[②] 其实更有力的做法是研究准入，因为一些技术一旦成熟，禁止的代价巨大、成效微小，后果难料。一些生命科学家也呼吁对相关研究，应加强伦理审查规范与监管法规，对相关行为严格进行控制，在造福民众前提下，尽可能保护各方权益。[③] 研究准入的典型事例之一即对生殖性克隆与嵌合体（杂交人）技术的管控。我国 2002 年参加《禁止生殖性克隆人国际公约》，声明中国“坚决反对克隆人，不赞成、不支持、不允许也不接受任何克隆人实验”。这就是典型的事先管控。一些技术公认有严重的负面影响，其开发应用会带来难以解决的社会问题，危害显著，立法应禁止其研究和应用；一些生命技术在伦理道德层面争议较大，认为可能会带来负面影响的，可以允许其研究，但宜限制其应用，待结论明确时再决定其是否可以被使用。管控技术研究

① 张红：《〈民法典（人格权编）〉一般规定的体系构建》，《武汉大学学报》（哲学社会科学版）2020 年第 5 期。

② 刘长秋：《生物经济发展的法律需求及其立法原则研究》，《中国科技论坛》2014 年第 3 期。

③ 周琪、任小波等：《面向未来的新一轮医疗技术革命——干细胞与再生医学研究战略性先导科技专项进展》，《中国科学院院刊》2015 年第 2 期。

的目录应该与时俱进，适时更新。

技术风险事先预防。生命技术的应用在造福人类的同时，也不可避免地会产生一些负面效应；立法应充分考量这些风险，据此设计防范风险发生的具体制度以及风险发生后的救济预案，以尽可能缩小和消除负面效应。风险预防原则的哲学根据是通常的灾难与事故都难以人为修复，因而事前预防胜过事后治理。[①] 现在生殖技术可以设计婴儿，通过基因芯片可以改造人。这些技术的应用风险正在讨论，相应的风险防范也需要立法采取措施。一些国际法学者也持此类观点：对于生物医学与生命科学领域的活动，国家责任的重点在预防，即需要对那些虽然没有被国际法禁止，但客观上有充分理由认为有可能对人类生命安全构成严重威胁的科学研究活动进行国际法的监督和调整，国际法要求各国对这类科研活动严加防范。[②] 我国在基因编辑婴儿事件后，国家卫生健康委员会起草了《生物医学新技术临床应用管理条例（征求意见稿）》，加强了基因编辑的管控，并于 2019 年 2 月 26 日起征求社会意见。

三 人格权法“适度反应”的判断标准

如上所述，正是因为生命科技的研究和应用带来的重大伦理与法律争议，以及一些技术本身内涵的巨大价值冲突，使得“市场先行，法律跟进”的传统做法，在此就极可能演变成生命科技横冲直撞的前行。完全放任市场运行而不予干预的做法无疑会是人类的大冒险，因此努力寻求因应之道仍然是法律不能回避的艰巨任务。一项科技成果最终能否造福人类，关键在于人类如何对待它，法律于此将发挥重要作用。[③] 谈大正先生曾云，“如果说，生命科技是载着人类奔向更高文明的骏马，生命法就是给骏马安上的勒口和辔绳，这不是为了阻止骏马的奔驰，而是为了便于主人的驾驭，保证骏马沿着安全的大道奔跑，以免陷入沼泽或坠落悬崖”[④]。

医疗法律不可避免地涉及决策，但是需要做出的决定类型在性质上是

---

① 刘长秋：《生物经济发展的法律需求及其立法原则研究》，《中国科技论坛》2014 年第 3 期。

② 张爱宁：《从生物生命学发展对人权的影响看当前国际法面临的挑战》，《人权》2010 年第 3 期。

③ 申卫星：《从生命的孕育到出生的民法思考》，《法学杂志》2010 年第 1 期。

④ 谈大正：《全球化浪潮中生命法的人文精神和现实关注》，《上海政法学院学报》2011 年第 5 期。

不同的，从纯粹的技术到那些含有固有道德内容的决定，法律没有建立一个连贯的基础，使得这种决策可以得到适当的管理，这导致了一个没有一致性的杂乱的法律框架。① 对于生命科技的研究和应用，有些需要鼓励，有些需要引导，有些则需要禁止。然而具体某项技术应被归入哪一类，则必定存在争议。法律不应置之不理，也不应反应过度，应该做出“适度反应”。但是什么样的反应才是正确的，适度的呢？本书以为，“适度”的判断需参考以下几个因素。

（一）该项生命科技所涉问题的重要性

一项技术的重要性如何判断，法律层面基本的判断依据是其影响的广泛性与深远性。

首先，该技术影响的广泛性。如果一项技术所影响的主体范围广泛，则具有了重要性，自然不能忽视；如果其影响范围有限，涉事者寥寥无几，其重要性则大打折扣。以克隆人和冷冻人两项技术为例，两者都是尚未成熟的技术，前者意图通过单性繁殖制造生命；后者则试图冷冻—解冻—复活生命。这两种技术如果实现，其影响可以说是革命性、颠覆性的。但现阶段立法采取了截然不同的做法：克隆人被多国禁止——未立法禁止的国家许多是因为其根本不具备此技术条件；进行人体冷冻研究的阿尔科基金会则在美国已合法存在大半个世纪，现在甚至已经蔓延至中国，但立法并未对其干预。原因何在，除去其他种种分析，一个重要的因素是影响面的大小。克隆技术一旦允许实行，结合其他生殖技术，其成本并不特别昂贵，可以预见财务方面略有余力之人都可以尝试此项技术，其影响广泛性不言而喻。而人体冷冻技术，由于其保存费用昂贵，复活先例根本没有，以至于其经历了大半个世纪，全世界进行人体冷冻者不过寥寥数百人。对于这样小众的技术，根本不值得启动高昂的立法程序，还是“让子弹再飞一会”吧。

其次，该技术影响的深远性。一项技术的影响如果是表面的、短暂的，则管控不一定是必要的；反之，如果技术的影响是深层的、长远的，则管控的必要性就增加了。譬如器官移植、手术美容等，对个人而言当然意义重大；但就社会层面观之，仅涉及个体、当世，影响是浅层而短暂

① Foster C., Miola J., “Who's in charge? The Relationship Between Medical Law, Medical Ethics, and Medical Morality?” *Medical Law Review*, Vol. 23 No. 4, 2015, pp. 505-530.

的；因而这类技术几乎都是在市场上自由生长，直至其广泛应用时才加以规制——相关法律也多是程序性规定，而非实质性限制。但是如克隆人、基因增强等这些可能从根本上影响人类发展、社会制度的技术，一开始就引起了严重关注，法律也随即跟进。

（二）该项生命科技的可能性与可控性

技术的实现可能性和应用可控性也影响着它的作用力，因而也是法律采取何种反应的判断依据之一。虽然在科学原理上存在一定合理性，但技术实现的可能性较低、技术成熟度不足，则其影响较小，可以采取放任或宽松的法律管制做法。如果技术通过法律手段加以管控的可能性强，则可以任其发展，必要时再行立法。反之，技术成熟度高，预测法律管控性差，则提前管控尤为必要。譬如克隆人技术，成熟度高——克隆牛都已经问世，邪教组织甚至宣称已经克隆出了人类；管控性差——所需的实验条件相对较易获得，实验周期较短，克隆人一旦问世很难像其他实验成果一样予以销毁；因此就有必要事先管控。而人体冷冻技术，成熟度差——目前只宣传短暂复活过一种蛙，无一例人体复活先例；可管控性强——实验周期较长，实验资源有限（存储遗体者大多是希望被复活而不是被用于实验），因此放任的做法也就具有合理性了。

（三）该项生命科技的伦理与法理正当性

一项技术的研究应用是该被允许还是禁止，还需考虑其伦理正当性与法律合理性。世界医学协会 1964 年通过的《赫尔辛基宣言——涉及人的医学研究的伦理准则》提出了 32 条规则；世界卫生组织和国际医学科学组织理事会 2002 年颁布《涉及人的生物医学研究的国际伦理标准》，提出了 21 项准则，这些都是对生命科技研究提出了伦理上的要求。“法律的真正基础完全是社会学的”；“社会法的新要求也是以诸如正义、人类的尊严之类的动人的道德标准为基础”；法律的空白区不可避免，起作用的是日常生活中实际有效的规范；更不用说，法律的制定者、研究者、实践者也是现实的、富于伦理的人了。① 如果一项技术在伦理上是正当的，在法律上是合理的，则应允许其自由发展；如果在伦理上是不正当的，在法律上也不具合理性，则应禁止；如果在伦理上有争议，则应允许研究，

① ［德］马克斯·韦伯：《论经济与社会中的法律》，张乃根译，中国大百科全书出版社 1998 年版，第 309—321 页。

暂时限制应用，在争论结束或多数人达成一致时再开放应用。常规医疗技术因其有益于人类，在伦理和法律上通常并无争议，所以都得以自由发展，甚至获得官方支持。而另一些技术，如换头术、杂交人等，因其往往缺乏伦理支撑，反而引发人们对其道德上的厌恶，因而往往不被法律许可，或面临诸多法律障碍。还有一些有争议的技术，如人工授精，在产生之初，存有争议，但经过一系列实践与思辨，最后人们达成较为相似的认识，承认其在某种程度上的正当性，法律上也往往随之大开方便之门——当然各国打开的“门”宽窄不一，是因人们的认识并未完全一致。

第三节　人格权法应对冲击的原则调适

“现代民法的发展显然是以人格权法的发展而展开的。”[①] 生命科学进步尤其需要人格权法在基本原则和具体制度层面都予以回应。新兴技术对人的主体性和相关涉的人格权带来了司法认识和裁判上的更高要求；人格权法中一些极具专业性的规则，使得此类技术立法在人格权编中找到了其在民事基本法上的归属，并且基于此安排为更为细化的规则提供了上位法依据。[②] 生命科技虽不会彻底颠覆人格权法的基本原则，却对其理解和适用提出了新要求。专门研究人格权法应对原则的论著鲜有，但关联研究还是有一些成果的。谈大正先生提出了五项生命法立法原则：（1）利益协调平衡的原则；（2）保护和尊重人权与保障科学研究自由的原则；（3）保护弱势群体，政府与社会多承担义务原则；（4）知情同意与相关人利益共享原则；（5）充分尊重科学规律、谨慎周到原则。[③] 刘长秋先生则提出，“生命科技立法过程中应当遵循科学立法、超前立法及谨慎立法三项基本立法原则”[④]。还有学者提出生命法学原则，认为自我决定是第一原则，社会协商是第二原则。[⑤] 虽然立足点不同，学者建议的立法原则表述也有别，但是有些共同的思想还是非常值得肯定的。

《民法典》第109条规定“自然人的人身自由、人格尊严受法律保

---

① 王利明：《民法典人格权编的亮点与创新》，《中国法学》2020年第4期。

② 姚辉：《当理想照进现实：从立法论迈向解释论》，《清华法学》2020年第3期。

③ 谈大正：《生命法的价值取向和立法原则》，《法治论丛》2008年第1期。

④ 刘长秋：《论生命科技立法的理念与原则》，《法商研究》2007年第4期。

⑤ 张宪丽、高奇琦：《阿甘本法学思想对生命法学的法理启示》，《西南民族大学学报》（人文社会科学版）2014年第8期。

护”。《民法典·人格权编》（以下简称《人格权编》）第一章是人格权的“一般规定”。其中对人格利益的保护、人格自决、人格尊严等都有所涉及。这部法典是我国立法的一颗明珠，其值得肯定之处不言而喻。但关联生命科学规制考量，其中一些提法仍可推敲。从人格权法的角度观之，笔者以为，因生命科技冲击，人格权法三项原则：人格平等、人格自由、人格尊严，都会受到影响，从而不得不做出调整，以适应生命科技时代的变化。首先，人格平等原则不能完全支撑我们对生命科技应用的集体选择，对弱势群体关怀的正义法则要求尊重民主的同时维护少数人利益；基于人的差异性，少数群体应予以特别关照，才能真正实现平等。其次，人格自由原则不能支撑主体自由应用所有生命科技成果的主张：生命科技的发展给了人们前所未有的自由，但相关者及公共利益也应予以关注，其可构成对人格自由的适度限制；这些限制最突出的是公序良俗原则。最后，人格尊严原则也不能成为我们强制或限制别人采用某项生命科技产品的理由，而需辅之以允许原则。人格平等原则，需辅以少数主义原则予以修正；人格自由原则，应据社会连带主义，辅之以公序良俗原则，对其予以适度谦抑；人格尊严原则，需辅之以允许原则，提倡自主与宽容，减少限制与干涉，尊重主体自决。

一 人格平等下的少数主义原则

人格平等的实质内容是“民事主体对人格独立地享有，表现为民事主体在人格上一律平等”①。《民法典》第4条规定“民事主体在民事活动中的法律地位一律平等”。法律对所有人一视同仁，“在那伟大的法律面前，要求法律保护它的生物需要回答的唯一一个问题是：他是人吗?”②人格平等在决策程序中的直观体现就是集中民主，即少数服从多数。这样一种多数情况下正确的程序并不能保证其总是正确的。在道德多元的社会，势必存在不同的价值观，有主流与非主流之分。生命科技引发的冲突中，也不乏价值冲突的因素。主流的生命价值观与非主流的生命价值观之间的分歧、冲突势必要在立法中寻求解决的方案。这种主流与非主流的生命价值观冲突在生命科技的研究应用方面可能会非常尖锐，形式上可能会

① 杨立新：《人身权法论》，人民法院出版社2001年版，第379页。

② Petitioners and Cross-Respondents v. Robert P. Casey, Nos. 91-744, 91-902. October Term, 1991.

表现为多数人与少数人的冲突，常规行为与另类选择间的冲突。

在上述冲突配置中，往往充斥着价值判断。价值判断，归根究底是价值观的评判，是对不同道德观进行判断。博登海默说："先进的法律制度往往倾向于限制价值论推理在司法过程中的适用范围，因为以主观的司法价值偏爱为基础的判决，通常要比以正式或非正式的社会规范为基础的判决表现出更大程度的不确定性和不可预见性。"① 然而在立法领域，进行价值判断是法律的首要目标，也是相当艰难的工作。利益衡量是进行价值判断的工具之一。现代立法其实质是一个利益识别、利益选择、利益整合及利益表达的交涉过程，立法是对社会利益的确认过程。② 通过立法对各种利益和价值的判断，明确生命科技使用的界限、划定此过程中各方权利的范围，就是冲突解决的一个重要路径。利益衡量已被诸多学说和立法所认可；但其弊端也显而易见，即它无法自证其正义性。正如许多论述提及的那样，功利主义原则最大的不足正在于其不能在每一种情况下都符合正义原则的要求。根据典型的功利主义原则，只要增加的权利之总额大于克减的权利之总额，就应该选择增加多数者权利而牺牲少数者权利。功利主义的非正义性可以通过一个极端的假设来证明：假如杀死一个无辜的人可以拯救全世界，道德的天平或许只会摇摆；但是功利主义的砝码绝对会选择杀死这个无辜者。罗尔斯就明确指出，根据功利主义原则，对少数者自由的侵犯可以因另一些人的更大收益而被视为正当；但这显然是非正义的。因此，对此类冲突的配置不能简单地通过利益衡量决定，还必须考虑少数主义原则。

什么是少数主义原则？简而言之，即在形式民主（少数服从多数）制度基础之上，为了最大限度地体现平等原则，在符合正义要求的情形下尽可能地对少数者权利予以保障的一组原则。③ 少数主义原则强调对个体利益的保护。波普尔·林克尤斯就宣称："任何一个自身非常微不足道的、从未伤害过他人性命的个体，如果无视他的意志，或者甚至违背他的意志，将其从这个世界上消灭掉了，那么，这就是一个比所有的政治、宗教或者民族事件，比有史以来所有民族的科学、艺术和技术进步的全部综

① ［美］博登海默：《法理学——法律哲学和法律方法》，邓正来译，中国政法大学出版社1999年版，第504页。

② 刘作翔：《权利冲突的几个理论问题》，《中国法学》2000年第2期。

③ 黄金兰等：《权利冲突中的少数主义原则》，《北京行政学院学报》2004年第5期。

合都重大的事件。”[①] 少数主义原则不是要替代或推翻现有民主原则，而仅仅是解决“兼顾少数人利益”问题的一个补充性原则，为弥补多数主义（民主集中制）之不足而出现。在法律上认可少数人不同于大多数人的选择，是法律对价值冲突保持宽容的体现。由于主客观因素，往往造成一些碎片化的边缘人群。“在现代性的叙事中，碎片被强行整合到整体性中，碎片自身价值、需求及其个性被整体性的大叙事所湮灭，整体成为碎片的一种压迫性的力量。”[②] 这种现实绝非公正，法律需对其有所防范和救济。例如在卫生部颁布禁止代孕的规定时，给出的公开解释理由之一是必须借助代孕才能实现生育的人数量很少，禁止此影响不大。代孕应否允许可以讨论，但是以涉及人数少为由加以禁止显然是站不住脚的，是对少数人权利的践踏。

在生命科技的应用规范方面，尊重少数人利益非常重要。“除了关心多数人，也关心少数人的权利和福祉，这是生命法很鲜明的人文特点。”[③] 少数主义原则要求对少数人给予平等关照，对无害他人的非主流选择宽容以待。生命法认为不妨碍他人自由和社会利益的行为，应该加以保护。在生命伦理冲突配置问题上，应关注少数人的利益与权利，在无害公益的前提下，承认他们享有与多数人平等的法律地位与选择机会，尊重他们个人选择的自由，是法律基本价值的体现。香港高等法院在推翻下面两级法院拒绝认可变性人有权以变更后性别登记结婚的判决中指出：“以社会共识已经改变作为理由，去要求以一个更宽松的方式解读一个基本权利，是一回事。但是，以缺乏多数人的共识为理由，而去拒绝承认少数人的权利，又是另一回事。”后者是“对基本权利原则的敌意”。[④]

对于数量上占少数的弱势人群至少应予平等关照，不轻率地限制主体权利。法律中弥漫着“父爱主义”的强制，但其应当有一定的边界，那就是能促进行为人利益与保障行为人尊严。[⑤] 合理限制的边界何在，如何判断限制是轻率的、还是合理的？德沃金认为一个国家可以依据许多理由限制甚至取消权利，其中最重要的理由在于如果所涉权利不受限制，那么

---

① ［德］G. 拉德布鲁赫：《法哲学》，王朴译，法律出版社 2005 年版，第 54 页。

② 汪习根、涂少彬：《发展权的后现代法学解读》，《法制与社会发展》2005 年第 6 期。

③ 谈大正：《全球化浪潮中生命法的人文精神和现实关注》，《上海政法学院学报》2011 年第 5 期。

④ 《W 诉婚姻登记机关变性人婚姻登记纠纷案》，《人民司法・案例》2015 年第 2 期。

⑤ 宋远升：《精神病强制医疗中的法律父爱主义》，《政法论丛》2016 年第 2 期。

与其冲突之权利就会遭到破坏。当它们发生冲突的时候，政府的任务就是要区别对待。政府有理由限制一些权利以保护它认为更重要的、与之对立的权利。[①] 博登海默认为，“对于文明群体中的任一成员，之所以能够施用权力以反对其意志而不失为正当，其唯一的目的就在于防止危害他人。”[②] 密尔把社会控制与个体自由间的界限概括为伤害原则：个人的行为只要不涉及他人的利害，个人就无须向社会负责；至于有害他人利益的行为，个人则必须负责，并且还应承受社会的或法律的惩罚——如果社会意见认为需要用惩罚来保护它自己。[③] 三位大家的核心思想就是无害他人的行为不应被限制；否则就是“轻率的”“不合理的”。

生命科技的发展和应用，其中有诸多世人看来光怪陆离之现象，但如无害于人，自应不宜禁止。如人工授精技术，在使用之初饱受攻讦，但事实证明合理使用此类技术，利远大于弊，不仅不应随便禁止，反会因不育症患者增加而广为实行。当然，世易时移，技术日新月异，立法需与时俱进。对少数不婚人群、少数不育人群、少数成年独身人群、少数智障人群、少数性别错乱者、少数欲寻求安乐死的绝症患者、少数向往永生的冷冻遗体者等，立法者在对其使用生命科技的权利进行规制时，应认真分析其诉求合理性，不能简单地认为这些人是少数，就对其权利随便加以限制甚至剥夺。更何况在我国，任何少数人群，乘以 14 亿的庞大基数，都可能代表一个数量巨大的群体。

人格平等是公认的人格权法原则。人格平等是由《独立宣言》《人权宣言》《法国民法典》《瑞士民法典》《德国基本法》《埃塞俄比亚民法典》《越南民法典》等立法所确认的一项原则。我国学者也承认其为人格权法基本原则。[④] 在一些学者建议稿中也有规定此原则的。例如王利明先生主编的民法典建议稿[⑤]、徐国栋先生主编的“绿色民法典”[⑥] 中，都有

① ［美］罗纳德·德沃金：《认真对待权利》，信春鹰等译，中国大百科全书出版社 1998 年版，第 255 页。

② ［美］博登海默：《法理学——法律哲学与法律方法》，邓正来译，中国政法大学出版社 1991 年版，第 108 页。

③ ［英］约翰·密尔：《论自由》，程崇华译，商务印书馆 1959 年版，第 102 页。

④ 王利明：《人格权法研究》，中国人民大学出版社 2005 年版，第 91 页；杨立新：《人身权法论》，人民法院出版社 2001 年版，第 379 页。

⑤ 王利明主编：《中国民法典学者建议稿及立法理由·人格权编、婚姻家庭编、继承编》，法律出版社 2005 年版，第 18 页。

⑥ 徐国栋主编：《绿色民法典草案》，社会科学文献出版社 2004 年版，第 83 页。

规定。

在《人格权编》第一章“一般规定”中，无人格平等的直接规定。但《民法典》第14条规定自然人的权利能力一律平等，可由此规定推导出“人格平等”的立法旨意。人格平等是人格保护的重要原则。在确定自然人人格一律平等的前提下，强调兼顾少数主义利益才有意义。在缺乏人格平等的大前提下，多数抑或少数，既难以界定，也无从实现，更遑论照顾。

在确定人格平等原则后，少数主义原则可以作为一项补充规则。少数主义并不主张对少数人予以额外的利益或保护。其主旨是强调不因其是少数而被限制或剥夺正当权利。少数主义可以作为立法或司法的补充规则，但不适宜写进立法，也未被写进立法。盖因这种做法本身就是一种分类，不利于平等原则的践行。但这不应被实践遗忘。司法实践应将保障所有人人格权益平等实现作为目标，为此应给予少数群体的正当利益应有的重视；将“因数量或比例较小”作为限制人格利益理由的行为界定为“非法限制”。

二　人格自由下的公序良俗原则

人格自由是指主体“人格不受约束、不受控制的状态”，包括“保持人格的自由”和“发展人格的自由”。[①]《民法典》第109条规定：“自然人的人身自由、人格尊严受法律保护。”生命科技的发展使得主体保持人格的自由和发展人格的自由都有了更强有力的支撑，特别是“成为自己想要成为的人”比以往更加可得了。譬如抽脂塑形技术、增高技术、整形技术等，可以使人按照自己的愿望塑造自己的外表；各种基因改造、生物芯片技术甚至可以改造个体的内在；变性手术可以使易性癖者按照自己心理认同的性别来改造生理性别，实现性表达自由。然而人格自由真的赋予我们借助技术为所欲为的权利了吗？至少科技伦理、医学伦理、社会道德都不支持这种绝对化的观点。人并非孤立的存在，而始终是社会的一员。连带主义法学派鼻祖狄骥提出了社会连带主义，主张社会连带关系是一切人类社会的事实。连带关系意味着每个人负有义务，需根据其所处的社会位置进行协作以维持社会连带，同时不得去做那些损害社会连带构成

---

① 杨立新：《人身权法论》，人民法院出版社2001年版，第381—382页。

的事情。[1] 这项原则对人格自由也适用。

生命科技的发展给了人们前所未有的自由，但相关者及社会的利益也应予以关照，其可构成对人格自由的适度限制。曾世雄先生在论及私法自治的缺陷时曾云，“流弊因个人对于资源之自私心而引发”，但“人类之自私心，无法完全祛除压抑之，难有良方，而生活资源之分配，如处理得宜，可以相当合理”。[2] 人格自由与私法自治一脉相承，此种思路也可为限制人格自由的立法证成。个人决定并非总是其真实意志或真正利益的体现，基于个人获取或者加工信息能力不足的补充，此时作为“严父”的国家有对之进行干预以实现行为人福利的必要。[3] 生命科技发展的初衷是孕育、维护、延续、完善人类的生命；这些目标可以用公序良俗加以概括。但如果完全放任，超出公序良俗范畴，则其可能成为制造人也颠覆人、完善人也毁灭人的技术，法律对其不得不防范。

公序良俗是套在生命科技这匹野马身上的缰绳。多国现行做法大都是鼓励生命科技在公序良俗范围内的发展，严格管制超出此范畴的生命科技。在生命科技领域，美国主要致力于基础创新；日本紧紧围绕国民健康、循环型社会和食品安全三大目标进行研究；韩国非常重视基因组和生物信息学之研究；英国、法国和德国则是着重发展基因组与疾病的研究。六国均以基因组和疾病攻克作为研究的主要目标和着眼点。[4] 不符合公序良俗的技术不受鼓励，甚至会被禁止。克隆技术方面的立法就是典型的先例：生殖性克隆被多国认为是非医疗需要的，遭到禁止；2000 年，联合国发布了禁止克隆人宣言。但是治疗性克隆的研究应用在许多国家不受限制，甚至成为生命科技竞争的排头兵。

公序良俗为生命科技提供了伦理和法律上的正当性支撑。出于对自然生命的敬畏，人们愿意努力去保存和延续它；但激进地想要打破生命规律、制造超自然生命的尝试却容易招致伦理学上的批评，从而引起人们的抵制。如辅助生殖、基因检测、器官移植、美容整形等技术都受到鼓励；但基因加强、克隆生殖、人兽杂交等实验则被严厉禁止。盖因任何激进的

---

① 沈宗灵：《现代西方法理学》，北京大学出版社 1992 年版，第 251—259 页。

② 曾世雄：《民法总则之现在与未来》，中国政法大学出版社 2001 年版，第 20 页。

③ 宋远升：《精神病强制医疗中的法律父爱主义》，《政法论丛》2016 年第 2 期。

④ 白鹏飞、段倩倩、洪瑾：《主要发达国家政府科技管理模式研究》，《科技进步与对策》2012 年第 19 期。

变革都意味着对现有秩序的破坏，对相关者和社会的利益影响，对以保守著称的法律制度的挑战，想一蹴而就自然是非常困难的；方向正确的前提下循序渐进才是容易成功的方式。辅助生殖技术的实践就是一个明显的事例。辅助生殖技术诞生之初也遭遇了正当性和合法性拷问。拉姆西(Ramse) 等人认为：辅助生殖把爱情的地位排除在外，切断了婚姻与生儿育女之间的联系，把生儿育女变成了配种，特别是使用供精人工授精，本质上与通奸致孕无异。持相反意见的弗莱彻（Fletcher）则宣称，婚姻是基于爱情的人与人间的关系，起决定性作用的不是性的独占，而是彼此间的爱情和对子女的养育。对于无子女的夫妻而言，人工授精是增进爱情的行动。[①] 公序良俗为辅助生殖技术提供了伦理和法律上的正当性支撑。许多人都赞同这个观点：辅助生殖行为本质上并不违反人类伦理，反而应得到伦理的认可，特别是当这项技术在被用于治疗不孕不育的情形时。[②]

我国相关法律将医疗目的作为正当性与合法性依据。我国《人类辅助生殖技术管理办法》第 3 条规定人类辅助生殖技术的应用应当以医疗为目的，将辅助生殖技术的应用明确限制在医疗目的范围之内；禁止非医疗需要的使用。医疗需要是符合公序良俗的一种具体体现，但并不是公序良俗的全部。医疗需要原则的核心内容是采用某项生命技术的主体必须满足医学上的适应症；非医疗需要的使用应被禁止。许多法律都规定生命技术的使用必须满足特定的条件，使其限于一种非常态的有限使用。例如辅助生殖技术的医学适应症，即必须是至少一方患有不育症且经其他治疗无效，或者患有先天性疾病、遗传性疾病等难以自然生殖；变性手术的适应症是其他治疗手段无法奏效的易性癖。只有符合特定条件，并经指定医疗机构检查证明，才能使用对应的生命技术。非医疗需要的操作，违背了生命科技的初衷。如 2010 年广州的人工生殖八胞胎事件，就是典型的滥用技术。这种对人工技术的“滥用”，不但有违自然法则，也极容易扭曲人们的价值观，违背公序良俗。

同时，医疗目的也是一个与时俱进的概念，就像疾病目录会随着时间变化一样；因而法律对某项技术的态度也并非一成不变。譬如易性癖，起初被视为一种伤风败俗之作为，违法乱纪之罪行，受到严厉制裁；现代则

---

① 参见康均心主编《人类生死与刑事法律改革》，中国人民公安大学出版社 2005 年版，第 65—66 页。

② 刘长秋：《人类辅助生殖技术的刑法学思考》，《东方法学》2008 年第 2 期。

认为是一种疾病，需要治疗而非惩罚。原初的妇女孕育被视为自然，现在健康的孕产妇也被要求作为患者对待，需进行一系列的诊疗。不育起初被视为一种命运，今天则成为技术可治疗的疾病。同理，今天看来是非医疗需要的愿望和需求、被视为非医疗需要的技术，在社会进步特别是技术成熟之后，也存在被纳入医疗目的范畴可能。因此紧扣医疗目的标准，可能限制部分主体权利的实现；可以更具弹性的公序良俗来规制，更加灵活。

在确定公序良俗的大前提下，具体的技术标准问题不妨尊重科技的本质特征，借鉴他国的合理做法来进行规制。笔者以为，在立法时，以下几点需予考虑：一是全球协调性原则。即相关立法标准，应力求与世界接轨，保持全球一致，这是由科技自身的特点决定的，因科技无国界，生命科技概莫能外。我国可研究外国及国际立法，借鉴它们先进科学的做法。虽然不尽相同，但就总体来看，各国生命伦理法还是表现出了相当大的趋同性。如各国立法上几乎毫无例外地反对并禁止生殖性克隆人，反对和禁止人体器官及其组织的商业化，尊重当事人的自主决定权。[①] 不一致的选择往往并不能完全禁止相关行为，反而促进了相应的医疗旅游，如患者赴允许地区进行人工生殖、遗体冷冻、安乐死等。二是技术中立性原则。科学是不断发展的，技术是日新月异的，科技立法必须把握这个特点，立法时既要追求法律相对的确定性和可预见性，也要保持技术中立性、体系开放性，以便能够与科技协同发展。选择特定技术以法律固定化的做法，至少存在两种风险，其一是将未成熟的技术固定下来，让民众承担了不必要的风险；其二是延迟了及时将成熟技术规定下来，不能让民众及早受益。[②] 因而在立法时，可采取技术非特定化的方案，以保持技术的中立性，避免妨碍技术进步及承受不必要的压力。

如同人格平等原则一样，人格自由的法律地位也是公认的。在徐国栋先生的“绿色民法典”、梁慧星先生的“中国民法典建议稿”，李永军先生的“中国民法典建议稿”中都规定了人格自由原则。《民法典》第109条规定“自然人的人身自由、人格尊严受法律保护”。该条确立了人格自由一般原则的地位。

人格自由为人格利益支配提供了支撑。梁慧星先生建议稿中规定进行医疗手术、器官捐献、亲子鉴定、医学研究等，涉及自然人的事项时，需

① 刘长秋：《生命伦理法律化研究》，《浙江学刊》2008年第3期。
② 周平：《科技演进与民法制度流变》，《兰州学刊》2002年第12期。

征得自然人同意。[①] 王利明先生的建议稿中也采取相同态度，对体液、器官、遗体之捐献，遗体解剖、医疗保健与检查、人体试验等，以权利人同意为前提。徐国栋先生的“绿色民法典”更是用了 14 个条文试图对其进行正反两方面的详细规定，第 330 条规定可“为治疗目的限制自由”，甚至还指出一些事项由特别法规定。[②] 但列举并不能穷尽所有事项。另外，他们也未能明确是否所有自然人同意之支配即为可行。

现实生活中，因为安乐死诉求，要求承认自然人对生命利益在特殊情形之下具有支配权能的呼声日益高涨，一些实际的支配行为也在悄悄地进行。自然人进行活体器官捐献、参与新药医学试验等行为，实际上也是在行使健康支配权能。自然人进行美容手术、变性手术、代孕行为、人体冷冻等，则是在实际行使身体权支配权能。“一个清晰的趋势：一般人格权在向两个领域扩张。一方面自然人人格领域的要素在不断地财产化，另一方面经济自由和财产等财产性利益逐渐被涵盖到一般人格权之下。”[③] 但物质性人格权中，人格利益之比重绝对压倒经济利益，应禁止其转让；而精神性人格权中，人格利益与经济利益的比重具有不确定性，是否许可他人使用，可交由自然人自决。

人格自由应受公序良俗限制，也属学界共识。《民法典》第 8 条规定的公序良俗原则在此也适用。在梁慧星先生主编的“中国民法典建议稿”中规定的对人格自由的限制也仅仅是“基于法律规定”。[④] 徐国栋先生的“绿色民法典”第 304 条规定“自然人只能在为他们规定的行为自由的范围内行使其人格权”。[⑤] 王利明先生的建议稿坚持限制的理由只能是“法律规定”，除此之外，“权利人可以自由行使人格权，但应当符合诚实信用和公序良俗”。[⑥] 李永军先生主编的“中国民法典建议稿”第 33 条规定，“自然人利用其人格利益，不得违反法律及公序良俗”。[⑦] 从文意推导，可得出梁、徐、王、李四位先生认为对人格利益支配受限于法律与公

---

① 梁慧星主编：《中国民法典草案建议稿》，法律出版社 2011 年版，第 4 页。

② 徐国栋主编：《绿色民法典草案》，社会科学文献出版社 2004 年版，第 87 页。

③ 沈建峰：《一般人格权研究》，法律出版社 2012 年版，第 200 页。

④ 梁慧星主编：《中国民法典草案建议稿》，法律出版社 2011 年版，第 4 页。

⑤ 徐国栋主编：《绿色民法典草案》，社会科学文献出版社 2004 年版，第 83 页。

⑥ 王利明主编：《中国民法典学者建议稿及立法理由 · 人格权编、婚姻家庭编、继承编》，法律出版社 2005 年版，第 26、38 页。

⑦ 李永军主编：《中国民法典总则编草案建议稿及理由》，中国政法大学出版社 2016 年版，第 40 页。

序良俗。

《民法典》第 993 条规定“民事主体可以将自己的姓名、名称、肖像等许可他人使用，但是依照法律规定或者根据其性质不得许可的除外”。人格利益许可使用的规定，是立法的一个进步，是对现实的积极回应。该条未能直接肯定人格支配权能，不能解释现实中诸多人格利益支配现象，也无法对因此产生的纠纷提供救济。并且此条列举的姓名、名称、肖像三类权利均为精神性人格权，似乎暗示排除了对物质性人格权的支配；幸而之后紧接的“等”字，为未来借由司法解释或司法实务扩展人格权支配范围留有余地，为回应现实，对相关纠纷提供救济提供了方便之门。自然人对物质性人格利益，如身体利益、健康利益甚至特别情形下的生命利益支配，在权利主体同意的同时，还需符合公序良俗。《民法典》第 1006—1009 条关于人体捐献、人体买卖、医学实验、基因治疗的相关规定，即是人格自由之直接体现，也是人格自由受限的直接规定，但都无一例外地要求其基于医疗需要，符合公序良俗。

三　人格尊严下的主体允许原则

人格尊严“是民事主体作为一个‘人’所应有的最起码的社会地位，并且应受到社会和他人最起码的尊重。换言之，即把人真正当成人”。[①]也有人认为，人格尊严是公民基于自己所处的社会地位、环境、声望、家庭关系等各种客观条件、对自己与他人的人格价值与社会价值的认识。[②]虽然这些表述不尽一致，内涵也有差别，但其反映的核心还是与黑格尔的名言“法律的命令，就是自己为人并尊重他人为人”一致。以人为本是我们这个时代最响亮的口号，维护人格尊严也是最有力的理由。“保护人格尊严是我国《民法典》人格权编立法的根本目的。”[③] 然而人格尊严这一充满伦理性内涵的法律术语，经常会遭遇一些道德的特枯（TEYKU）问题：特枯问题往往涉及无法解决之法律争议，因争论双方的论证都非常有道理。譬如美容手术，有人坚持这是有助于维护人格尊严的良行，因为它有助于得到“美”、可消除容貌歧视；有人却认为它是损害人格尊严的恶行，因为它使得主体丧失了最难能可贵的“真”。在“真”和“美”

① 杨立新：《人身权法论》，人民法院出版社 2001 年版，第 382 页。

② 王利明：《人格权法研究》，中国人民大学出版社 2005 年版，第 162 页。

③ 王利明主编：《中国民法典释评·总则编》，中国人民大学出版社 2020 年版，第 255 页。

之间，孰为重要，是一个会难倒哲学家的问题吧。

允许原则可以作为人格尊严原则的补充或解释。恩格尔哈特提出，应当把允许原则作为后现代的生命伦理学之基础，用来解决道德异乡人（moral stranger）之间的共处问题。“允许原则所表达的情形是：在一个俗世的、多元化的社会中，解决道德争议的权威只能来源于争议者们的同意，因为它无法来源于理性论证或共同信仰。……允许原则建立了可以称为相互尊重的自主道德。”① 恩格尔哈特主张，在一个多元化的世俗的社会中，任何不涉及别人的行动，别人皆无权干涉；涉及别人之行动则必须得到别人的允许。对于道德异乡人，不能适用儒家的教条：“己所不欲，勿施于人”；也不能实行基督教的教义：“己所欲者，方施于人”；而只能适用允许原则：“人所欲者，方施于人。”允许原则是当代生命伦理学中影响很大的学说，它的积极意义在于促使人们正视道德多元化之现实、关注处于多元道德体系中的个体自主权。允许原则在生命法学中的一个重要体现就是知情同意。知情同意已经成为现代生命科技涉及人体研究和应用的一个必守准则。知情同意包括（1）知情——需要足够的信息和了解；（2）同意——出于受试者自己的自由意志的同意。现在更强调实质的知情同意，“人们普遍认为知情同意的过程包含三个要素：信息、理解及自愿”②。知情同意是对个人自主权的贯彻，也是对人格尊严的保护。

允许原则也要求宽容地对待一些人非主流的选择。考夫曼曾言，“为了能够掌握未来的任务，我们必须对新事物保持开放的态度。此种对于不同的事物与新事物原则上开放的态度，以及研究未知事物的开放态度，吾人称之为宽容”③。当个人自由无害秩序与公平时，立法者就不能仅仅因为自己的道德好恶来限制个体的自由。一名平庸的法官也可以依据法律做出正确的判断；但是最高明的道德家也无法对冲突的道德做出对与错的评判。所以立法应避免轻率的价值判断，而宜保持道德宽容。我国的差别化的民族生育政策，应该说就是尊重民族群众多元生育文化和不同生育意愿的体现。由于生育的公共性，法律对此不可能完全放任主体随心所欲地行

① ［美］H. T. 恩格尔哈特：《生命伦理学基础》，范瑞平译，北京大学出版社 2006 年版，第 124 页。

② 陈元方、邱仁宗：《生物医学研究伦理学》，中国协和医科大学出版社 2003 年版，第 111 页。

③ ［德］考夫曼：《法律哲学》，刘幸义等译，法律出版社 2004 年版，第 438 页。

事；差别化的立法基础正是多元化的道德。它体现了立法者对多元道德及不同主体自主选择权利的尊重，不仅仅因为是少数而轻易抹杀其利益诉求。代孕这种非主流选择，法律应否支持呢？立法时重点考虑的应该是这种技术给不孕不育者的切实帮助以及应用是否会对他人或社会产生切实的负面影响，而不仅仅是因为其和主流道德观念不同，和主流选择不一致就加以禁止。

人格自由和人格尊严貌似是一对好伙伴，总是被人们一起提起或论及。但是在一些具有重大伦理意义的辩论中，我们总能发现它们貌合神离，分歧重大，甚至根本对立，彼此间的矛盾往往尖锐到难以调和。譬如在关于代孕、性交易、堕胎、安乐死、器官捐献等类似问题上，人格自由和人格尊严往往推导出相反的观点，分立两端，令人难以取舍。当然，有时这两个原则可能被正反两方都加以引用，却推导出完全不同的结论，就更加令人无所适从。其实这种局面也不难解释，自由与尊严的内涵本身就模糊不清——作为一种立法技术要求它们必须抽象又概括，高度涵摄规制对象；两者间的关系自然就扑朔迷离，有时相辅相成，有时针锋相对。自由强调的是个体个性的发挥，保证的是每一个主体的个体意志和利益。而尊严则强调个体在社会中的位置，被恰如其分的关照，它的目标不仅仅是维护私利，很多时候也是为了维护公益和秩序，为了建立和维持一个有序的社会状态，保障的是社会整体的利益。自由和尊严是对立统一的关系，过度追求自由会损害尊严，过度强调尊严又会在一定程度上压制自由。

人格尊严的地位不言而喻。在学者的建议稿中也都被采纳并置于显著位置。如前所述，在王利明先生的建议稿中是和人格自由、人格平等并列一起规定的。在梁慧星先生的建议稿中开篇即规定“自然人的自由、安全和人格尊严受法律保护”①。徐国栋先生的“绿色民法典”虽未直接规定人格尊严原则，但其条文设计中多有体现此字眼的表述，如“自然人有权得到符合人类尊严的医疗服务”②。除《民法典》总则编直接规定人格尊严原则，《人格权编》第990条规定：“自然人享有基于人格尊严产生的其他人格权益。”保护权利人的自主决定，就是维护个人的人格尊严。③

① 梁慧星主编：《中国民法典草案建议稿》，法律出版社2011年版，第4页。

② 徐国栋主编：《绿色民法典草案》，社会科学文献出版社2004年版，第85页。

③ 王利明：《民法典人格权编的亮点与创新》，《中国法学》2020年第4期。

《民法典》第1006条关于个人对其物质性人格利益的自主决定（具体体现为自主决定无偿捐献其人体细胞、人体组织、人体器官、遗体），第1008条关于自主决定参与医学试验（为研制新药、医疗器械或者发展新的预防和治疗方法而受试）就是允许原则的体现。

需要补充的是，没有一项原则可以一劳永逸地解决所有问题。例如人格权的行使过程中，人格尊严和自治也会发生冲突。在此情形下，如果法律对私法自治没有任何限制，就意味着要尊重当事人的自治，但由此会带来导致不利于人格尊严的结果。① 因此，需要在综合多种因素的基础上进行系统考量。《民法典》第998条引入了动态系统论，主要用于解决精神性人格权保护。但这种思维方式，可以推及人格权冲突解决的全领域。在生命科技冲击人格权法的诸多已知与未知领域，动态系统论因其固有的灵活性，也将在此新世界大展手脚，开疆拓土。

小结

本章依据生命科技对人类的功用，将其分为生命繁衍技术、生命维护技术、生命变异技术及生命终结技术。在简要介绍相关技术的基础上，指出了其对人格权法律带来的冲击。生命科技不同于其他技术，其具有较强的伦理性，既非完全中立，也非绝对可控，因此需要给予“适度反应”。基于具体某项生命科技所涉问题的重要性、实现的可能性与可控性以及其伦理与法理上的正当性，可以采取不同的规制模式。对于所涉问题非常重要，技术实现度高、可控性差，同时伦理争议比较大的生命科技，应采取“事先管控”的态度，从其研发之时就进行必要管控，如杂交人技术等。对于所涉问题非特别重要、技术实现程度低、可控性较好，同时伦理争议不太大的生命科技，可以采取“适度放任”的态度，允许市场先行，仅在应用层面进行必要规制。人格权法不能对所有涉及生命科技的人格权益进行完全列举式规定，但对其应予原则回应。生命科技不仅关注人类的普遍利益，也特别关注少数弱势群体的人格利益实现。但泛泛坚持民主集中制的人格平等原则，可能压制少数人的正当人格利益，因此应辅之以少数主义原则。生命科技极大地扩展了人格自由的范畴，但也可能造成人的异化，因此对生命科技的利用，在尊重主体自由的前提下，还应辅以“医

① 王利明：《人格尊严：民法典人格权编的首要价值》，《当代法学》2020年第1期。

疗需要”的目的限制。生命科技的应用，既可用来维护人格尊严，也可能践踏人格尊严。在存在较大理论争议有无法调和不同观念分歧的“特枯”问题上，应当用更具可操作性的“允许原则”来解决人格尊严争议问题。自然人对此应该有权在充分知情同意的前提下，自主做出选择。

理性的计划生殖对于理性的生物来说乃是自然的。

——弗莱彻[①]

第二章 人格权法对生命繁衍技术应用的规制

第一节 人格权法对助孕技术应用的规制

助孕技术，简而言之，就是帮助人怀孕生育的技术。它是人工辅助生殖技术（Assisted Reproductive Technology，ART）的核心内容。助孕技术包括体内人工授精、体外人工受精—移植两大类，其中又可以分解为配子（精子和卵子）提取技术，受精卵体外培育技术、配子或受精卵等植入手术。

一 助孕技术催生的人格权法问题

辅助生殖技术经历了迅速发展，已派生出许多新的技术。但是，这些技术的应用该如何规制，却还留有诸多问题。生殖细胞如何取得、怎样使用、利用其所生孩子的身份如何认定，都不能放任自流，需要法律予以规范。

（一）生殖细胞如何进行法律定位

生殖细胞（germ cell），也被称作性细胞或配子（gamete），是多细胞生物体内能繁殖后代的细胞的总称，包括精子、卵子、受精卵等。生殖技术的发展、应用离不开精子、卵子、受精卵、准胚胎及胚胎。当然，存在于人体内的遗传物质由于和人身的一体性，依照法律应视为是主体身体之

---

① ［英］弗莱彻（J. Fletcher）：《遗传控制的伦理学方面》，《新英格兰医学杂志》（1971年9月30日）、第776—783页。转引自恩格尔哈特《生命伦理学基础》，北京大学出版社2006年版，第274页。

组成部分（胎儿的地位稍微特殊，容后再议）。但是当生殖技术的发展使生育的进程可部分的与主体分离，分离出来的精子、卵子以及受精卵等，其法律地位如何界定？

（二）生殖细胞利用应遵循何种规则

生殖技术的发展与遗传物质的交易几乎同步。目前，精子、卵子、受精卵等的买卖已暗流涌动。精子交易面临道德非难，如将人类遗传物质商品化；增加兄妹乱伦的风险；降低人口质量等方面的批评。除此之外，精子交易也带来直接的法律问题，它可能令使用者承受精子质量不合格的风险、使出卖方承担法律上的侵权或违约责任。有媒体戏称对于精子银行而言，客户要求更换产品不太现实，但是，售后维修也实在不是简单的事情。① 如何对精子交易进行法律规制？

各国都有买卖卵子的现象。随着卫生部《人类辅助生殖技术管理办法》《人类辅助生殖技术规范》的实施，在我国捐卵被严格限制，黑市买卖卵子现象猖獗。媒体曝光，北京、武汉、广州等地都出现了买卖卵子乱象。② 我国规章明确规定了使用人工生殖的人士是符合国家计划生育条件的不育夫妇。夫妻以外的主体能否、应否使用人工辅助生殖技术呢？在英国、美国、以色列等地，都发生了遗属要求提取意外死亡的亲属生殖细胞的事例；在我国大陆地区和台湾地区也发生了此类事件，这是否该允许？

（三）助孕所生儿童的亲子关系如何确定

传统的生殖，往往是婚姻—性交—生育这一链条的最后一环。婚姻的存续确证了生育子女与配偶间的法律关系。婚外性行为导致的生育也可依其血统来确认父母子女关系。但是，随着现代助孕技术的发展，人工授精应用的普遍，这种联系被打破了。首先是生育中的血统传承、基因链条被打断。其次是生育中双方的自由意志可能被违背。在助孕生殖技术的环境下，性交的拒绝、避孕的选择等都可能无法阻止对方一意孤行的生育抉择了。

传统上用来确定父母子女关系的基因联系和生育意愿准则，都遭受挑战。确定父母子女关系的准则为何，哪些应该坚持，哪些需要放弃？关于

---

① 晓天：《美国试管婴儿怒告精子银行　称精子质量有缺陷》，http：//news. sohu. com/20090413/n263345904. shtml，2012 年 3 月 14 日。

② 《记者暗访卵子黑市：开价万元寻名校女生“捐卵”》，http：//news. xinhuanet. com/edu/2011-11/14/c_ 111164260_ 3. htm，2012 年 3 月 14 日。

单身妇女能否借助人工生殖技术生育有不同争论，法律选择各有不同，我国法律对此不予支持（吉林省的地方性规定是个例外）。但是鉴于生殖旅游、违规操作等的情形实际存在，法律也不得不考虑此类儿童的亲子关系问题。

二 生殖细胞的法律定位

（一）体外精卵与胚胎的法律地位

传统民法一直采取“人—物”二元论的划分方法，把人以及人的各部分（包括身体器官）界定为主体或主体之组成部分，认为人对其身体的支配为人格权，而非财产权。但从人体上分离之物体，通认可为法律上之物。[①] 那么，作为与人身分离的精子、卵子能否被视为“物”？

虽然一度有人认为精子、卵子都具备发育成人类生命的可能性，因而应被作为生命对待，[②] 但是，由于这些物质，实际上其中只有极少的一部分才幸运地得以发育成为人，而绝大部分难以避免被遗弃和淘汰的命运，因而“视其为人”的做法不符合实际。正如鸡蛋虽具备发育为小鸡之可能性，但鸡蛋毕竟不是小鸡。精子、卵子等遗传物质，与人的血液、器官等一样来自人身，因而似乎可参照传统法律中器官组织的规定同样对待。传统民法认为自愿与人体分离的部分构成民法中的物。王利明先生、梁慧星先生各自主持的“民法典建议稿”中都做类似规定。由此可见，学界倾向于将与人身分离的精子、卵子界定为物。而我国人工生殖管理办法、精子库管理规定等法律允许一定条件下的精子、卵子捐赠，实际上也视其为物。这类物的所有权可依据物之提供者的意愿，是捐献还是自己使用，而判断其所有权归属，捐献者捐献的配子所有权属于接受主体；自己使用者分离出自己身体的配子仍属自己所有。当然此物非一般物，而是生命遗传物质，为表示对生命的尊重和人类尊严的维护，对其需予以特别对待。即如学者建议，对其利用应以符合公序良俗为必要。本书使用体外胚胎来指称这类处于人体之外的准胚胎，使之与存在于人体内的胚胎相区别。

体外胚胎法律地位如何界定，徐国栋先生在《体外受精胎胚的法律地位研究》一文中系统探讨了这一问题，介绍了当前存在的三种学说和

① 魏振瀛：《民法》，北京大学出版社、高等教育出版社 2013 年版，第 123 页。

② ［德］库尔特·拜尔茨：《基因伦理学》，马怀琪译，华夏出版社 2000 年版，第 146 页。

法例：客体说、主体说与中介说。[①] 客体说视受精胚胎为不同权利之客体，具体又可分为财产说与私生活利益说两类。在财产说的大框架下，一种观点认为受精胚胎是单纯的人体组织，归医生任意处理；另一种观点认为受精胚胎是体源财产，它受其所有人的意志的控制。如恩格尔哈特就坚持“人所产生的精子、卵子、胚胎和胎儿，仅次于自己的身体，用世俗的道德语言来说，完全是自己的”[②]。主体说视受精胚胎为法律上的人。此说又分为两派：一种把受精胚胎视为有限自然人；另一种视其为法人。伊利诺伊州地方法院的一项判决将冷冻胚胎作为未出生的孩子，对一个意外破坏九个冷冻胚胎的生育诊所进行了死亡诉讼。[③]《路易斯安那民法典》采用法人说。中介说认为受精胚胎处于既非人，也非物的“受特别尊敬”的地位，是人与物间的过渡存在。因为准胚胎拥有成长为新生儿之能力，所以法律只授予人类胚胎而非其他人类组织这种特别地位。中介说往往又向准财产说靠拢。徐国栋先生也赞成采用此说。

胚胎获得伦理学上之“位格”、法律上之“人格”的时间点是一个棘手的问题，通常提出的标准有出生、存活、胎动、产生知觉、获得生命等。在法律上，这些标准都有其被接纳之处。出生是获得民事权利能力的标准，被大多数国家民事立法所接纳。如《德国民法典》第 1 条规定“人的权利能力自出生开始”。存活、胎动往往是限制堕胎法参考的依据。而拥有知觉是之前禁止生殖性克隆立法的一个标准（之所以受精卵培植研究被限定在 14 天内，是因为依据科学标准，14 天之后的受精卵会开始神经细胞分裂，产生知觉）。

笔者以为财产说揭示了其实质，中介说则满足了人类之心理，体外胚胎为特殊存在，应予特别尊重；但无具体规则时，可参照物之规则。“法的标准，即法的观念本身是人。”[④] 法律上的人有相对固定的内涵，将准胚胎定性为人显然存在不合理性：依据关系说，人的本质是社会关系的综合，准胚胎显然缺乏这种关系；依据理性说，人的本质在于人有理性，准

---

① 徐国栋：《体外受精胚胎的法律地位研究》，《法制与社会发展》2005 年第 5 期。

② ［美］H. T. 恩格尔哈特：《生命伦理学基础》，范瑞平译，北京大学出版社 2006 年版，第 255 页。

③ Kimberly Berg, “Special Respect: For Embryos and Progenitors”, *George Washington Law Review*, No. 74, 2006, p. 506.

④ ［德］阿图尔·考夫曼、温弗里德·哈斯默尔主编：《当代法哲学和法律理论导论》，郑永流译，法律出版社 2002 年版，第 490 页。

胚胎也尚未形成此种理性。将其定性为人，是对“人”的泛化，无助于维护人类尊严，反而存在贬低人格的嫌疑。另外，将体外胚胎贴上人格标签，对堕胎和试管婴儿治疗等都存在危险的暗示：“如果胚胎被看作一个人，这是否意味着在体外受精后破坏或抛弃胚胎属于谋杀？”①中介说在形式上维护了人格尊严，表达了对生殖细胞的特殊敬意，但模糊的地位容易产生法律适用的诸多问题：在法律缺乏充足规定的时候，中介物质是参照自然人规则还是财产规则呢？我们对遗体、人体器官的物之定位和特殊礼遇已经解决了现实中的诸多问题，表明客体说是一套行之有效的方案。对于遗传物质不妨也参照执行，作为一种特殊物加以对待，只要将其需特别对待之处明文规定，予以礼遇，则人格尊严维护足以体现。中介说则可能带来诸多悬而未决的问题，更像是一种概念美容。在号称“中国冷冻胚胎第一案”中，一对保存冷冻胚胎的夫妇因意外去世后，法院判决该冷冻胚胎由死者的父母取得。② 虽然法院小心翼翼地避开了将其定性为物的陈述，采用了“中介说”，但是实际上依据继承规则确定了其归属，又依据财产规则确定了死者父母对冷冻胚胎的处置权。可见，虽然我们为了表示对人体自身的尊重，不愿使用财产来定义胚胎，但实际的规则无可逃避地套用了财产规则。建议在未来的相关立法或司法解释中明确，“人体细胞、人体器官、人体组织、遗体是特殊的存在，应给予适当的尊重。法律有特殊规定的，依其规定。如无具体规定时，可参照物之一般规则”。

（二）体内胚胎与胎儿的法律地位

按照沃诺克报告，胚胎是指从受精卵植入母体子宫开始至后续的两个半月，其间，胚胎会发育出脑、心、头、身体的结构、躯干、四肢等。所以胚胎在此专指母体内的生命。但为避免概念混淆，本书仍加上“体内”二字，称其为体内胚胎，与体外胚胎相对。胎儿则是指从受孕两个半月后至完成分娩这一期间的人类状态，胎儿将具有人之外观与成型的器官、分娩后有存活可能性。国内的学术研究不是特别区分二者，对胎儿的法律地位或采取有限主体说，或采取母亲身体说。然笔者以为这种区分有显著意义。对于胚胎，可界定为母亲身体组成部分；对于胎儿，宜认定为有限主体。如欧洲国家多允许怀孕十周以内的堕胎；但严格限制十周以上的堕

① 郑佳文：《“胚胎领养”你听说过吗？》，《新民晚报》2016 年 9 月 3 日第 A14 版。

② （2014）锡民终 01235 号。

胎。法律应该区别对待胚胎和胎儿，这样可以更合理和清晰地划分孕妇与胚胎、胎儿利益，在人格权法上能够予以平衡。胚胎非主体，不享有人格权；孕妇对胚胎可依身体权进行处分；胎儿属于有限主体，有条件地享有人格权；孕妇的行为自由要受到胎儿利益的限制。如此对堕胎行为加以规范，可以兼顾胎儿和孕妇利益，平衡相关伦理争议。《民法典》第 16 条规定："涉及遗产继承、接受赠与等胎儿利益保护的，胎儿视为具有民事权利能力。但是，胎儿娩出时为死体的，其民事权利能力自始不存在。"该条未区分胚胎与胎儿，但附加了出生条件，对胎儿利益保护的概括规定也契合有限主体说，并具有操作上的妥当性。

三　生殖细胞的利用规制

（一）生殖细胞捐献的法律规定

捐献者基于人身自由权和身体权，通常只需遵守法律和公序良俗，即可对自己的精卵予以处分；但生育不仅涉及个体利益，也关涉社会稳定与发展，法律在此多加规制也有其必要性。《民法典》第 1006 条规定"完全民事行为能力人有权依法自主决定无偿捐献其人体细胞、人体组织、人体器官、遗体。任何组织或者个人不得强迫、欺骗、利诱其捐献"。此条虽未专门规定生殖细胞，但生殖细胞属于人体细胞，因此也可成为生殖细胞规制的上位法依据。如我国卫生部规章等就基于医疗需要、个体保健等因素对捐献主体、对象等加以限制。

1. 捐精的条件规制

精子捐献是人工授精中精子获取的重要途径。依据卫生部颁布的《人类精子库基本标准和技术规范》规定："供精者应当是年龄在 22—45 周岁之间的健康男性。"此外，该法律还规定了捐献的消极条件，禁止带病捐献、多次捐献等。"精子紧缺已经不再是纯医学问题，而成为一个社会问题，捐精和捐血已经变得同样重要。"[①] 我国卫生部颁布的《人类精子库基本标准和技术规范》规定，"供精者只能在一个人类精子库中供精"。这意味着精子捐献的对象只能是精子库。私人间的捐赠则无法执行双盲原则，容易引发纠纷。捐赠者如果执意进行私人间的捐赠，就法律分

① 《南京精子库入不敷出　上千对夫妻排队等精子》，http：//news. sohu. com/20090302/n262537111. shtml，2016 年 3 月 14 日。

析而言，属于对其身体分离物行使所有权，若不违反法律且符合公序良俗亦无不可，但需做好风险防范，包括健康风险与法律风险。

2. 捐卵的条件限制

卵子捐献的问题比较复杂。因女性原因需做试管婴儿的人占试管婴儿手术总数的60%，这意味着对“外供”卵子的需求远大于精子。[①] 捐卵存在较大健康风险，捐献者可能遭受无法挽回的损害。对于卵子的捐赠，世界各国态度不尽相同。韩国、英国、德国等禁止卵子买卖，只允许卵子捐献。美国、西班牙和俄罗斯允许女性通过提供自己的卵子获得一定费用。我国目前只有卫生部关于捐卵的规定，捐赠卵子者仅限于试管婴儿生殖中取卵的妇女，供卵生殖只能利用试管婴儿治疗周期内提取者未用完的剩余卵子，禁止任何其他形式的供卵行为。禁止妇女捐卵的规定与禁止代孕的规定一样，限制了妇女对自己身体的支配权，其出发点是保护妇女生命健康。但一刀切的做法可能会催生庞大的地下市场。

3. 捐献胚胎的条件限制

冷冻胚胎可否捐献各国规定不同，英国、法国都规定，冷冻胚胎保存期限上限，到期可捐赠给其他夫妇或用于科研，否则予以销毁。美国一些州建立了胚胎库，可以向不育夫妇捐赠或发售。[②] 我国目前并无捐献胚胎的规定，但由于允许人工生殖使用剩余的卵子捐献，也许可精子捐献，似可推导出允许人工生殖剩余的体外胚胎捐献。

（二）死者生殖细胞使用的法律应对

医学技术的发展为死者配子提取打开大门，这种可能也随即演变为现实。提取死者配子以便进行生育的行为大多基于这样一些动机驱动：替死者传宗接代；继承死者遗产；实现死者生儿育女的愿望等。

法律应该禁止基于生殖目的提取死者配子的做法。理由如下：第一，提取死者配子生殖，违背生殖辅助技术“医疗需要使用”原则，不是合法的生育权实现方式。生殖技术是对不育症的补救，而不是创造生命的手段。死亡是一种不育症吗？不是！死亡并不是不育的原因，对此造成的后果当然不能借助技术来补救。否则，单身、老龄、同性恋、坐牢等造成的生育障碍岂不是都可以用技术来补救。当人工生殖技术变成任性生育的工

---

① 陈波：《卵子捐献风险巨大》，《大学英语》2003 年第 12 期。

② 《全球第一家“人体胚胎库”在美国成立》，http：//tech. qq. com/a/20060807/000107. htm，2006 年 8 月 7 日。

具，意味着人工生殖医疗使用原则的颠覆，也预示着人类繁衍的自然法则将被打破，以婚姻家庭为基、以代际传承为序的社会解构。第二，提取死者配子生殖，不符合医疗知情同意原则。知情同意是医学上的一个普遍原则。在诸多事例中，并不能证明死者有死后生育的意愿。在没有死者明确同意的前提下对其进行手术、提取配子违反知情同意原则，存在侵害死者身体延续法益[①]的嫌疑。第三，提取死者配子生殖，不符合公序良俗。此种做法没有尊重死者的遗体。遗体即使被视为物，也是需特别对待之物，其通认之权利行使方法限于火化、埋葬、祭祀[②]等；并不包含提取生殖物质之用。笔者以为法律应禁止死后提取死者生殖细胞进行生殖的行为。如果个体有生殖的需求，则应在生前主动提取配子保存待用，而不宜死后再提取并用于生殖。

但自然人生前提取了精子或卵子，死后可否继续用于生殖？近年来法院也在着手处理此类案件。我国法院大多认可一方死亡时，另一方可使用体外胚胎进行生殖。[③] 在一方特别是父亲方死亡时，可以将利用体外胚胎生殖的子女参照“遗腹子”对待。他们具有共同的特点：都是父母同意生育的结果；都在父已亡时已经具备了生命的萌芽，被在体内或体外孕育；都尚未出生，不具备完整的人格。允许上述自然人生前提取的生殖细胞用于生殖，首先，符合医疗需原则。其次，符合知情同意原则。最后，兼顾儿童利益。笔者建议对委托人各方均超过六十周岁的人工生殖予以禁止。依据 2017 年的调查报告，我国人均寿命为 76.7 岁。据此推断，在委托人年龄均超过 60 周岁时，人工生殖儿童有极大可能在未成年时即丧失抚养。为儿童利益考虑，应限制高龄人工生殖。

（三）生殖细胞交易的法律干预

我国严禁交易精子，而且精子库不对患者开放，只对全国各生殖中心供精。虽然有合法来源可获取精子，但是网络披露精子买卖仍有黑市。选择高风险的地下市场的原因主要是以下三方面：一是不合乎法定条件的患者（顾客）规避法律对其的限制。我国只允许符合医疗需要和计划生育要求的不育夫妇在医院接受人工授精治疗。二是一些合格的患者也寻求黑

---

① 杨立新：《人身权法论》，人民法院出版社 2002 年版，第 417—422 页。

② 王利明：《人格权法研究》，中国人民大学出版社 2005 年版，第 360 页。

③ （2016）浙 0902 民初 3598 号，（2014）锡民终 01235 号。

市精子，因精子库有时供不应求。[①] 三是售精者和部分医疗机构追求经济利益。越来越多的捐精志愿者与医疗机构成为地下交易中的一员。[②]

笔者认为，首先，法律应一如既往地坚持禁止精子买卖的立场。如此做有助于提高人口质量、防范疾病传播、避免近亲结婚；有助于贯彻生殖技术的“医疗使用”原则。其次，应当适度提高补贴，调整捐精补贴的标准，增加精源，以满足合法的精子需求，并且可以间接打击非法精子交易。最后，法律应调适具体规则，以便合格的精子需求者能够通过合法渠道便捷地获得精子。

卵子交易成因多样，风险较大。卵子交易的成因主要如下：第一，卵子需求市场广大。不育妇女越来越多，形成了庞大的买方市场。第二，卵子捐赠者少。捐卵在医疗和法律上都存在较大风险，其来源不太丰富。第三，我国卵子捐赠渠道狭窄，使卵子捐赠制度名存实亡。卫生部门对捐卵的规定，使得许多妇女实际上难以通过合法的渠道获得卵子。对于有需要的人群现在只能到境外或国外做。不能负担起生殖旅游的人就会寻求国内的卵子黑市。在禁止卵子买卖的法律环境下，卵子提供者和购买者都承受着交易可能破裂，合同产生纠纷、履行出现障碍等问题，但得不到法律保护的风险。

如何规制卵子交易？有学者认为，卵子买卖作为购买者对出卖者的剥削，动摇了人类辅助生殖的合理性与合法性，应该出台法律，从技术层面上杜绝非法取卵术，并增设“买卖人类精卵罪”，惩治该类行为。[③] 笔者对此不能赞同。卵子提取的高风险决定了卵子难以成为免费的资源，合理补偿有助于拓展卵子来源，实现主体生育权与身体权；同时防范无序的卵子交易以及可能带来的法律不确定性和伦理危机。大禹治水，疏而不堵。不育夫妇和个人的生育权、捐卵者的身体权都支持卵子的转让，其本质和捐精并无不同。许多人不能接受买卖配子，但同意对配子捐献者给予合理补偿，如各国都认可对精子捐赠给予合理补偿。笔者认为，卵子捐赠也应该给予合理补偿。

---

① 李小红、李尚为：《配子捐赠实施的现状及其相关的伦理和法律问题》，《中国医学伦理学》2013年第1期。

② 唐江澎、袁婧：《关注精子买卖、代孕 百余中外专家长沙探讨生命伦理》，http://news.qq.com/a/20080404/000650.htm，2012年3月14日。

③ 刘长秋：《买卖卵子的伦理分析与法律对策》，《检察日报》2012年11月1日第3版。

立法有必要禁止卵子买卖，因为单纯追逐利益的交易暗含着无法控制的道德风险。例如最不适宜的未婚未育女性被诱惑出卖卵子。但法律不能止步于禁止，我们还应该开放、拓展合理补偿的卵子捐赠渠道。生儿育女是人伦天性，是生育权的重要权能；法律禁止卵子捐献杜绝了部分民众求子渠道。开放合理补偿的卵子捐赠渠道，有助于消灭卵子非法交易。如果民众能够有合法的渠道获得卵子，大部分黑市交易就会因没有市场而消亡。采取一刀切式的做法，虽然方便了管理，但会催生混乱的地下市场，这反而引发更严重的伦理、法律危机。韩国 2008 年修正了其生物伦理学法律，规定禁止出售卵子，但该法同时认定接受方为捐赠方支付一些在捐卵中的必要费用——诸如食宿费和交通费——并不违法。英国也禁止卵子买卖，但后来相关法律出现了一些松动，允许有偿提供卵子。[①] 在美国，除了路易斯安那州外，出售卵子在各州均属合法。我国台湾地区立法特别规定了配子捐献者的“必要经费之补助权”。开放合理补偿的卵子捐赠渠道，有助于保障不育妇女的生育权实现。

（四）生殖细胞使用的法律限制

生殖细胞医疗使用原则确定了它的使用者应该是不育人群。由于不同国家的国情有别，因而允许使用该技术的人士范围划定也不尽相同。已婚不育夫妇是所有国家均认可最有权利使用该项技术的人群。我国规章明确规定了使用人工生殖的人士是符合国家计划生育条件的不育夫妇。有学者主张辅助生殖的实施对象只能是有合法婚姻关系存在的男女，即已婚夫妻；未婚男女、离婚男女或寡妇鳏夫应排除在外。[②] 夫妻以外的主体能否、应否使用人工辅助生殖技术呢？

单身者能否使用人工生殖技术颇受争议。从生育权角度而言，单身者也有生育的权利。但是从生殖技术医疗使用原则判断，则单身者能否使用此类技术不无疑问。各国立法对单身女子等主体可否使用人工辅助生殖技术的规定是不一致的；学界同样存在反对派和赞成派两大阵营。反对者认为，人工授精是对已婚不育夫妇而设，是一种不得已的方法，不是借此广开创造人类的大门。赞成者认为，人工生殖技术的重点应是儿童的福利，一个人应否生育子女，重要的考虑因素是这个人能否给子女一个健康快乐

① 《各国对买卖卵子态度各异》，http：//wenku.baidu.com/view/0c616915f18583d04964595f.html，2012 年 3 月 15 日。

② 陈小君、曹诗权：《浅论人工生殖管理的法律调控原则》，《法律科学》1996 年第 1 期。

的成长过程，而不在于有无婚姻，因此也不应把一些特殊群体排斥在外，否则就是一种歧视。①

本书坚持认为，生殖技术只是在作为生育的补充方式上得以获得其正当性。在权利主体符合自然生育的条件时，应选用自然生育方式。只有在不能进行自然生育或自然生育会危及生育主体或胎儿生命健康安全时才可以选用人工生殖技术。法律首先需要认可的是单身妇女自然生育的权利，其次才宜考虑是否赋予其人工生殖的权利。同理，艾滋病毒携带者夫妇使用人工生殖技术应予允许，这种做法既能保障患者的生育权，也符合生殖技术医疗使用目的。在押犯不宜使用人工生殖技术生育，因其与医疗需要原则相悖。

四 助孕所生儿童的亲子关系认定

（一）人工生殖中确立亲子关系的准则

1. 超越基因联系准则

人工生殖中亲子关系不再依据基因联系来确定。自然生殖中界定亲子关系的主要依据是基因联系准则，但是这在人工生殖中就不再适用。异质人工生殖技术的基础就是部分或全部放弃基因联系准则——如果坚持基因联系准则，就不会有任何遗传物质的捐献。我们的社会存在超越基因传承的文化。基因联系更多是人的生物本能，但是人的社会性可以令其超越这种生物本能，特别是在异质（捐精、捐卵、捐胚）人工生殖时，超越此种本能不仅可能而且必要。现代立法多已超越基因联系准则。1972 年美国《统一亲子法》规定，在 AID 生育情形下，“供精者不视为胎儿的自然父亲”，现在这已经是世界通例。法律在人工生殖中无须坚持此种联系，尽管无法否认基因联系在自然生殖中的重要地位。

反之，即使没有基因联系，基于法律特定价值考量，也可以确认主体间的亲子关系。例如在人工生殖中，在捐精、捐卵、捐胚生育的情形下，委托人一方甚至双方可能都与生育的儿童之间不存在基因联系，但法律仍确认其为父母子女关系。我国的司法解释采此做法。对于 2015 年的“首例代孕引发监护权纠纷案”（即“陈某诉罗某某监护权纠纷上诉案”）②，

① 黄丁全：《医疗 · 法律与生命伦理》，法律出版社 2004 年版，第 290 页。

② （2015）沪一中少民终 56 号。

有学者就认为两审法院在法律适用时，当然地认为基因的提供者是代孕子女法律上的父母，并没有充分顾及现行法体系下将基因提供者确定为法律上的父母在正当性与合法性论证方面存在的重大缺陷，由此导致相应判决在法律适用方面存在明显错误。应依据民事行为的生效要件将代孕协议区分为有效、无效两种类型，在有效的情形下依据协议约定确定当事人之间的法律关系，在无效的情形下将子宫提供者确定为代孕子女法律上的母亲。①

2. 坚持生殖意愿准则

确认亲子关系的一项重要标准是生育的意愿。自然生育更多是主体自由意志的体现，不自愿成为父母是极其稀有的事例，特别是当我们把无避孕措施之性行为视为自愿生育的一种默示表达来对待时。因此可以说，传统上，生育自愿实际上也是确定父母的重要准则。私法领域强调私法自治，个人责任。在生育领域，自由意志也是人们行为的基石，是个体负责的基础。法律确认生育权包括生育之自由与不生育之自由，这一制度建立的共识基础，就是任何人都不应被强迫成为父母。一个无意参与生育行为的人，不能因为他/她的遗传物质被非法使用而被强迫成为父母；一个自愿的精子、卵子或胚胎捐献者也不应被认定为父母。反之，一个自然人，依法自主参与了生育行为，例如接受异质人工生殖，这表明他/她希望成为父母，即使没有提供遗传物质，但他/她的生育意愿和参与行为不应被否认。判定父母子女关系时，这一要素必须给予足够重视，甚至可以认为是决定性的。研究相关问题的美国学者也指出，从解决冷冻胚胎争端的少数案例中得出的统一主题是：没有简单的答案。但是，法院在解决相关争端时，应该采纳（不为父母的）绝对否决权（absolute veto approach）保护生育权，这种做法支持决策的即时性、可预测性和确定性；与最高法院有关生殖自治的先例一致；最重要的是，它承认冷冻胚胎值得特别尊重的同时，也承认个人的决定对生育同样值得特殊尊重。② 一些法院已经依据社会性定义来解决这些问题，依靠生产的意图与选择作为决定现代家庭的

① 朱晓峰：《非法代孕与未成年人最大利益原则的实现——全国首例非法代孕监护权纠纷案评释》，《清华法学》2017 年第 1 期。

② Kimberly Berg, "Special Respect: For Embryos and Progenitors", *George Washington Law Review*, No. 74, 2006, p. 506.

因素。[①] 美国最高法院认为，作为认定亲权标准，受孕时的“意思”应当得到法院的尊重。[②]

我国学者对此原则也较为认可。在梁慧星先生的建议稿中，就明确规定“依法采用人工生殖技术生育的子女，以同意采取该方式生育的男女为父母”[③]。徐国栋先生的建议稿中也把夫妻一致同意作为确认亲子关系的依据，并规定只有一方同意的生育，子女只与同意的一方建立亲子关系。[④] 我国法院也时常采用此原则来处理相关案件。当事人没有生育意愿，即使使用其精子或卵子人工生育子女，也不能在当事人与子女之间确立法律亲子关系。广州市天河区法院的一项判决指出，即使能证明当事人是孩子的遗传学父亲，但无法证明当事人同意代孕，则不能认定当事人是孩子法律上的父亲。[⑤] 当事人有生殖意愿，即使所生子女与其并无基因联系，也可以确认法律上的亲子关系。在“首例代孕引起监护权纠纷案”中，法院也认定与孩子并无基因联系的陈某与两名孩子为有抚养关系的继父母子女关系。[⑥] 重庆第五中院在一起判决中指出，子女与父母有自然血亲关系，不是享有继承权的必备条件。遗产分配优先尊重死者生前的意思表示。[⑦]

生殖意愿的撤回受到限制。生育的周期性会影响生育意愿的撤回。一旦受孕开始，生育进程启动，生育就是关涉双方甚至多方利益的复杂法律关系，生育主体特别是男性的生育意愿受限于这一事实，不能再随意撤回。在一起案件中，丈夫与妻子进行人工生殖，并对妻子给予概括授权，但在妻子怀孕后提起离婚诉讼，诉称妻子进行胚胎移植生育未经其同意，意图否认自己对人工生殖继续同意和承担父亲责任。法院判决指出丈夫在主观意愿改变后未向相关医院做出撤回代理权的表示，判断其同意人工生殖，需继续履行父亲责任，支付抚养费。[⑧]

---

① W. Nicholson Price II，“Am I My Son? Human Clones and the Modern Family”，*Columbia Science and Technology Law Review* ，No. 11，2010，p. 119.

② See Johnson v Calvert，851 P. 2d 776 782（Cal 1993）.

③ 梁慧星主编：《中国民法典草案建议稿》（第二版），法律出版社 2011 年版，第 349 页。

④ 徐国栋主编：《绿色民法典草案》，社会科学文献出版社 2004 年版，第 205 页。

⑤ （2011）穗天法少民初 129 号；（2012）穗中法少民终 168 号；（2013）穗中法民申 247 号。

⑥ （2015）沪一中少民终 56 号。

⑦ （2016）渝 05 民再 17 号。

⑧ （2017）鄂民申 2456 号。

3. 兼顾子女最佳利益原则

子女最佳利益原则已经演变成了处理儿童事务的基本准则。这一原则也被应用于人工生殖领域。1985 年，英国首先在“Baby Cotton”案中应用这一原则确定了亲子关系。“儿童最佳利益”也随即成为美国新泽西州最高法院采纳的一项原则，“Baby M”案以此为据被解决。在生殖领域，笔者建议将此作为补充性原则，而非主导性原则，主要是考虑平衡各方利益。生殖领域要解决的是“制造”儿童问题，这与处理已出生儿童事务不一样。如果给予未来的、潜在的“儿童”利益过高评价，不仅仅限制了生育权人的自由，使其受到的侵害无法救济；还可能诱发较多的违背主体意愿生育的现象。① 违法行为者会希望通过造成既成事实来达成心愿而又逃脱法律制裁，这可能违背法律初衷，甚至造成对生育自由的实质损害。

有的学者认为，儿童最佳利益原则应成为亲子关系判定的首要原则。欧洲人权法院在有关法国的两个案件 Mennesson v. France 和 Labassee v. France 案中肯定了儿童最大利益原则，主张在跨国代孕中应当有效保障代孕儿童的最大利益。德国男同性伴侣 A 和 B 与一位美国加利福尼亚州女子在加利福尼亚州签订代孕协议，生育代孕子女。德国一审法院认为判决违反德国强制性规定及公共秩序，不予以承认。案件上诉至德国联邦最高法院后被直接改判，法院认为法律仍强制剥夺委托父母的父母身份会对代孕子女产生巨大的不利，不符合儿童最大利益原则。② 但是分析案情，可以发现代理孕母自身并无抚养意愿，而 A 和 B 都具备积极的为人父母的意愿。因此，这个判决也是符合尊重主体生育意愿这一原则的。甚至可以推论，生育主体愿意承担父母责任的意愿是儿童最佳利益的重要判断标准。将孩子交给一个无意承担父母责任的人是对儿童利益的重大冒险。因此潜在的、未来的儿童利益在此虽必须考虑，但不能作为决定性的准则，为人父母的意愿更加重要。

《民法典》中没有人工生殖亲子关系认定规则，可以说是一大法律漏

① 周平、胡纪平：《异质人工生殖中亲子关系界定之法律准则探讨》，《中南民族大学学报》（人文社会科学版）2014 年第 4 期。

② 王吉文：《儿童最大利益原则在跨国代孕判决承认中的适用问题》，《青少年犯罪问题》2018 年第 4 期；严红：《跨国代孕亲子关系认定的实践与发展》，《时代法学》2017 年第 6 期。

洞。学者认为，应在亲子法中“确立人工生育子女的法律地位”。[①] 应增加亲子关系认定章节，对父母子女关系予以界定。在梁慧星先生的建议稿中，明确规定：“依法采用人工生殖技术生育的子女，以同意采取该方式生育的男女为父母。”[②] 在徐国栋先生的《绿色民法典草案》第三题第158条“人工辅助出生子女”中规定，“受孕是夫妻一致同意完成的，不论该子女是否为丈夫或妻子生物学意义上的后代，均视为该对夫妻在法律上的子女”。同时该建议稿规定只有一方同意的生育，子女只与同意的一方建立亲子关系，明确排除了捐献者与出生子女间的亲子关系。[③]《人格权编》对人工生殖没有涉及，可以说是一大缺憾，应在单行立法中予以完善。

（二）人工生殖儿童亲子关系认定细则

1. 已婚夫妇人工生殖儿童的亲子关系细则认定

亲子关系的界定不唯依赖血缘，而更多取决于父母的意愿和法律的认可。下面依据当事人意愿对人工生殖进行分类，以便更合理地确定因此而出生的婴儿的地位。

（1）夫妇双方同意人工生殖之儿童为婚生子女

人工生殖子女，特别是异质人工生殖子女，其亲子关系的基础是婚生推定还是当事人意思，学界一度争议很大，立法和判例也有分歧，但现在已达成共识：夫妻在婚姻关系存续期间进行人工生殖，供者不能对该对子女主张父亲或母亲之亲权，夫妻一致同意所生的子女应视为夫妻双方婚生子女。我国最高人民法院在《关于夫妻离婚后人工授精所生子女的法律地位如何确定的复函》中规定，婚姻存续期间夫妻双方一致同意进行的人工授精，所生子女为配偶双方的婚生子女。世界各国大都是类似做法。

（2）妻子未经丈夫同意人工生殖之儿童的身份

在婚姻关系存续期间，同质人工授精所生的子女与夫妻双方都有血缘联系，当然应该认定为夫妻双方的婚生子女，这与传统自然生殖方式所秉持的血统说以及“分娩者为母”的法则一致。但未经丈夫同意而进行的同质人工生殖所生子女应否认定为该夫妻的婚生子女，法学界存在两种观

---

① 夏吟兰、薛宁兰主编：《民法典之婚姻家庭编立法研究》，北京大学出版社2016年版，第243页。

② 梁慧星主编：《中国民法典草案建议稿》（第二版），法律出版社2011年版，第349页。

③ 徐国栋主编：《绿色民法典草案》，社会科学文献出版社2004年版，第205页。

点：一种认为可以认定为婚生子女，但丈夫有否认权和领养权；另一种认为应承认其为婚生子女，以便维护子女权益，如史尚宽先生就持此观点。[①] 本书认为，顾及婚姻的要义（通常暗含生儿育女的同意）、血缘的联结以及子女利益的保护，使得男性生育意愿为子女利益保护而屈服，实为法律两害相权取其轻之选择。因为在此种情况下，允许丈夫否认子女为婚生，则使子女成为无父之非婚生子，对其利益保护至为不利，且难以救济。为保护此无辜幼儿，不宜赋予丈夫婚生否认权。但为救济其生育权，不妨允许其对配偶提起侵害生育权之诉。

对于捐精人工生殖子女，本书认为，丈夫的同意是确定父权的重要依据；未经丈夫同意的，丈夫可否认亲子关系。许多国家的立法与判例采取此种做法：妻子未经丈夫同意进行异质人工授精所生的子女，不当然认定为其子女，因为其与生母之夫无任何血缘关系。英国早期的判例以违反公序良俗为据，判定妇女构成通奸罪；而美国早期判例则承认其为生母的非婚生子女。妻子未经丈夫同意擅自进行人工生殖或妻子欺骗丈夫施行人工生殖，属违法行为，构成对丈夫生育权的侵犯。日本规定丈夫享有婚生否认权。否认期限为从知道子女出生时起 1 年。法国规定否认权行使期限为 6 个月，德国规定为 2 年。

同时法律在一定期限内赋予丈夫领养权，被丈夫领养的子女视为夫妻双方的婚生子女。如 1948 年的斯坦德案例确认丈夫对此类子女亦享有亲权。为维护子女的利益，仍应认定该子女为夫的婚生子女。[②]

我国实践允许丈夫对妻子在婚姻期间与第三人生育的子女提出否认之诉，此处完全可以参照——因为此时所生子女与丈夫既无血缘联系，又缺乏丈夫生育意愿。丈夫对妻子未经其同意而生育的异质人工生殖子女应享有否认权。同时，为兼顾子女利益及保护丈夫的亲权，可规定丈夫享有否认权的除斥期间。丈夫在已知情的前提下，于除斥期间内不行使否认权，则否认权消灭，丈夫自动保有对该子女的亲权。否认期限可以参照诉讼时效期间确定。

（3）丈夫未经妻子同意人工生殖之儿童的身份

由于生育的后续环节怀孕分娩是由女性承担的，因此男性完全隐瞒女性生育之事实，客观上不可能，而男性可以掌控的部分主要在授精这一环

---

① 王洪：《婚姻家庭法》，法律出版社 2003 年版，第 244 页。

② 刘德宽：《民法诸问题及新展望》，三民书局 1980 年版，第 241 页。

节。因此，丈夫未经妻子同意进行生殖的行为也只能是操控这一环节。在人工生殖中主要体现为隐瞒精子或卵子来源，使其在被欺诈的情形下生殖。

分娩者为母的准则在此也应适用。在生殖问题上，由于妇女是孕育的主要承担者，其对生育的知情、控制具有决定性作用。如果妇女决定生育，她对精子或卵子来源的误解，虽然是意思表示的瑕疵，但这一瑕疵不能否认她对生育行为本质的同意。不能仅仅因为基因的关联而推翻更具法律意义的孕育——分娩行为。超越基因链的选择在此尤为必要。因此传统的分娩者为母的规则除了承认基因联系，也符合意思自治，还应继续坚持。即不论妻子是否对精子或卵子来源知情，只要妻子同意生育，她就是所分娩子女的母亲。丈夫的行为有侵犯配偶生育权的嫌疑，应该为此向配偶承担侵权责任；但是，他愿意并主动实施了人工生殖行为，符合同意原则，可以据此确定其父亲身份。

例外情形是，如果人工生殖不仅违背妻子意愿，而且有悖公序良俗时，则允许亲子关系的否认。如我国台湾地区的“人工生殖法”制定有“外遇条款”，只要配偶一方能够证明起初同意实施人工生殖，是因为受到诈欺或胁迫，那么当事人可以在发现后六个月内且在子女出生三年内提起否认之诉，以防止配偶利用对方，借助人工生殖方式与第三者实行实质上的婚外生育。

（4）医方过失使用第三人配子人工生殖儿童之身份

随着人工生殖的发展，其中的失误也逐渐显露。英国媒体曾经报道，2009 年已被查出存在重大失误与疏漏的生殖案例有大约 200 起。仅在 2003—2004 年总共被发现的相关事故就有 59 起，其中包括一些无可挽回的严重事故——有些受精卵被错误地植入子宫，得以孕育诞生；也包括一些最后被纠正过来的小差错。①

因为医生过失误用第三人配子而出生的子女，其法律地位如何界定？为维护儿童的利益，应将该子女视为夫妻双方婚生子女。可通过医院承担医疗责任给予经济上的赔偿的方式，救济丈夫利益的损害。② 需要补充的是，在医生误用的情况下，甚至会出现完全与父母无基因联系的婴儿诞

① 《英 200 例人工授精出错　精子搞错受精卵弄混》，http：//news. sohu. com/20090615/n264539887. shtml，2017 年 6 月 15 日。

② 刘成明：《谁是试管婴儿的法律父母？——人工体外授精子女的法律地位认证》，《青海社会科学》2006 年第 3 期。

生。在此一概否认父母的亲权，无辜的孩子则可能沦为孤儿，其利益无法得到保护；某些情形下也不符合当事人夫妻的生育意愿。因此笔者认为，在此需要超越基因联系原则，依据先行行为理论，要求接受手术的夫妇承担父母责任，规定其为出生子女的法定父母。当事人夫妇可依据契约法或侵权法追究医方侵犯生育权的责任。

2. 单身妇女人工生殖儿童的亲子关系

未婚女性、丧偶女性、离异女性等单身妇女，在非婚姻关系期间进行人工生殖，其所生婴儿的亲子关系应如何界定呢？依据“谁分娩，谁为母亲”的罗马法精神，该子女只与该分娩母亲存在亲子关系。基于捐献者的意愿和现行法律，不能随意将捐献者认定为孩子的父亲。

第二节 人格权法对代孕技术应用的规制

一 代孕技术引发的人格权法问题

代孕是一种人类辅助生殖技术应用形式，指用人工方式将精子或人工授精培育的受精卵或准胚胎植入自愿代理怀孕者的体内，待到孕妇生育后再由委托人获得孩子的亲权并加以抚育。由于代孕所涉文化和道德的多元性，学者、民众对此的看法迥然不同，相关的争议相当激烈，法律应该对代孕禁止抑或许可，可谓是见仁见智。2015 年“首例代孕引发监护权纠纷案”（即“陈某诉罗某某监护权纠纷案”）[①]，在委托人丈夫去世后，委托人妻子与代孕所生子女间的亲子关系受到质疑，被诉上法庭。这显示代孕已经成为无法回避的现实问题。

（一）代孕技术应用的合理性问题

反对者认为，代孕技术使用有以下伦理问题：第一，认为代孕侵犯妇女人格尊严，损害代理孕母健康。第二，认为代孕破坏婚姻家庭价值。沃诺克就指出：“把第三者引入生殖过程中来乃是对于婚姻关系的价值的侵害，生殖过程应该局限于相爱的伴侣之间。”[②] 第三，认为代孕违背公序良俗。德国判例认为，此类行为违反善良风俗而无效。梁慧星先生认为，

① （2015）沪一中少民终 56 号。

② ［美］H. T. 恩格尔哈特：《生命伦理学基础》，范瑞平译，北京大学出版社 2006 年版，第 273 页。

“代理孕母”协议，属于危害家庭关系类型的行为、违反公序良俗，自应无效。[①]

支持者则针锋相对地指出代孕的伦理正当性在于：第一，禁止代孕肯定会抹杀不育者的生育权，也实际限制了他们建立家庭的权利。自然人自然生育的权利也可以扩展到人工生育的领域，包括利用代孕生育子女的方式。[②] 在我国大约有100万个不能生育的家庭需要运用这一技术。[③] 这个数量还在增长，这一部分人的绝对数量是不可忽视的。第二，禁止代孕侵犯了代理孕母的自主选择权，妇女应该自己决定是否承受风险以及承受何种风险。例如美国的安德鲁斯教授认为政府代替妇女本人决定其应该面对何种风险是禁止代理孕母制度背后的逻辑，这会最终威胁女性主义者。因为政府这种包办的做法实质是不承认妇女有自我决定的能力和权利。[④] 第三，代孕帮助提高了婴儿的福利。一位美国法官就指出，代孕关系中，委托方付出巨大成本追求得到自己子女的行为会促使他们更好地爱护孩子。[⑤] 第四，代孕不违背公序良俗，非商业代孕尤其如是。非商业性代孕体现了人们之间的互助精神，并不是以买卖婴儿为标的的。作为一种科学技术，其目的是服务于人类繁衍的福祉，体现了社会主义的道德风尚。[⑥]

（二）代孕技术应用的合法性问题

反对代孕者认为，代孕违背现行法律。代理孕母未能完全执行计划生育政策。因代替别人生孩子，不符合当前计划生育政策。[⑦] 我国卫生部规章明文禁止医疗机构与医务人员以任何形式实施代孕技术。现行法律对代孕可能引起的纠纷尚缺乏必要应对方案。代孕契约也可能导致诸多问题，引发难以处理的纠纷；选择全面禁止代孕是避免代孕引发的各种难题的唯一路径。[⑧] 我国官方对禁止代孕的解释是：一是禁止代孕不会对多数人利

---

① 梁慧星：《民法学说判例与立法研究》，国家行政学院出版社1999年版，第12—16页。

② 廖雅慈：《人工生育及其法律道德问题研究》，赵文慧等译，中国法制出版社1995年版，第41页。

③ 黄邦道：《代孕行为引起的法律问题探究》，《重庆交通学院学报》（社会科学版）2004年第1期。

④ ［美］李·希尔佛：《性、遗传和基因问题》，李千毅等译，湖南科学技术出版社2000年版，第129页。

⑤ 黄丁全：《医疗·法律与生命伦理》，法律出版社2004年版，第309页。

⑥ 郑莉：《代孕法律关系初探》，《景德镇高专学报》2007年第1期。

⑦ 杨遂全：《中国人口法律制度研究》，法律出版社1995年版，第167页。

⑧ 黄丁全：《医疗·法律与生命伦理》，法律出版社2004年版，第316页。

益造成影响，其所涉人数极少；二是不禁止代孕会导致出现难以解决的问题。[①] 支持代孕者则认为，委托人的生育权、建立家庭的权利，代理孕母的自主选择权都是代孕合法化的权利基础。即使有一些问题与风险，也可以通过制度设计予以管控。

二 代孕技术应用的合理性分析

（一）可否使用代孕技术的衡量标准

代孕在我国也时有发生，我国法律应如何取舍？人工生殖技术的使用，大都会引起各种各样的争议，带来这样那样的问题。只是简单粗暴地加以禁止，而不考虑个体的利益和要求，其结果只会引发各种规避法律的现象，法律的权威亦会受到损害，最终立法的目的终将落空。代孕问题上的认识分歧实际反映的是个人生育自由与公私利益的冲突。生育权不是绝对权利，当它与公私利益冲突，就需要在两者之间进行平衡与取舍。其在立法上通常就表现为权利限制。然而权利限制的标准为何？德沃金表示限制一项权利的理由是为保护更重要的权利。博登海默认为限制权利“唯一的目的就在于防止危害他人”[②]。密尔把限制个人自由的标准概括为伤害原则：无害他人的行为无须负责；有害他人的行为则应当负责并承受惩罚。[③] 这一原则也可应用于代孕问题分析。

（二）反对代孕技术应用的不合理性

那些反对代孕的理由是否都站得住脚？我们可以将其分为对孩子、对他人以及对社会的损害三类情形，来逐一分析：

其一，代孕会否伤害孩子？在 M 婴儿案判决中，美国新泽西州最高法院指出了这点。[④] 波斯纳对此给予了有力的驳斥：首先，他指出是“法律的不明确性”导致“孩子处于父母间竞争”关系。其次，“契约是孩子得以生育的前提，没有契约就没有孩子”。法院提出该理由，是因为法院

---

① 蓝燕：《卫生部权威人士有关专家解释为什么禁止“借腹生子”》，《中国青年报》2001 年 3 月 27 日第 5 版。

② ［美］博登海默：《法理学——法律哲学与法律方法》，邓正来译，中国政法大学出版社 1991 年版，第 108 页。

③ ［英］约翰·密尔：《论自由》，程崇华译，商务印书馆 1959 年版，第 102 页。

④ ［美］理查德·波斯纳：《法律的经济分析》，蒋兆康译，中国大百科全书出版社 1995 年版，第 313 页。

没有理解契约之生产功能。[①] 研究发现，得知真相不会使得人工生殖的孩子们与父母亲的关系受伤害，反而变得更加巩固。[②] 因为人工生殖的孩子都是父母渴盼而来的；反而自然生育的子女，最理想型的是父母计划的结果，还有许多不过是父母性行为的意外后果。

其二，代孕是否会伤害他人？反对者认为，家庭关系会因为代孕受到伤害。波斯纳表示代孕协议是引导一个妇女帮助另一个妇女成为母亲，[③] 这客观上有助于委托人夫妇建立家庭。[④] 开放代孕保障了不孕者的生育权。禁止代孕，就是杜绝了不育妇女生育子女、建立家庭的道路。国家应对这些妇女或家庭给予积极的协助，而不是冷漠地忽视甚至拒绝。[⑤] 反对者认为权利必须以具备相应能力为前提，委托人夫妇如果自身没有生育能力，其生育权就是一项伪权利。[⑥] 支持代孕者则指出，权利行使的自主性与他助性相结合是人类社会的基本特征。社会和国家当然负有条件提供和支持的义务。[⑦] 回看生命科技的发展历程，不就是对自然人先天的或后天的各种“无能力”的“救治”吗？按照反对者的观点，生育的障碍是无须克服的，试管婴儿、人工授精等都无存在价值了。

代理孕母是否伤害孕母自己、侮辱女性？反对者认为，代孕会使代理孕母受到心理与生理的长期伤害。有学者认为，要求代理孕母在分娩后基于一纸契约而将孩子交付他人，这实际上是违背人类天性的一种做法。[⑧] 这种可能性不可否认，但判断与选择的权利归属主体自己，应由妇女本人而非法律来判定：是否会受到伤害，是否值得承受某种伤害。其实看一看

---

① ［美］理查德·波斯纳：《法律的经济分析》，蒋兆康译，中国大百科全书出版社 1995 年版，第 314 页。

② 廖雅慈：《人工生育及其法律道德问题研究》，赵文慧等译，中国法制出版社 1995 年版，第 59、60 页。

③ ［美］理查德·波斯纳：《法律的经济分析》，蒋兆康译，中国大百科全书出版社 1995 年版，第 314 页。

④ 英美法中缔结婚姻和建立家庭是两项不同的权利，后者侧重强调通过生育、收养等建立亲子关系。

⑤ 颜厥安：《国家不应禁止代理孕母的法理学与宪法学根据》，《应用伦理研究通讯》1997 年第 4 期。

⑥ 刘长秋：《有限开放代孕之法理批判与我国代孕规制的法律选择》，《法治研究》2016 年第 3 期。

⑦ 时永才、庄绪龙：《有限开放代孕的法理思考与基本路径》，《法律适用》2016 年第 7 期。

⑧ 刘长秋：《有限开放代孕之法理批判与我国代孕规制的法律选择》，《法治研究》2016 年第 3 期。

代孕的实践，引起纠纷者寥寥。诸多判例中，除了少量案件是由于孕母不愿放弃代孕子女所引起，大多数案例中代理孕母都断然地放弃了母亲身份，诉讼更多是制度障碍引起的。

其三，代孕会对社会造成伤害吗？大陆法系国家许多立法正是以此为据禁止代孕的，如德国、法国等立法。但是批评者指出，德国唯一一份涉及代孕的政府报告是 1985 年的“本达报告”（Benda-Report），这份报告中有关代孕的篇幅只有四页。立法机关和公众是在没有对代孕进行任何认真分析的情况下，先入为主地认为代孕是一种恶的行为，应当被禁止。[①] 代孕并不违背公序良俗，有限开放代孕体现了法律的实体正义。加利福尼亚州高等法院在美国首例确认代孕合同有效的判例（Calvert v. Johnson 案）中指出，代孕案件中的公序良俗，主要涉及胎儿（孩子）利益与当事人自愿。公序良俗原则要求法律禁止强迫行为、也禁止胎儿的父母生育前就决定放弃抚养责任或生育后买卖儿童。但是如果实际并不存在违背当事人意愿与不利于胎儿利益的情形，就不违反公序良俗。[②] 有的学者指出，不违背国外如美国的公序良俗，不等于不违背中国的公序良俗，美国法院的判决并不当然符合中国的国情与伦理。[③] 实际上，我国是一个重视人口繁衍、血统维系尤胜于美国的国家。在我国古代，一贯宣扬婚姻“非为色也，实为后也”的生育价值。为弥补妻子不能生育的缺陷，礼法都认可并践行纳妾制度。妾生子也被视为夫与正妻的子女。不想纳妾的人家还可以通过“典妻”制度来生儿育女；典妻完成生育使命之后往往就被退回，这就是原始的代孕模式。今天的生育文化当然有所演进，民众生育自己子女的根本愿望没有改变。代孕在中国伦理中很少遭到抵制，反而有接纳其的历史文化传统，符合公序良俗。

代理孕母会破坏家庭结构、导致亲属关系和伦理观念混乱、使生育动机发生根本变化吗？允许代孕的国家大多通过立法排除了单身男子、单身妇女等借助代孕技术建立家庭的情形，限定代孕的合法使用者为不育夫妇，这将有助于维护传统家庭模式。同样可以通过立法限定代孕的条件，

---

① Vctoria Keppler and Michael Bokelmann：“Surrogate motherhood——The legal situation in Germany”，http：//www. surmgacy. com/Articles/news_ view. asp？ ID=96，2006 年 8 月 26 日。

② Grubb A，“Surrogate contract：parentage Johnson v. Calvert”，*Medical Law Review*，Vol. 2，No. 2，1994，p. 239.

③ 刘长秋：《有限开放代孕之法理批判与我国代孕规制的法律选择》，《法治研究》2016 年第 3 期。

限制可能会产生伦理问题的女性亲属间互相代孕，如长晚辈女性间相互代孕等，避免亲属关系混乱与伦理危机发生。代孕存在商业化型的、合理补偿型的和利他主义型的三种。利他主义代孕在道德上无疑是高尚的，合理补偿代孕也未改变其中固有的高尚本质；就算是商业化代孕，也是“完全符合资本主义经济，而且不付款反而是一种利用”[①]。

赞成有条件开放代孕渐成一种法律趋势。允许或接纳代孕的国家逐渐增多。反对代孕最为坚决的德、法等国，也出现了通过判决接纳代孕的案例。与我们有相似生育文化传统与经济水平的邻国韩国，立法对禁止代孕的提案始终未予通过，学界对代孕的效力呈现出从传统的无效说向限制效力说发展的态势。考虑到国民情绪、低生育率的现状，以及大量潜在的代孕需求，韩国越来越多的学者开始对传统无效说进行批判，倾向于有限的开放代孕。[②] 学者指出，“有限开放说”存在相对充分的法理渊源；它照顾了生育权实现需要，兼顾了少数人权利，并不“违背人性”，不能拿“法律家长主义说”解释。[③] 有的学者认为未来我国依据特定的法治语境、传统生育文化的影响以及独特的现实环境而采取有限开放代孕模式也不无可能。[④] 杨立新先生在“全国首例冷冻胚胎案”后，也撰文建议有限开放代孕，以满足某些家庭传承后代的愿望。[⑤] 因此，学者指出“部分接受代孕，不仅可以禁止其他形式的代孕行为，还可对代孕进行有效的法律规制。这种立法一方面可以为解决相关纠纷提供明确的法律依据，另一方面有助于形成规范的管理体系，更加合理有效地规制代孕行为”[⑥]。

（三）禁止代孕技术应用的实际危害

禁止代孕使得代孕行为因无法可依而混乱。不是简单禁止代孕就可以杜绝相关的现象，实践中代孕纠纷频频发生。英国被代孕现实迫得立法改弦易辙。即使《法国民法典》严厉禁止代孕，但其“地下代孕母亲市场

---

① 廖雅慈：《人工生育及其法律道德问题研究》，赵淑慧等译，中国法制出版社 1995 年版，第 72—76 页。

② 贾一曦：《韩国代孕法律问题研究》，《北方论丛》2018 年第 1 期。

③ 庄绪龙：《对“有限开放代孕”之批判观点的思考与回应》，《法治研究》2017 年第 6 期。

④ 王籍慧：《质疑有限开放代孕生育权说———基于权利证成的视角》，《学术交流》2018 年第 6 期。

⑤ 杨立新：《适当放开代孕禁止与满足合法代孕正当要求——对“全国首例人体冷冻胚胎权属纠纷案”后续法律问题的探讨》，《法律适用》2016 年第 7 期。

⑥ 肖永平、张弛：《比较法视野下代孕案件的处理》，《法学杂志》2016 年第 4 期。

兴盛不衰”。①

在我国，代孕市场因缺乏法律规则，五花八门的代孕方式层出不穷，代孕的实践相当混乱。完全否认代孕协议的效力，不一定有利于代理孕母及出生的婴儿。不承认协议的法律效力会使委托方轻而易举地摆脱契约责任，特别是在婴儿罹患残疾或病症时，会将代理孕母与子女陷于水深火热之中。而代孕安排一旦发生纠纷，由于于法无据，法官难以处理，可能会造成司法混乱。

反对代孕者认为，“假如我国对代孕的禁止再严厉和全面一些，其处罚力度再强一些，就完全可以防范代孕的泛滥”②。我国在 2015 年开展了打击代孕专项运动，不可谓不严格。但是后续仍涌现了一些代孕纠纷。被称为“中国第一冷冻胚胎案”中的冷冻胚胎，据报道仍是被利用代孕方式孕育了新生命。③ 跨国代孕事件层出不穷，禁止代孕不过是把一些代孕逼到了地下，把另一些代孕逼到了国外。有学者归纳道：“在这个情感巨变的领域内，习惯与实践的任何变化一开始总是引起既定的习惯和法律惊恐地反对；然后是不带惊恐地反对；再是缓慢而逐渐地好奇、研究、评价，最终导致缓慢而坚定地接受。”④ 正是基于对代孕制度的深刻研究与分析，越来越多的学者建议立法开放代孕，并对其合理规制，而不是一概禁止。

（四）开放有偿代孕协议的合理性分析

今天，对于代孕的争议仍然激烈，不过无偿代孕已经获得了许多支持，有偿代孕却仍遭人诟病。对有偿代孕的最大批评是它有伤人格尊严，违背公序良俗并且导致有产者对穷人的一种剥削。

1. 代孕剥削论的不合理性

反对有偿代孕的一个伦理学依据是以一个经济学名词来表达的：剥削。一些人认为，有偿代孕会招致富人对穷人的一种新形态的剥削。依据《中国大百科全书》（简明版），“剥削是一些人或集团凭借他们对生产资

---

① 赵念国：《法国地下代孕市场禁而不止》，《检察风云》2007 年第 8 期。

② 刘长秋：《有限开放代孕之法理批判与我国代孕规制的法律选择》，《法治研究》2016 年第 3 期。

③ 《五年前宜兴小夫妻车祸离世，他们留下的冷冻胚胎如今成功孕育生命》，http://www.sohu.com/a/227861161_579012，2018 年 11 月 25 日。

④ Sophia J. Kleegman、Sherwin A Kaufman, *Infertility in Women - Diagnosis and Treatment*, F. A. Davis Company, 1966, p. 178.

料的占有或垄断，无偿地占有那些没有或者缺少生产资料的人或集团的剩余劳动和剩余产品”。《高级汉语词典》对剥削的释义是“原指搜刮侵夺，现指使用（一个人的）劳动力而不给予公平的或相当的报酬”。剥削问题的关键在于以什么方式、采取什么行为得到。[①] 显然，无偿或廉价攫取他人劳动成果才是剥削。如果获得他人劳动成果是支付了合理价格，那就不再是剥削，而是一种公平的交换了。据此评判，有偿代孕是“完全符合资本主义经济，而且不付款反而是一种利用”[②]。试想，一位穷苦的妇女无偿为不育者代孕生子，法律认为这种行为是崇高奉献，给予鼓励；反之，这位穷苦的妇女为不育者代孕生子，并收取了部分报酬，法律却对此予以禁止，理由是这是一种剥削。这样的规制难道不是很荒谬吗？英国医学协会为此建议医生不要参与代孕行为，因为医生可以通过行医获利，而代理孕母却不能借此获益，有违公平。可见，单纯以付费与否来判断代孕是否为剥削的理论是荒谬的。

2. 开放有偿代孕的合理性

不育人群的生育需求是开放代孕的社会基础。虽然有人反对，但现实的问题是，代孕既然有社会需要，而生殖技术又为它提供了可能性，它就会有实现的必然性。我国法院也处理了多起涉及代孕的案件，显示代孕在我国的实际存在与法律规制的必要性。

开放有偿代孕是陌生人社会形态的要求。有人认为，开放无偿代孕就足够了，助人为乐也是人性。笔者承认人有无私的一面，但这一面绝对不可以无限放大。在别人需要时搭一把手和帮着生一个孩子的难度决不能一概而论。中国传统社会是“乡土社会”，但现代社会则已经转型为完全的“陌生人社会”。[③] “陌生人伦理”的实质是平等的双方交换。[④] 如果仅开放无偿代孕，交换不存在，代孕关系难道能够只依靠代理孕母单方高尚的道德、无私的奉献来维系？

开放无偿代孕而禁止有偿代孕的做法，将会阻止代理孕母市场的形成，极大地阻碍代孕制度功能的发挥。要求代理孕母都进行无私奉献，毫不利己、专门利人的立法，是虚幻的乌托邦。只有开放有偿代孕渠道，才

---

① 杜旭宇：《剥削范畴及其功能作用的重新界定》，《科学社会主义》2005 年第 2 期。

② 廖雅慈：《人工生育及其法律道德问题研究》，赵文慧等译，中国法制出版社 1995 年版，第 72—76 页。

③ 费孝通：《乡土中国 · 生育制度》，北京大学出版社 1998 年版，第 9—10 页。

④ 扈海鹂：《市场经济与生人伦理——走进契约化生存》，《唯实》2005 年第 1 期。

会使较多的适格人群进入代孕市场。代孕价格的合理下降取决于合格的代理孕母候选人间的竞争，这将使代孕更容易为不育夫妇得到。这样，代孕生育将改善经济力量有限的不育夫妇的境遇。[①] 有学者指出，开放代孕还可以遏制拐卖儿童犯罪。[②]

三　规制代孕的立法模式与制度设计

（一）规制代孕的模式选择

考察国内外规制代孕的立法模式，可概括为“完全禁止型”与“限制开放型”两类。

（1）完全禁止型。这是大陆法系国家较多采用的模式。如法国、瑞典、德国、澳大利亚、泰国、新加坡、加拿大魁北克省、美国的部分州都禁止代孕；甚而有的地区认为代孕是犯罪。有学者指出，这一立法选择与该国家或地区的道德观念紧密相连，如果人们普遍无法接受这一行为，即便立法予以认可并提供解决纠纷的途径，也难以解决该行为导致的后续问题。[③]

（2）限制开放型。一些国家允许无偿的或合理补偿的代孕，只禁止商业性代孕。英国、加拿大、澳大利亚、我国香港地区都允许非商业的代孕，明确禁止有偿代孕。以色列、新西兰、南非等也有类似规定。还有些国家或地区对有偿代孕和无偿代孕都不加禁止。美国国会没有通过任何禁止代孕商业化的法律，一些州直接允许商业代孕。美国律师公会公布的“代孕母范本草案”（1988 年）建议有偿代孕合法[④]，《美国统一亲子法 2000》认可有偿代孕。

我国大陆地区的法律对代孕没有明确规定，而部门规章和地方性法规规定不一。卫生部明确禁止代孕技术的使用，《人类辅助生殖技术管理办法》禁止医疗机构与医务人员实施任何形式的代孕技术。但是，个别地方法规实际上又有限度地认可代孕。《上海市计划生育条例实施细则》的第 12 条第 6 款就规定：“同胞兄弟姐妹两人以上，有一人无生育能力，其

① ［美］理查德·波斯纳：《法律的经济分析》，蒋兆康译，中国大百科全书出版社 1995 年版，第 314 页。

② 曹越：《代孕有限合法化研究及建议》，《黑龙江省政法管理干部学院学报》2018 年第 2 期。

③ 肖永平、张弛：《比较法视野下代孕案件的处理》，《法学杂志》2016 年第 4 期。

④ 张晓玲：《人工生殖法律问题研究》，博士学位论文，山东大学，2006 年。

他均只生育一个孩子的，允许其中一人再生育一个孩子，供无生育能力者收养。”这条规定符合代孕的一般特征：一名妇女代替另一对夫妇生育子女供其收养。不过上海市的规定将其限定在同胞兄弟姐妹之间而已。我国香港立法限定代孕只对不育夫妇开放。

禁止代孕限制了少数不育群体的生育权利。以往通常被人们认为合法的秩序，实际上往往是多数人为少数人制定的。① 福利经济学的研究表明，市场机制与人身伦理的关系并非不可调和，在我国现有的约束条件下，代孕合法化的正面效应远大于其负面效应。② 有学者建议采纳“自下而上”的思路，悬置关于大是大非的根本争论，尽可能地依据现有的规则、先例，来解决具体问题。③ 我国法院目前也是主要采取这种做法。如引起全国瞩目的 2014 年的“首例人体冷冻胚胎监管、处置权案”（即“沈某某等与刘某某等监管权和处置权纠纷上诉案”）④ 和 2015 年的“首例代孕引发监护权纠纷案”（即“陈某诉罗某某监护权纠纷上诉案”）⑤，法院都抛开代孕合法性争议，利用现有权利继承规则、亲子规则等，就事论事，做出了为多数民众所认可的妥当性判决。

但是，把本应由立法完成的任务交给司法，不仅考验法官的能力，也会让法律承担威信受损、民众承担指引不明的风险。学者指出，代孕行为单纯依靠私人之间的契约来调整显然不妥，必须辅以公权力的监督和介入，以最大限度减少可能带来的伦理法律问题，达到合理分配生育风险，平衡代理孕母、委托母亲和代孕子女之间利益的目的。⑥

关于代孕，合理规制的做法应该是对代孕进行疏导，采取有限开放政策；并通过合理的制度规划，公平划分双方的利益，对代孕的弊端进行事先防范，使其在符合人类伦理的基础上健康发展。⑦ 在立法模式的选择上，笔者建议通过统一的《人工生殖法》对其予以规制。

---

① ［德］马克斯·韦伯：《论经济与社会中的法律》，张乃根译，中国大百科全书出版社 1998 年版，第 10 页。

② 杨彪：《代孕协议的可执行性问题：市场、道德与法律》，《政法论坛》2015 年第 4 期。

③ 刘碧波：《代孕的立法与司法问题》，《学术交流》2017 年第 7 期。

④ （2014）锡民终 01235 号。

⑤ （2015）沪一中少民终 56 号。

⑥ 许莉：《代孕生育中亲子关系确认规则探析——兼评上海“龙凤胎”代孕案》，《青少年犯罪问题》2017 年第 1 期。

⑦ 周平：《有限开放代孕之法理分析与制度构建》，《甘肃社会科学》2011 年第 3 期。

（二）规制代孕的制度设计

代孕具体的规制可以交给特别法。笔者提出以下方案，以期抛砖引玉之效：

1. 委托方应限定为有医学适应症的不育者

各国法律通常认为代孕应限定为女性不育的情形，同时具备医学上的适应症。许多立法都限定代孕对不育夫妇开放。我们可以借鉴此类做法，先开放不育夫妇的代孕通道；对其他类型的委托者再行研究。法律可以将代孕的实施限定在女性不育的情形，并列举医学上的适用症。

2. 代孕者应当是有生育经历的成年健康妇女

对于代理孕母，英美法均要求为成年人，而不论其婚姻状态。南非的法律要求代理孕母必须曾分娩过至少一个孩子。[①] 美国《统一亲子法 2000》要求代理孕母必须有怀孕和分娩经历。我国香港的立法不要求代理孕母有生育经历。笔者认为规定已生育过子女的健康成年妇女作为代理孕母较为合适。存在遗传学和医学上禁止生育事由者不得担任代理孕母。同时规定代孕只能通过人工辅助生殖技术实现。性交的受孕不适用代孕的法律。

3. 代孕类型及付费事项由当事人约定

立法不对代孕遗传物质来源设限制。我国香港地区《人类生殖科技条例》，禁止非配偶间的精卵代孕，仅开放非商业的借腹代孕。禁止借卵代孕的原因可能是为了避免代理孕母与子女间的血缘联系，以减少子女移交时的纠纷。要求代孕所生子女必须与委托人夫妇至少一方存在基因联系，是自然生殖中基因联系原则的反映。这对于双方都缺乏合格遗传物质的夫妇而言则是关上了生殖的大门。笔者以为，法律在此以不设限制，交由当事人自决为宜。盖因在人工生殖中，基因联系不再是必须遵循的铁律，强制要求是无谓而多余的。其弊端是增加了成本，也彻底剥夺了缺少健康卵子妇女的生育机会。代孕子女的法律地位，遵循意思主义原则，承认代孕协议的法律效力，将其作为亲子关系的判断标准，规定委托人夫妇为代孕所生儿童的法律父母。“首例代孕引起的监护权纠纷案”中，我国法院是依据陈某抚养子女的事实确认其与代孕子女间属于存在有抚养关系的继父母子女。这是非常稳妥的司法路径。但如果争议发生在代孕子女诞

---

① Victoria Keppler，Michael Bokeimann，“Surrogate motherhood：The legal situation in South Africa”，http：//www. surrogacy. com/Articles/news_ view. asp？ ID=97，2006 年 8 月 26 日.

生之初，抚养关系尚未有机会形成，则其亲子关系还是需依赖“生育意愿”这一判断准则。对于代孕应否支付费用、费用数额多寡，可由当事人协商，我国法律对此不设禁为宜。

4. 代孕协议受政府监管并具有限执行力

我国可立法规定代孕契约须事先得到相关医务行政部门的许可。英国规定实施代孕需事先得到人类受精与胚胎研究管理局（HFEA）的许可。美国也有代孕协议事先管理制度，要求当事人必须登记备案。由该主管部门核准契约，可避免“地下交易”和“暗箱操作”等带来的隐患，同时遏制社会性代孕、性交式代孕等不法代孕。

代孕协议不具有强制力几乎是许可代孕国家的一致选择。英美法中，代孕协议安排不能使委托人直接获得孩子的亲权，代理孕母通常是以自愿转移亲权方式将子女移交给委托人夫妇。由于代孕协议不具有强制力，代理孕母在孩子出生后还有一定的时间用来考虑到底要不要保留对孩子的亲权。只有在代理孕母明确放弃亲权的前提下，委托夫妻才可能得到孩子。香港的法律也明确规定代孕安排不得强制执行。

笔者以为，此处的不具有强制力应该限定在怀孕、堕胎、生产和亲权移交等涉及人身的部分。但全部否定其执行力，就会使代孕的法律规制沦为空谈。对于财产部分，应该赋予合法协议执行力；在发生代孕协议纠纷时，法院可以判决执行合法代孕协议的财产内容。代理孕母由于自身健康原因或者胎儿健康原因必须终止妊娠，无须向委托人夫妻承担赔偿责任。当代理孕母拒绝交出子女与移交亲权时，可以确认代理孕母为子女母亲，但是，代理孕母需返还相应财产，盖因为自己怀孕并无理由从他人处得到补偿。为避免代理孕母将孩子待价而沽，法律可以在承认代理孕母的母亲身份时，同时规定代理孕母只能基于自己抚育之目的拒绝移交孩子，但日后送养时委托人夫妇有优先收养权。代理孕母要履行契约时，委托方必须按照协议履行义务，包括接受子女、支付相关费用等。

第三节 人格权法对孕检技术应用的规制

一 我国现行孕检制度存在的不足

孕检是生育主体在备孕和怀孕期间进行的专项检查。孕检技术的发展，为人们优生优育提供了前所未有的保障。在科技进步、观念更新、加之法律保障的背景之下，孕检本应大大改善妇幼健康；然而现实不尽如人意。世界卫生组织在其官方报告中指出，“在2016年，即可持续发展目标时代开始时，妊娠方面可预防的发病率和死亡率仍然高得不能令人接受”①。我国官方报告公布的数据显示，目前我国出生缺陷发生率在5.6%左右②，新生儿死亡率13.1‰。③ 据此估算，我国每年约有100万名新增的出生缺陷儿童。数据显示，全国符合生育二孩条件的9000万个左右家庭中，60%的女方年龄在35岁以上，50%在40岁以上，都属潜在的高龄孕妇，形势相当严峻。导致这种现象，固然有多方面的原因；但现行孕检制度存在缺陷，以及由此引发部分生育主体对孕检不重视、一些孕检机构玩忽职守、政府机关监管不力，却是不可忽视的原因。我国现行孕检制度未能充分实现孕检功能，因其本身存在“先天缺陷”：它具有路径依赖错误、法律约束不足、检查范围不全、免费范畴较窄等方面的不足。

（一）孕检选择的实践路径不适宜

在我国，现行孕检的优生保健功能是借助婚检和孕检双重制度加以实施的。然而两种制度都未能很好地达成目标，因此如何进行制度改造，更好地实现孕检目标，学界一直在研究。随着2004年《婚姻登记条例》出台，婚检由制度强制变成个人自由决定的事项。但由于出生缺陷增加被归因于强制婚检的取消，一些民众和学者主张恢复强制婚检。④

（二）孕检规定的法律约束力不足

目前实施的自由孕检制度，是一个以权利为中心构建的制度，存在着天然缺陷，不能强化孕检的优生功能，反而存在颇多掣肘。

1. 自由孕检对生育主体毫无约束力

依据现行制度，是否进行孕检、检查出来存在严重先天缺陷是否终止妊娠、是否进行缺陷干预，这全部是生育主体的权利，可自由决定。若遭

---

① 世界卫生组织：《世卫组织关于开展产前保健促进积极妊娠体验的建议》，http：//apps. who. int/iris/bitstream/10665/250800/3/WHO-RHR-16. 12-chi. pdf，2017年6月24日。

② 中华人民共和国国家卫生和计划生育委员会：《中国出生缺陷防治报告（2012）》，http：//www. moh. gov. cn/wsb/pxwfb/201209/55840. Shtml，2017年6月24日。

③ 中华人民共和国国家卫生和计划生育委员会：《2013中国卫生统计年鉴》，http：//www. nhfpc. gov. cn/htmlfiles/zwgkzt/ptjnj/year2013/index2013. html，2017年6月24日。

④ 王怀章：《婚检制度改革的背景、缺陷、完善及发展趋势——从政府与社会分权的视角》，《行政法学研究》2005年第2期。

遇个别主体任性选择不检查、不终止、不干预，在法律上无须承担任何不利后果。驱动主体进行孕检的动力是为人父母的责任心和避免风险发生的功利心；而责任心和功利心是道德和理智的体现。但若法律遭遇一个既不太负责任，智商也不甚高明的生育者，则现行孕检制度对其无能为力，只能听之任之。虽然绝大多数父母被期待、也实际具有责任心，但法律是为防范人性之恶而设，就不能“法”怀侥幸，理应未雨绸缪。

2. 自由孕检对相关机关、检测机构的要求缺乏

在自由孕检的体制之下，核心权利归属于生育主体，检测进程实际由孕产妇主导，因而难以对相关国家机关、孕检医疗机构进行明确的权责安排，使得这些本应发挥重要作用的组织，实践中却作为有限。它们仅仅是优生服务的主体，而不被要求承担任何优生管理职责。2005 年，在对北京、上海、内蒙古、浙江、河南、云南等地进行专门调研后，国务院联合调查组在提交人大的报告中指出：婚检存在大量“走过场”现象，对出生缺陷预防作用有限。①

（三）孕检规定的免费范围太狭窄

根据国家人口计生委、财政部《关于推进国家免费孕前优生健康检查项目全覆盖的通知》，让每一对计划怀孕夫妇都能享受到免费孕前优生健康检查服务是最终目标，但目前只适用于农村夫妇；免费的检查范围主要限于孕前检查；每对夫妇孕前优生健康检查费用国家补贴标准为 240 元。

二 孕检技术的社会功能

孕检的核心目标是维护妇女健康，阻却出生缺陷，实现优生。它对于预防新生儿出生缺陷，保护孕产妇身体健康，减少家庭和社会因缺陷新生儿而承担精神及经济等方面的负担有积极意义。

（一）预防新生儿之出生缺陷

出生缺陷（birth defect），也称先天异常，是指胚胎发育紊乱引起的形态、功能、结构、代谢、行为、精神等方面的异常。② 孕检技术的有效

① 国务院调查组：《新生儿缺陷数正常 婚检不宜强制》，http://news.eastday.com/eastday/news/node37955/node37957/node57056/node76504/userobject1ai1296148.html，2017 年 6 月 24 日。

② 罗家有：《我国出生缺陷干预的现状与发展趋势》，《实用预防医学》2005 年第 2 期。

利用可以降低缺陷儿童出生率，并实现对先天缺陷尽早发现、尽早干预、积极治疗。国外资料显示，在终止妊娠的病例中，因胎儿畸形终止的比例从1985年的23例/万例上升至2000年的4723例/万例。[①] 我国因为统计口径问题，目前缺乏全面的数据。以艾滋病为例，截至2012年，我国通过孕检和母婴阻断措施，艾滋病儿的出生率已经由未采取任何干预措施时的34.8%下降到7.1%[②]，近年许多地方更是阻断成功率达到100%。[③]

（二）保护孕产妇之生命健康

孕产妇在怀孕生产中承担极大的生命健康风险。费孝通先生指出："在生物基层上说，营养是损人利己的，而生殖是损己利人的。"[④] 这"损己"对女性而言是尤为严重的：孕产妇不仅要承受身体的种种不适、痛苦、责任；而且还要承担巨大的生命健康风险。据世卫组织2016年报告，全球每年有超过35万的妇女死于因妊娠和分娩出现的可预防的并发症。[⑤] 亚非地区成为孕产妇死亡的最主要地区。[⑥] 截至2008年，我国孕产妇死亡率有了较大幅度下降，与美、日、韩等国的差距逐步缩小，但仍然仅相当于美国1965年的水平（31.6/10万）。[⑦] 孕检可以帮助降低孕妇的生命健康风险。

（三）避免家庭生活品质下降

为治疗、照顾严重先天缺陷患儿，其家庭往往承担巨大的经济负担和精神压力，生存质量受到严重影响。曾风靡欧美的"不当出生"（wrongful birth）之诉中，败诉的医方需承担的高额赔偿就是对此种负担的救济。此类患儿带给家庭的巨大经济负担和精神压力不可忽视。由于这种生命中难以承受之重，美国1973年的一个案例评论提出一种更激进的

---

① 朱宝生、焦存仙等：《唐氏综合征发生率及其受产前筛查干预的研究》，《中华妇幼临床医学杂志》2005年第1期。

② 宋莉：《预防艾滋病、梅毒和乙肝母婴传播的成效、挑战与展望》，《中国健康与教育》2013年第8期。

③ 如南宁、来宾等地，参见李浩《2011—2015年南宁市艾滋病母婴传播阻断 分级定向管理模式实施成效分析》，《临床医药文献杂志》2016年第50期；廖志贤、张素琼等：《艾滋病母婴阻断技术在孕检中的应用效果评价》，《中国热带医学》2015年第6期。

④ 费孝通：《乡土中国 生育制度》，北京大学出版社1998年版，第110—111页。

⑤ 世界卫生组织：《促进妇女儿童健康全球战略》，http：//www.who.int/pmnch/activities/jointactionplan/201009gswch_ chinese.pdf? ua=1，2017年6月24日。

⑥ 彭现美：《孕产妇健康目标及全球进程差异分析》，《妇女研究论丛》2012年第4期。

⑦ 《中国妇幼卫生事业发展报告（2011）》，《中国妇幼卫生杂志》2012年第2期。

观点：如果一个孩子的生命质量存在严重问题，对孩子进行治疗将会给家庭与社会造成很大的负担，那就应该停止治疗。[①] 这种提法面临重大的分歧和争议，而将问题在产前解决则容易得多。通过产检发现先天严重缺陷，可以终止妊娠，从而避免患儿的痛苦和家庭因此可能承受的情感折磨与经济负担。

（四）降低社会出生缺陷负担

出生缺陷成为影响人口质量的主要因素，是拉低人均寿命的主力。依据卫生部 2012 年《中国出生缺陷防治报告》统计，在全国婴儿死因的构成比中，出生缺陷占 19.1%，其顺位已经从 2000 年的第 4 位上升到了 2011 年的第 2 位。为减少出生缺陷，人口与计生委员会要求对出生缺陷进行“三级预防”：一级主要是防止出生缺陷的发生；二级主要是减少出生缺陷儿的出生；三级则是对已出生的缺陷婴儿进行有针对性的治疗。预防的重头在一级和二级，而这些都主要是通过产前对准父母和胎儿的医疗检查来发现和防治。

三　完善刚性孕检制度的理论证成

目前的孕检采取知情自愿实施原则，实质是将其仅仅视为生育主体的一项权利，而非义务。这是基于保障个体自由的法律考量，有其合理性，亦有其局限性。该制度显然对缺陷新生儿、家庭及国家在此方面的利益缺乏必要的考量和有力的保护。据卫计委统计，2014 年全国共为 1253 万名农村计划怀孕夫妇提供免费检查，目标人群覆盖率平均达 95.4%。[②] 覆盖率虽然很高，不过仍有部分人群没有享用政府此项免费服务。除却外力因素，这显示了一些准父母对待生育行为漫不经心。准父母有权利自主决定孕检行为，而无须顾及胎儿、家庭及社会的利益吗？

出生缺陷也给社会带来了沉重的负担。有学者指出，出生缺陷的疾病负担体现为对病人、家庭和社会三个方面，不管是经济负担或是无形负担

① ［美］H. T. 恩格尔哈特：《生命伦理学基础》，范瑞平译，北京大学出版社 2006 年版，第 264 页。

② 中华人民共和国国家卫生和计划生育委员会：《2014 年我国卫生和计划生育事业发展统计公报》，http：//www.nhfpc.gov.cn/guihuaxxs/s10742/201511/191ab1d8c5f240e8b2f5c81524e80f19.shtml，2017 年 6 月 24 日。

都相当沉重。关于出生缺陷疾病负担的研究应当是卫生政策评价的重要内容。[①] 出生缺陷的孩子会增加政府在抚育孩子方面的负担，会占用比健康孩子更多的资源。因此对此类风险进行防范，就是政府自身利益的诉求。生育行为的性质由纯粹的私人行为转化为兼具公共属性的社会行为。生育行为就演变为具有为后代负责的、需实行人口出生缺陷控制的“社会行为”。[②] 对于孕检，是放任当事人自治还是需要国家管制？

完善我国孕检制度的方向在于增加制度约束，扩大免费范围，改变目前“有制度无约束，有免费不周延”的状况。以更具约束力和更广泛免费支持的政策取代现行做法合理性何在？

（一）优生义务观是刚性孕检的伦理基础

优生义务观是优生学发展的一个成果。伴随优生学理论和实践的发展，优生伦理也随之跟进，优生义务观诞生并逐步得到确认。以前生死听凭天命，否泰顺其自然的生育思想已经为积极产检、力争优生的观念所取代。

生育主体负有优生义务的观念已经形成。一些学者指出，“优生优育是现代人的生育选择和生育责任，也是社会对生育者提出的伦理要求”[③]。以前虽然人们大多希望获得健康的孩子，但是，尽己所能地保证生出的孩子健康是否构成一项法律义务则不甚明确。现在越来越多的人认为，生育不仅仅是一项自由，负责任的生育也是父母的义务。美国加利福尼亚州一家上诉法院在“科林德诉生物科学实验室”一案中开创了新的纪录：该法院论证说，父母对孩子有一种义务：避免残疾儿出生，即使这意味着需要避免孩子的出生。这里，在知情的情况下生育一个有残疾的孩子被认为是一种疏忽行为，可以在过失法律名义下起诉。[④] 虽然这种看法随即遭到废弃，却无疑反映了一种观点，自由的生育并不代表可以不负责任的生育。孕检技术的普及，孕检习俗的形成，法律关于孕检的规定等，正在使孕检具有更多法律义务性质。德国法院通过判决确认，《基本法》所保护

---

① 陈英耀：《我国主要出生缺陷的疾病负担和预防措施的经济学评价研究》，博士学位论文，复旦大学，2006 年。

② 王文科：《关于婚检与孕检的策略构想》，《人口与经济》2010 年第 5 期。

③ 肖君华：《优生优育的伦理思考》，《中国矿业大学学报》（社会科学版）2004 年第 1 期。

④ ［美］H. T. 恩格尔哈特：《生命伦理学基础》，范瑞平译，北京大学出版社 2006 年版，第 258 页。

的生育自由，应当体现在个人和社会共同体的关系之中，它是一种受到责任约束的自由，并非个人在其自治领域“孤立的选择”。[①]

政府负有保障优生义务的观念诞生。一种观点认为，优生不仅仅是准父母对孩子的义务，更是政府对生育权主体的一项义务。“在生育的社会性日益凸显的今天，政府作为人类整体利益的守护者，理应负起最重大的生育责任。政府生育伦理责任主要表现为依据善与正当相结合的伦理思维路向，履行适度生育、优生优育等方面的伦理责任。”[②] 美国《性别工作平等法》宣称，育儿是社会与政府的大事，应由男女两性以及政府社会共同承担责任。这些优生义务观念的形成和被接受，是对生育自由观念的伦理修正，也正是法律确立刚性孕检的伦理基础。

（二）抚育社会化是刚性孕检的法理基础

抚育社会化是指原本主要由家庭承担的抚育责任转移到其他非家庭的机构里面，包括托儿所、幼儿园、学校、其他教育机构及相关的一些社会主体。传统的子女抚育主要由以父母为中心的双系抚育模式来完成，其中家庭担负起主要的抚育功能。[③] 因此在传统背景下，将生育决定权全部划归于准父母，并无不当。但现代社会，政府承担起越来越多的抚育职能。如德国对新生儿父母实行“父母金”政策、给予父亲“陪产假”、赋予所有满 1 周岁的孩子“入托权”。政府还给在家照顾 1 岁以上幼儿的家长补助金。[④] 瑞典从 1948 年开始实行儿童津贴制度，80%的抚育费用由社区公共财政负担。未满 16 岁的未成年人都可按月领取约 1000 瑞士法郎津贴。[⑤] 大多国家都在努力实践“国家母亲”的角色。随着抚育的社会化，传统父母专享的生育决定权开始面临挑战。

生育在现代社会已经不是单纯的个人事务，而具有显著的社会意义。因此生育自由也面临着社会控制的可能。依据密尔的伤害原则：个人对于

---

① 余军：《生育自由的保障与规制——美国与德国宪法对中国的启示》，《武汉大学学报》（哲学社会科学版）2016 年第 5 期。

② 易想和、邓志强：《政府生育伦理责任的内涵及实现》，《湖南行政学院学报》2010 年第 5 期。

③ 费孝通：《乡土中国 · 生育制度》，北京大学出版社 1998 年版，第 117 页。

④ 志康：《德国再出新招提高生育率》，《深圳特区报》2013 年 8 月 12 日第 B11 版。

⑤ 王巧梅、李雪婷：《英国、瑞典两国人口和计划生育公共服务考察体会》，《中国计划生育学杂志》2010 年第 8 期。

他人利益有害的行为，个体则应当负责交代。① 恩格尔哈特认为，“只要出生的孩子未对其他人构成未经同意的负担”，“生殖就可以得到道德的辩护”。② 反之，则不能证明其正当性。在一个孩子抚育越来越社会化的时代，国家在孩子抚育方面承担越来越多的公共义务，因而也得以获取越来越多的发言权。当孩子的教育、医疗甚至抚育都部分乃至绝大部分由政府买单时，依据权利义务一致原则，政府当然有权利对孩子的制造过程进行干预。当自由孕检不能很好地促成上述目标时，增加其刚性就成为无奈而必然的选择。

（三）群众支持是刚性孕检的民意基础

出生缺陷和孕产妇生命健康危险多发的现实已引起民众的关注。新生儿出生缺陷多发、致病原因多元、孕检率较低。2011 年发布的《中国妇幼卫生事业发展报告（2011）》指出，我国最近 15 年的新生儿缺陷率，由 1996 年的 87.7‰上升到 2010 年的 149.9‰，增幅高达 70.9%。卫计委《2013 中国卫生统计年鉴》显示，高危产妇占孕产妇的全国比率从 1996 年的 7.3%到 2012 年的 18.5%，呈逐年递增趋势，最高的浙江地区达到了 44%。风险逐年增高，民众对此也愈加关注。

民众的优生诉求是刚性孕检的民意基础。来自广州社情民意研究中心的最新一项民调显示，80%的市民支持“市政府实施人口出生缺陷干预工程”。49%的市民认为怀孕期间的胎儿缺陷检查，应由“政府强制推行”，政府应承担起公共责任。

（四）免费提供有助于刚性孕检的实施

免费是孕检强制的经济基础和先决条件。免费孕检是指为孕妇提供孕检等基础服务不收取费用，而由政府支付。如果立法规定孕检为强制性的，那就构成公民的一项义务。要求公民付费孕检势必增加其履行义务的成本，拉低孕检率。为保障公民能够切实履行此项义务，国家对此买单也是顺理成章的。强制收费检查模式，容易造成收费垄断。如果孕检强制却不免费，势必引发同样的问题。

免费孕检符合效益原则。“世界上没有一个卫生保健体系有足够的钱

① ［英］约翰·密尔：《论自由》，程崇华译，商务印书馆 1959 年版，第 102 页。

② ［美］H. T. 恩格尔哈特：《生命伦理学基础》，范瑞平译，北京大学出版社 2006 年版，第258 页。

能为所有的患者在所有的情况下提供可能的最好的治疗。”① 为此有必要将有限的医疗资源进行更有效率的分配。学者以投入产出模型与机会成本为理论基础，构建了以出生缺陷减少为产出收益、以免费婚检—孕检费用为投入的投入产出分析模型，对广东省某区的数据进行实证检验，通过对推行免费婚检、孕检的可行性分析，指出免费孕检项目可行且效益明显，值得在更大范围内推广。②

四 完善刚性孕检制度的立法构想

现行孕检制度缺乏约束力，免费覆盖不全面。2016 年卫计委等五部门联合出台《关于加强生育全程基本医疗保健服务的若干意见》，强调加大对产前筛查薄弱环节的支持力度，提供多渠道全过程的生育基本医疗保健服务。应该完善孕检有着上下一致的认识，但具体如何完善则未见细则；设计适宜的刚性孕检既可避免强制婚检带来的诸多非议，又可克服自由孕检执行力不足的弊端，有助于提高新生儿质量，保障孕产妇健康，降低家庭和社会负担。一个更具约束力的孕检制度，应该能够明确政府、医疗机构和生育主体各方在孕检中的职责、义务和责任，防范不负责任的生育行为，这也即本书所主张的刚性孕检制度。

（一）明确孕检路径，取消婚检依赖

在笔者看来，用婚检制度来达成孕检目标的路径依赖本身就是错误的，“婚”“育”分离使得婚检不能保障优生。结婚和生育已经逐渐分离为两项相对独立的事项。婚检并不要求当事人必须具备生育能力、处于良好备孕状态，立即进行生育。因而从优生目的观之，婚检的作用极其有限。结婚和生育是人生的两个不同阶段。婚检和孕检关联有限，难以起到孕检的功能。立法不宜将婚检作为达成优生目标的手段，孕检的目标最后依赖孕检实现。

（二）细化孕检规则，增强刚性约束

自由孕检制度的关键短板在于其过于柔性，对当事各方主体都缺乏约束力。但孕检是达成优生的不二途径，因此制度层面无法改弦易辙，而只

---

① ［英］托尼·霍普：《医学伦理》，吴俊华等译，译林出版社 2010 年版，第 27 页。

② 罗明忠、杨永贵等：《免费婚检、孕检的投入产出分析——以广东某区为例》，《南方人口》2009 年第 3 期。

能升级换代，通过增加刚性来修正其不足，实现优生目标。本书所谓刚性孕检制度，是指依法确定国家职能部门在孕检问题上的职责、医疗机构在孕检方面的义务、自然人在生育时进行孕前和孕期的相关检查的义务以及明确各自违法义务需承担的不利后果。放弃强制孕检的提法，是因这种提法主要针对孕产妇，弱化了其他参与主体的义务，且容易被误读，使人担心其有侵害人身自由之虞。改为“刚性孕检”称谓，是明确各方职责，强化其执行力，改变自由孕检的任意性，切实实现孕检功能；同时弱化其暴力因子，防范国家采取直接限制主体人身和生育自由的措施，同时避免“强制”一词引发民众心理排斥。刚性孕检是比现行婚检与自由孕检更有助于优生目标实现的制度。

孕检有其必要性已成多数人共识。但法律不能不考虑到部分父母和政府职能部门等可能会有的不负责任的行为，因此建议立法明确政府和医疗机构、个体及第三人在孕检方面的义务及责任。

1. 政府的义务与责任

刚性孕检的“刚性”首先体现在对政府行为的约束力度加大。政府需要积极主动、负责任地承担起自己在生育行为中的责任。法律应规范计生等相关部门在免费孕检方面的义务，对于不作为者课以责任，如同世卫组织的文件中提出的那样，“确保所有行为者对结果负责”[①]。

首先，政府负有提供免费孕检服务的义务。特别是在偏远落后地区，政府有义务更努力地提供方便易得的孕检服务，财政也需适当向此倾斜。因为政府或其工作人员原因，未能向生育主体提供免费孕检服务，政府应负担相应责任，具体如补充孕检义务，适度的损害赔偿责任、追究相关工作人员失职责任等。但政府不对出生缺陷儿负赔偿责任。父母是儿童健康的第一责任人，被委托检查的医疗机构负有相应义务，但政府只负宣传和法定的付费义务。要求政府对出生缺陷买单不仅和政府在其中的职权不相一致，而且可能会使一些父母怠于履行自己应尽的检查义务，有引领道德滑坡的风险，徒陷政府于财政和道德的泥潭。

其次，政府部门负有孕检宣教义务，即履行向相对人宣传相关政策、告知其获取相关知识与服务信息等告知义务。一些生育主体对孕检的相关政策、信息、知识知之甚少甚至一无所知。传播相关知识也是政府职能部

① 世界卫生组织：《促进妇女儿童健康全球战略》，http：//www. who. int/pmnch/activities/jointactionplan/201009gswch_ chinese. pdf? ua=1，2017 年 6 月 17 日。

门的责任。怠于履行职责的政府工作人员应课以相应的行政责任。

2. 医方的义务与责任

医疗机构则负有认真检查与及时告知的民事义务。我国《母婴保健法》规定，医师发现胎儿有严重缺陷的，应向夫妻双方说明情况，提出终止妊娠的医学意见。医院由于检查不仔细，未能及时发现与报告胎儿的严重缺陷，造成残疾婴儿不当出生的，应当承担赔偿责任。福建漳州市法院2004年即判决了一起案件，要求涉事医院因未能检出新生儿出生缺陷而承担民事责任。[①] 依据相关规定，有严重畸形需终止妊娠，但并非所有的畸形都必须终止妊娠。非严重缺陷胎儿应当给他生存的权利。[②] 另外，医疗机构未履行告知义务，也需承担法律责任。在一些判决中，法院就医疗机构未履行告知义务而判决其承担责任。[③] 但还需明确医疗机构的行政义务。为防范刚性孕检流于形式，法律也应对卫生部门做出要求，可以依据当前医学技术水平，规定一个合理的先天缺陷漏检率标准，对超出标准的漏检医院追究行政责任，以督促其认真履责。

对于检出严重缺陷者，医方应出具报告，及时全面告知患者检查结果，并提供相应的医学建议，如干预治疗、终止妊娠等。本书不赞成有些学者坚持的"应强制流产"的观点，[④] 赞同"医师如认为需要流产者，应婉言劝导晓以利害，提出流产的医学指导意见。但如果孕妇坚持生育，在未经其同意下仍不能强行施加流产手术"[⑤]。未履行此项告知义务致出生缺陷的，患者一方同样可以要求其承担民事责任。

3. 个体的孕检义务与责任

个体在孕前和孕期均负有孕检义务。违反孕期检查义务者需承担法律责任。有的学者提出凡是有生育意愿的夫妻双方，如果不参加孕检，可以

① 福建人文女士怀孕后，一直由漳州市医院提供产前保健服务。但怀孕期间进行的5次B超检查中，均未能正确显示胎儿的完整情况。生下肢残儿后，文女士以侵害健康生育选择权为由，将医院告上法庭。2004年9月30日，法院做出终审判决：漳州市医院赔偿原告医疗费、残疾者生活补助费、精神损害赔偿费等552783.36元。参见《产前检查案件："健康生育选择权"获法院支持》，http://www.zjyl120.com/ac_huangye/fck/2007/8/2007081918032673499.html，2007年8月19日。

② （2016）鄂0106民初1787号。

③ （2018）粤01民终3244号。

④ 邱仁宗：《生死之间——道德难题与生命伦理》，中华书局1989年版，第67—68页。

⑤ 黄丁全：《医疗·法律与生命伦理》，法律出版社2004年版，第432页。

实行强制技术手段以避免生育结果的发生。[①] 对此笔者不能赞同。毕竟生育首先是一项权利，其次才要求其不得滥用。在经济手段或其他策略可达目的时，尽量避免直接暴力是现代法制文明的一个体现。在孕检领域，也可以考虑其他较温和的手段，凸显刚性，同时避免直接强制。本书建议：第一，对于按规履行孕期检查义务者，提供资金资助，以鼓励负责任的生育行为。第二，对于因孕妇拒绝检查或拒绝终止妊娠而出生的严重残疾儿，政府提供有限财政支持的治疗。应终止而不终止，将使孕检的部分功能落空；因此可以规定不检查或不接受建议的孕妇承担一定的不利后果。第三，鼓励孕前检查，但因为存在意外怀孕的可能，对于未作孕前检查者不予处罚。

（三）扩展免费范围，减轻主体负担

孕检免费的范围是由医学需要和政府财政两个因素决定的。医学上公认必要的和财政能够支付的检查，都应该免费提供。以最大限度防范出生缺陷为目标，笔者以为，免费孕检的范围可以在以下四个方面扩展：

第一，目标人群应从农村夫妇扩展到全部夫妇。随着人口政策的转向，以后扩展到全部育龄妇女。

第二，免费孕检期限应从孕前扩展到孕前、孕期和产后一段时间，孕检事项也可相应扩展。

第三，免费孕检应从一次扩展到有条件的多次。目前只提供一次免费孕检。世卫组织的文件指出四次就医模式（亦称有重点或基本的产前保健模式）导致更多婴儿死亡率和妇女较低的满意度，建议增加孕妇和卫生保健提供者间的接触次数。[②] 我们可以根据实际情况确定一个再次、三次检测条件与比例。

第四，免费孕检项目范围及补助经费的地方标准应与时俱进。现行规章授权地方卫生部门和财政部门因地制宜地制定地方标准，但还需与时俱进。本书建议：孕检政策的修订也借鉴五年周期。

虽然科学再发展也不可能消灭疾病，不可能消除残疾，[③] 但科学仍需砥砺前行。刚性孕检制度的构建只为防范不负责任的生育者和关联主体，

---

① 王文科：《关于婚检与孕检的策略构想》，《人口与经济》2010 年第 5 期。

② 世界卫生组织：《世卫组织关于开展产前保健促进积极妊娠体验的建议》，http://apps.who.int/iris/bitstream/10665/250800/3/WHO-RHR-16.12-chi.pdf，2017 年 6 月 24 日。

③ 沈铭贤：《人类基因组伦理：问题与前景》，《医学与哲学》2001 年第 5 期。

达成法律“防范人性之恶”的目标。明确规定孕检义务，并合理设计法律责任与费用负担规则，可以增加孕检的法律约束力，使之更具刚性。

第四节 人格权法对节育技术应用的规制

节育技术包括避孕、堕胎和绝育三大类（为行文方便，本书将其统称为节育技术）。简而言之，避孕就是避免受孕；堕胎就是阻止已经受孕的胚胎或胎儿出生；绝育是人为地永久断绝生育能力。现代的绝育方式，一度多为外科手术实现，“绝育手术”，主要为“结扎术”。非手术绝育术就是不作切口的绝育方法，主要是采用栓堵输卵管术。极端情形下的子宫摘除术也成为绝育的选择；目前更研发出了皮下药物埋植等方式，来实现绝育的目的。

一 节育技术应用中的性别不公问题

现代节育技术作为调节人类生育活动的一个重要手段，它的出现和应用，宏观上使得人类社会避免了因“人口爆炸”而导致的生态灾难，消除了全球性贫困；微观上使得个体可以根据自己的意愿控制生育，造福了无数夫妻，特别是广大女性。它使妇女可以有计划地生育，减少了流产和孕产妇死亡率，提高了女性的健康水平和人类两性生活的质量。更深层面，节育使得妇女可以挣脱生育的羁绊，获得自主选择生活的权利，为性别平等做出了积极的贡献。

美国20世纪70年代激进女权主义者阿特金森（Atkinson）、费尔斯通（Firestone）等宣称，性别冲突是人类冲突的最基本形式，妇女受压迫的根源是生理性的。妇女解放需要进行“生物革命”，妇女摆脱生育、养育孩子这一最根本的不平等状态只有借助现代技术才可能实现。[①] 但令人失望的是，在节育技术的应用中显示出显著的性别不公，女权主义者所诟病的“法律的男性主义”在此又显威力。《人口与计划生育法》明确规定了在计划生育中夫妻双方应当承担的义务。但在实践中，一个无可否认的事实是：女性成为节育义务的主要承担者，男性承担节育义务的情形却不容乐观，节育义务的负担展现出明显的性别失衡状态。节育技术和产品研

① 李银河主编：《妇女：最漫长的革命（当代西方女权主义理论精选）》，生活·读书·新知三联书店1997年版，第290—291页。

发中存在显著的性别不公。现代避孕法主要有甾体激素类药具、宫内节育器、屏障器具、化学制剂等。其中男性使用的避孕节育手术只有输精管结扎术、用具为避孕套。其余绝大部分技术和产品是供女性使用的，诸如避孕药、宫内节育器、输卵管结扎等。这种丰富的供应，貌似多元而自由的选择，造成了很多女性疾病，不仅破坏了女性的生理平衡，还构造了女性的道义负担，带给女性身心健康伤害。节育技术和产品应用中同样存在性别不公。2019 年卫健委统计数据显示，女性承担的节育手术，如放置节育环、输卵管结扎等占比总体增长。属于男性承担的输精管结扎手术在节育手术中的占比逐年下降（见表 2-1）。

表 2-1　近 40 年来节育手术总数与输精管结扎术总数及其占比

年份	节育手术总例数	输精管结扎	
		人数	百分比
1981	22760305	649476	2.9%
1991	38135578	2382670	6.2%
2001	17070650	254229	1.5%
2011	21948224	196064	0.9%
2018	18424866	53128	0.3%

资料来源：中华人民共和国国家卫生健康委员会：《2019 中国卫生健康统计年鉴》，http：//www.nhc.gov.cn/mohwsbwstjxxzx/tjtjnj/202106/04bd2ba9592f4a70b78d80ea50bfe96e.shtml，2021 年 6 月 22 日。

节育技术研究特别是应用中的性别失衡原因是多样的，如现有男用节育技术研发不足的制约，传统男权文化的影响等。整个 20 世纪并没有一项新的男性避孕技术获得实际应用；[①] 男尊女卑文化、阉割文化、男性性放任传统等制约男性承担节育义务。但法律层面的原因也至为重要。

在计划生育义务负担方面，虽然婚姻法和人口与计划生育法都是把夫妻作为计划生育的义务主体，表现为“性别虚无主义”，即不分性别地加以规定。但是在具体的法律特别是政策执行方面，义务的分配却更多倾向于女性，已婚育龄女性成为被“特殊关照”的对象。

（一）下位法中节育义务向女性倾斜

卫生部《关于落实向农村实行计划生育的育龄夫妻免费提供避孕节

① 孙志权：《男性避孕新发现》，http：//eladies.sina.com.cn/lx/2005/0926/1802195433.html，2021 年 6 月 22 日。

育技术服务的通知》规定的 5 类免费技术服务项目,[①] 其中只有输精管结扎涉及男用节育技术，但男性结扎术实际实施不到节育手术的 1%。卫生部和许多地方法规规章，都将节育义务直接规定由“已婚育龄妇女”承担。

（二）强制节育措施多数由女性承担

在政策执行中，节育义务被主要分配给妇女。在我国，要求妇女做结扎术或放置宫内避孕环就是许多地方计划生育的主要手段。农村普遍把给妇女结扎和放置宫内避孕环作为强制性节育措施。一旦妇女承担了主要的节育义务后，法律强制她继续承担，阻止他人在未经计生部门批准的情况下中止主体的节育行为。

（三）女性绝育受术者的救济不完善

数据显示，时代在发展，女性节育的负担却不减反增。女性承担了节育义务，有时是以丧失生育能力为代价。但是，在这方面，法律提供的补偿是不充分的。除了可以在离婚时得到子女抚养的照顾，其他甚少。如果夫妇失去（独生）子女，在离婚时，妇女的损害又有何种补偿呢？妇女节育不仅是履行自己的计划生育义务，也是代丈夫履行夫妻的计划生育义务。最后的不幸由妇女独自承担，显然不合理。

二 节育技术自主应用的人格权法分析

节育技术的发展应用对人格权也产生了重大冲击，避孕、堕胎、绝育都涉及一些重大的人格权利与利益，成为社会和法学界长期关注的问题，令人思考节育技术与人格权的关系。

（一）确认节育技术自主应用是维护人格自由的体现

生育权的历史与人们争取自主使用节育技术密切相关。第一次争取生育权的运动由美国的女权主义者在 19 世纪 70 年代发起。女权主义者宣称妇女有自愿成为母亲的权利，可以自己决定何时生育。这项运动直指妇女获得和使用节育技术权利，认为妇女有权获得避孕、堕胎方面的信息、产品与服务，从而决定是否、何时成为母亲。第二次生育权运动是在 20 世

---

① 包括：(1) 孕情、环情监测；(2) 放置、取出宫内节育器及技术常规所规定的各项医学检查；(3) 人工流产术、引产术及技术常规所规定的各项医学检查；(4) 输卵管结扎术、输精管结扎术及技术常规规定的各项医学检查；(5) 计划生育手术并发症诊治。

纪上半期，被美国的女权主义者推向了高潮。他们宣传女性生育自主权，积极提倡性教育和推广避孕措施。在此，妇女的生殖自由和胎儿利益、政府的人口利益等交织在一起。各国法律的选择是艰难和摇摆的。虽然我国《人口与计划生育法》明确规定“公民有生育的权利”，但是也同时规定必须计划生育，禁止超生等。“人有权把他的需要作为他的目的。”[①] 使用节育技术是主体实现私生活自治、保持与发展人格自由的需要。否认人们对生育控制的正当性已经丧失了社会物质基础。

确认节育自主权可以防范公权滥用，从而保障人格自由。使用生殖技术，包括节育技术的权利，是个体防卫社会，阻止公权力过度介入最隐秘之私生活的需要。霍布思说过，“权利存在于做或不做什么的自由之中”，“在列举上，一项权利是一项自由”。[②] 如果没有现代的生殖技术，生育不是完全可选择的事项，那么奢谈生育自由或生育权利都是没有意义的。拥有技术，若没有使用的权利，那同样无助于自由的实现，因为此项自由可能受到来自公权力和私权利的压榨。能够对抗权力的只有权利。一项利益若不能获得权利之名，其地位就岌岌可危。节育技术的使用权利是主体生育自由、对抗公权力挤压和私人侵害的需要。

（二）保护节育技术自主应用是践行人格平等的需要

节育技术的使用有助于促进性别平等从而实现人格平等。欧洲国家的生育史表明：家庭导向的社会机制所导致的事实上的性别不平等与个体导向的社会机制所提倡的两性平等之间剧烈冲突的结果就是低生育率现象。在社会演进的历史中，不同制度发展对两性地位的推动力度是不一致的。女性担任的多重角色之间的冲突是由于家庭制度和社会制度对女性定位的巨大差异造成。[③] 女性承担的社会角色和母亲角色之间存在冲突。女性在融入社会方面取得了一些进步，如在教育权、投票权、就业权等方面和男性近乎平等。但是在家庭内部性别分层依然盛行，两性平等化进展迟缓，女性仍然是家务主要操持者，其相对弱势地位并没有明显改变。女性为追求社会成功而选择降低生育率。超低生育率的出现，是缺乏平衡女性生育与工作之间角色冲突的社会制度安排造成的后果。[④] 调查显示，当妇女走

① ［德］黑格尔：《法哲学原理》，贺麟等译，商务印书馆 1961 年版，第 126 页。

② 夏勇：《人权概念的起源》，中国政法大学出版社 1992 年版，第 140 页。

③ 涂肇庆：《生育转型、性别平等与香港生育政策选择》，《人口研究》2006 年第 3 期。

④ 涂肇庆：《生育转型、性别平等与香港生育政策选择》，《人口研究》2006 年第 3 期。

出家庭，走进社会后，她们似乎更愿意推迟生育、少生育或不生育。虽然这种后果不是所有人都乐于接受，但是女性社会化的进程不可逆转，让其回归家庭不能强制；相反为了维持其平等地位，社会必须坚持女性的此种自主选择权。低生育率是女性减少在家庭中的投入，追求社会成功，实现两性平等的一种选择。允许节育技术自主应用，帮助女性实现生育控制，从而实现性别平等非常必要。

（三）保障节育技术自主应用是实现生育自由的条件

生育权包含生的自由和不生的自由双重内容，节育技术帮助个体实现不生育的自由。社会生活的主体是人，人也应当有能力对自己的生育与性作出知情选择和负责决定。那些属于生存、生理之类性质的基本需要以及其他高级的精神需要，就是人的应有权利，不可剥夺。[①] 不应将人当作实现其他目的的手段，人本身就是法律的目的。在生育方面，人应享有生育选择权和生育自主权，而不是国家达成生育目标的手段。我国《人口与计划生育法》也确认了公民的生育权。繁衍后代是人的一种生物本能；而生育控制则是个体超越动物本能的一种选择，是生育从纯粹的生物性活动转向社会性行为的体现。个体利用节育技术控制生育行为是生育权的应有内容。

三 重建节育技术应用中的性别公正

节育义务的分配，在法律貌似中性的规制下，出现了严重的性别失衡。在此领域，重构性别公正，合理分配两性节育义务，是法律正义价值的内在要求。

在1995年世界妇女大会上，社会性别概念成为讨论的重点。中国政府在其主导起草的《北京宣言》中承诺“确保在我们所有的政策和方案中体现性别观点”。[②]“性别公正的提法恰好是社会现实生活中‘不公正’问题增多的反映，表明人们对以‘公正’的理论来解决这些问题的期待。”[③] 法律制度脱去“中性”的外衣，改善隐性的不公正，才能真正成就社会正义。鼓励男性积极参与计划生育，有利于实现夫妻根据双方身体

---

① 公丕祥：《法制现代化的理论逻辑》，中国政法大学出版社1999年版，第257页。

② 黄启璪：《黄启璪同志谈：性别观点纳入决策主流》，《妇女研究论丛》1996年第3期。

③ 闵冬潮、刘薇薇：《质疑·挑战·反思——从男女平等到性别公正》，《妇女研究论丛》2010年第5期。

健康状况，选择合适的避孕方法。[①]

（一）强化男性节育义务

《宪法》规定“公民在法律面前一律平等”“夫妻双方有实行计划生育的义务”。《人口与计划生育法》以“中性”的立场规定了夫妇的计划生育义务，在高位阶的宪法、法律这一层面似乎维护了性别平等。但上位法的“中性”立场、“性别虚无主义”没能阻止部门规章和地方法规的男性主义立场。卫生部的规章、政策、地方政府的法规、政策以及实际执法层面的种种做法，实际上分配给妇女更多节育义务。周恩来总理曾提出男子绝育要造成风气。[②] 世界卫生组织报告表示：“男性有权利和义务分担家庭计划的责任。”[③] 但实际情况却像有的学者批评的那样，“宣传资料都很少提输精管切除术，输精管切除术好像不但被老百姓遗忘，管理层也在遗忘”，这在一定程度上影响了男性参与计划生育/生殖健康。[④] 政府部门需要检讨这种做法，在制定法律、法规、规章以及执法细则等方面，都应该强调“计划生育丈夫有责”“节育措施男性分担”的观念。在规定具体措施时，改变性别虚无主义做法，倡导男性节育，恢复性别公正。

（二）取消强制节育措施

女性在节育义务方面的重负部分地源于各地方法规或政策要求的强制节育措施。各个地方的计划生育条例几乎都有“提倡已生育过子女的夫妻，选择长效避孕节育措施”的规定。这些表述上或温和或强硬的文字，在层层传达到执行层面，可能都会实质限制女性的节育知情选择权。当节育手术成为必选项，那么公权力施加给夫妇的节育压力就会转化为男性对女性的压力。取消节育措施选择方面的指导性或强制性规定，可以减轻女性在节育方面的压力。与进行输精管结扎术相比，男性更容易接受使用阴茎套来分担节育义务。当男性逐步承担更多节育义务，女性的节育负担有望减轻。

---

① 吕红平：《性别文化与计划生育的相互影响》，《中国人口报》2012 年 3 月 5 日第 3 版。

② 史成礼：《建国以来计划生育工作概况》，《西北人口》1980 年第 6 期。

③ 孙志权：《男性避孕新发现》，http：//eladies. sina. com. cn/lx/2005/0926/1802195433. html，2015 年 9 月 26 日。

④ 邱红燕：《男性节育避孕方法的综合评价研究》，博士研究生论文，北京协和医学院，2011 年。

（三）完善受术者的救济

如果节育只是个体行使生育权的一项个人选择，国家在法律上并无义务去救济。但是当节育成为公民对国家应尽的一项义务，当公民履行此项义务蒙受损害时，国家提供救助就义不容辞。我们看到政府已经有一些这方面的措施，比如节育手术费用的支付、接受节育手术后的休假等。但有些措施仍存在执行不到位的问题，还有些损害则尚未有救济措施，如一方或双方有合法生育需求时，手术绝育的障碍如何消除、救济？目前还未见全国性的法规政策，有些地方的条例反而走在前面。广西《人口与计划生育条例》第 25 条规定：育龄夫妻因计划生育已经接受绝育手术的，经计划生育部门批准依法再生育的，施行复通手术所需的经费，由政府支付。但广西的规定仅属个例，多数地方条例也无此项内容。卫生部如能推广此种做法，虽不能消除，但可以缓解女性在节育领域承受的不公。

小结

生命繁衍技术的发展，重塑了人类生殖领域的面貌，法律必须正视这一现象并对其给予适当回应。

助孕技术催生了生殖细胞法律地位、利用规则及由此所生儿童亲子关系如何确定等问题。经过对主体说、客体说和中介说的分析，笔者以为，中介说能满足人们希望对生殖细胞给予特殊尊重的心理愿望，而客体说更符合体外生殖细胞的客观地位。对于生殖细胞的捐献可以遵循现有精子捐献规则的同时，开放卵子捐献途径，以保护不育妇女生育权的实现。在生殖细胞提取方面，在遵循知情同意原则的同时，应限制从死者身体提取生殖细胞的做法，以贯彻知情同意与维护公序良俗。同时在禁止买卖生殖细胞的同时，允许生殖细胞捐献者获得“适当补助”。将生殖细胞的利用目的限制在“医疗需要”范围内，禁止其不当的社会化使用。利用人工生殖技术生育的儿童，其亲子关系的确认需要坚持“尊重生育意愿原则”“超越基因联系规则”“兼顾儿童利益原则”来加以确定。

代孕技术在实践中引发巨大争议，法例上存在完全禁止与有限开放两种模式。通过分析，本书认为，代孕是实现不育夫妇生育权、维护代理孕母自主权、维护现有父母子女家庭结构的重要方式。依据“伤害原则”分析，代孕不会伤害孩子、他人或社会公益，具有合理性，法律可予认可。在代孕模式上，建议开放无偿代孕与合理补偿之代孕。在一个“陌生人社会”中，合理补偿的代孕具有经济上的公平性，生活中的可实践性，能切实满足不育夫妇的需求。仅仅开放无偿代孕则可能是一剂“望梅止渴”的安慰剂，不能给予生育权人实际的保障。

孕检技术对于提高人口质量、预防出生缺陷具有重要意义。但孕检是权利抑或义务，应该“柔性”还是“刚性”则存有争议。基于孕检对个体与社会的积极价值，检讨现行孕检制度，可以发现其存在路径依赖错误、法律约束不足等缺陷。建议以更具约束力的刚性孕检制度替代现在的婚检与孕检制度。在孕检制度中，需明确政府、医方与生育权主体间的权利义务与责任。

节育技术的研发与应用中，弥漫着男权主义的思维与实践，造成了显著的性别不公。节育义务被主要分配给女性、强制节育措施多由女性负担、女性节育受术者遭受的损害往往缺乏救济。应建立节育技术自主应用的制度，这是维护人格自由、践行人格平等、实现生育自由的需要。在节育法律中，为重建性别公正，应强化男性的节育义务，取消强制节育措施，并对所有受术者的损害给予切实救济。

国家和社会不能试图为了某种世界观的目的制定所有公民的生活。在一个根本的意义上，我们首要的义务是不要干预他人，尤其是他们不需要我们的帮助、建议甚至关心的时候。

——格雷戈里·E. 彭斯[1]

第三章　人格权法对生命维护技术应用的规制

第一节　人格权法对器官移植技术应用的规制

器官移植在医学上是指通过做移植手术把个体的器官摘除，将它置于同一个个体或者不同个体的相同或不同部位，由此来治疗具有器官功能障碍的患者。器官移植中，捐献器官的个体称为捐献者（供体），接受器官移植的个体称为接受者（受体）。器官移植在法律上是指为了达到医疗治疗目的，由器官捐献者的捐献行为、医疗机构协助摘取器官的行为和植入器官的医疗行为等构成的相互独立、相互联络的行为。[2]

器官捐献依据器官来源的不同，可以将其分为尸体器官捐献和活体器官捐献；依据捐献对象的特定性与否不同，又可以分为特定捐献和不特定捐献；依据捐献目的与用途的不同，可以分为临床医疗捐献与非临床医疗捐献；依据捐献器官能否再生的不同，可以分为不可再生器官捐献与可再生器官捐献。器官移植，可能是对身体完整性的维护，可能是对被损害的健康的救济，甚至是对将终止的生命的延续。它和身体权、健康权、生命权等密切相关。

---

① ［美］格雷戈里·E. 彭斯：《医学伦理学经典案例》（第四版），聂精保、胡玲英译，湖南科学技术出版社 2010 年版，第 25 页。

② 余能斌、涂文：《论人体器官移植的现代民法理论基础》，《中国法学》2003 年第 6 期。

一 器官移植技术带来的人格权法问题

我国目前只有一部《人体器官移植条例》（下文简称《条例》），还未制定统一的人体器官移植法。我国香港、澳门、台湾地区都制定了器官移植的相关规定，其他地方也陆续出台了相关地方性法规，如北京、广州、天津、上海等地都已经出台了相关规定，这些规定对我国人体器官捐献移植的全国性立法具有借鉴意义。但器官移植中仍存在一些重大的理论和制度问题悬而未决。

（一）器官移植中的人格权价值问题

1. 器官捐献中的人格自由问题

中国科学院近期布局的“器官修复与再造”项目，对于以后患病器官救治可能开辟新的道路。[①] 然而目前为止，人体器官，它还是一种极其稀缺的资源；随着我国老龄化加剧，紧缺局面可能会更加紧张。如何对这一稀缺资源进行有效的整合与分配，仍然是我们面临的严峻问题。是否捐献是自然人的自由，这种身体自由是人格自由的一种具象。学界一直在探讨拓展器官捐献的路径与方法。可否允许使用经济手段引导、吸引公民进行器官捐献？器官买卖因为种种原因遭受较多反对；但是通过提高补贴，增加补偿等方式鼓励人们进行捐赠的提法却不像器官买卖那样遭人厌恶。如果使用这类经济手段达成更多人踊跃捐献器官的效果，这是对人格自由的实践，还是破坏？

缺乏意思能力的主体，如何判断他的自由意愿呢？据英国《每日邮报》2016 年 4 月 25 日报道，一名叫泰迪的婴儿成为世界上最小的器官捐献者。泰迪的母亲杰丝还在孕期时，她和丈夫就被告知泰迪患有严重的先天无脑畸形疾病。研究表明无脑畸形儿出生时就濒临死亡，没有长大成人的可能。医生曾劝夫妻俩放弃小泰迪，但杰丝还是坚持将小泰迪带到了这个世界。出生仅 1 小时 40 分钟后，小泰迪便离开了人世。他的肾脏被成功移植到一位肾衰竭的男性患者身上。[②] 虽然人们总说生命是“向死而生”的，但是小泰迪的生命中死亡来得太快，却不仓促，仿佛其使命只是为了另一个生命的延续。毫无疑问，这种选择是富于效率的，但它对捐

---

① 周琪：《建设生命健康科技强国的路径思考》，《中国科学院院刊》2017 年第 5 期。

② 张还妹：《英国一新生儿出生后即夭折成最小器官捐献者》，http://look.huanqiu.com/article/2016-04/8823060.html，2017 年 8 月 16 日。

献者公平吗？一个生命的问世不是为了自己生命的延续，而是为了他人生命的继续，这样符合“人是目的”的道德判断吗？外科医生和医学伦理学家在1987年起草了专用于无脑畸形儿的器官捐献指南——《安大略草案》，该草案要求必须确认患儿脑死亡后才能成为器官捐献者。但依据此标准，患儿器官那时往往已经不适宜移植。婴儿德蕾莎案中其父母为捐献器官，曾因医生不肯宣布德蕾莎脑死亡而诉讼要求法院确认德蕾莎已经脑死亡。[①] 但是在德国，无脑畸形被认为是“大脑缺失”，因而也就是脑死。为了拯救一些婴儿，可以利用无脑婴儿吗？为了获取更多的移植器官，我们需要改变死亡的标准吗？

2. 器官分配中的人格平等问题

在器官资源的分配上如何实现人格平等？器官移植中的分配规则也是处处受到诟病的制度，有时也被质疑危及人格平等原则。比如有人可以得到一次甚至多次移植器官的机会，而同时许多人却连一次机会也得不到。现在这种棘手的工作往往由机器依据事先设定的条件与程序进行分配。比如我国就有“中国人体器官分配与共享计算机系统”，该系统主要依据卫生部《中国人体器官分配与共享基本原则和肝脏与肾脏移植核心政策》设计。依据上述政策，除了医学上的适宜性，医疗紧急程度、等待时间、地域因素等都会影响患者得到器官的评分。但这些筛选条件仍存争议。如依据机器或者系统的分配就是平等的吗？设置的匹配条件中平等是如何体现的呢？

3. 器官移植中的人格尊严问题

在器官移植中，危及人格尊严的问题存在于两类现象中——“物化的人”和“人的物化”。一方面，越来越多他人的、动物的、人造的“器官”或“组织”、进入人体，造成了“物化的人”。有人发问，到底当人的多少器官、组织被动物、他人或人造的器官、组织取代时，“人”才不成其为人呢？科学家甚至已经尝试了“换头术”[②]，身体整体被置换也不影响主体性吗？另一方面，人的皮肤、血液、组织、器官乃至基因等皆可与人分离，或捐献，或买卖，或租赁，造成了“人的物化”。凡此种种物

---

① ［美］格雷戈里·E. 彭斯：《医学伦理学经典案例》（第四版），聂精保、胡林英译，湖南科学技术出版社2010年版，第341页。

② 《世界首例人类“换头术”在中国完成了，但……靠谱么?!》，http://www.sohu.com/a/205486326_115239，2017年11月20日。

化现象，皆挑战着“人”“物”二分的传统民法体系，也危及人格尊严。譬如在器官移植中，供体除了可以捐献器官，能否从中获利，即获得补偿甚至对价呢？如果基于绝对的人格自由考量，无偿捐献、适当补偿的捐献和有偿捐献都应该被许可。但是，从人格尊严的角度考虑，将器官作价的行为很难获得人们认可，批评者对其否定的最主要理由之一是物化器官存在贬损人格尊严之嫌疑。那么，我们应该如何处理好在器官捐献中的自由和尊严的关系呢？器官移植制度不仅要强调人格自由，更要维护人格尊严，使自由和尊严互相促进，协调统一。

（二）器官移植中的人格权制度问题

1. 捐献器官支配权问题

捐献者可以对自己身体内的器官完全自主支配吗？2008 年 3 月，西安市某区人民法院审理一起关于器官移植所引发的纠纷。案件中，张某与梁某是夫妻。2007 年 8 月，张某的哥哥因为患有尿毒症需移植肾，张某跟哥哥配型成功，于是张某没有与丈夫梁某商量，在医院做了肾脏摘取手术。之后，梁某得知此事，以该医院未征得其同意对其妻张某实施了器官摘除手术，严重损害了其人格尊严与家庭和睦为由，将该医院告上了法庭，法院最终裁定驳回了梁某的诉讼请求。在该案例中，我们争议的是张某对于其体内的活体器官即自己的肾脏是否有支配权？如果有，该权利应该得到如何的保障，而该权利的行使又要受到什么限制？张某的丈夫梁某对器官摘取的行为是否享有知情同意权呢？医疗机构的摘除又是一种什么行为？

2. 捐献者利益补偿问题

中国需要多少器官，我们没有确切数据，但我们知道，和需求相比，捐献的器官远远不能满足病患的需求。国家卫计委 2013 年出台了《人体捐献器官获取与分配管理规定（试行）》，自 2015 年 1 月 1 日起，器官捐献成为唯一合法渠道。但有诸多因素影响器官捐献，如文化观念、技术因素（如死亡标准）、心理因素、宣传力度等。就制度层面而言，器官捐献和分配中的利益失衡和不公现象也一定程度上遏制了民众的捐献热情。捐献者并不能从捐献中直接获益，但器官的摘取机构、保存机构、运输机构、移植机构乃至接受患者都可以从中获益。甚至在器官分配过程中，一些拥有资源的人可以多次进行器官移植，而部分急需者却只能在等待中死亡，所有这些现象使得部分潜在的捐献者感到不公，从而抑制了其捐献的积极性。除了道德上的满足感，应不应该让捐献者一方也能分享器官移植技术带来的经济利益呢？可以的话，这个界限如何界定？我们的制度设计应不应该考虑呢？

二 器官移植立法的价值选择

（一）坚持基于人格自由的器官自愿捐献原则

人格自由是指人格不受约束、不受控制的状态；其内容包括保持人格的自由和发展人格的自由。在器官捐献领域，人格自由体现为主体自愿选择捐献或不捐献的自由。在医学界，更多时候被表述为“知情同意”原则。实际上，活体器官捐献行为是不符合医事伦理中的“不伤害原则”的，因为捐献器官行为破坏了捐献者身体的完整，有可能损害捐献者的生命健康。然而，捐出的器官很大程度上能挽救另一条生命，或者使接受者恢复健康，符合“医疗需要”和“有利原则”。在尽量减少捐献者损害和受捐者医疗效果之间进行权衡取舍，并加以严格限制后，法律承认并鼓励了这种高尚行为。医疗机构中实施手术的医生应当将器官摘取手术可能遇到的风险和之后的损害，以及摘除器官的目的和用途，特别是摘取不可再生器官对今后生活可能会造成的影响等告知捐献者。只有在器官捐献者全面了解捐献的相关信息后，才能自己决定捐不捐献器官，捐献哪个器官。在此，秉持自愿原则已经成为学界与社会多数人的共识。但是怎样的选择才是自由的？恩格尔哈特指出，在知情同意选择原则下的自由，至少包含三种意思：（1）有能力进行选择，（2）不受已做的承诺或得到辩护的权威的限制，（3）没有受到压迫。①

在器官捐献中的“自愿”，首先要求行为者有相应的行为能力。通常完全行为能力人可以对自己的选择独立做出意思表示。特殊群体的捐献“自愿”如何判定？所谓的特殊群体，包括无行为能力人和限制行为能力人等。无行为能力者不具备意思表示的能力，不可能做出有法律效力的自愿表示，因而不能独立进行捐赠行为。限制行为能力人有无进行选择的能力呢？依据《民法典》，限制行为能力人可以独立进行与他的认识能力相适应的活动；超出其认知能力的活动则需法定代理人予以辅助。依据捐献

① ［美］H. T. 恩格尔哈特：《生命伦理学基础》，范瑞平译，北京大学出版社 2006 年版，第 307 页。

对捐献者的影响判断，影响越是严重，则要求更高的判断能力。而器官的捐献对捐献者的影响是长远、深刻且不可逆的，因此《器官移植条例》明确规定禁止摘取未成年人活体器官。在一些国家和地区，非完全民事行为能力人仅有骨髓等可再生器官组织捐献可以得到允许；另一些国家禁止他们捐献任何器官，不论器官是否可以再生。在我国，《器官移植条例》规定，任何组织及个人不能摘取未满 18 周岁以下人群的活体器官用以移植。但人体组织不是器官，其捐献对捐献者的影响相对轻微，损害不大，不属于《器官移植条例》禁止范围，因此未成年人可以捐献人体组织，但需在其法定监护人同意的情况下进行，可以视为是一种需辅助的法律行为。此种情况下，未成年人不能独立做出有效的捐赠意思表示，需征得法定监护人同意。但是自愿原则也仍有其用武之地，即未成年人可以做出拒绝捐赠的意思表示。一旦其拒绝捐赠，代理等制度是不应适用的；自愿原则作为基本法律原则，应优于一般代理制度的适用。

器官捐献中的“自愿”，意味着捐献者的选择是在不受胁迫的情形下做出的。这些胁迫包括直接暴力和其他形式。1986 年国际移植学会公布有关活体捐献、捐献肾脏的规则，其中包括不能为了个人利益，向没有血缘关系者恳求或利诱其捐出肾脏；须有社会公正人士出来证明“知情同意书”是在捐献者无压力下签字的；不得付钱给捐献者，以免误导器官是可买卖的等。这里既考虑到了防范道德绑架的行为，也兼顾了防范经济利诱的风险。不过，补偿捐献者住院期间工作损失、其他开支、援助其摘除器官后的任何问题等，则是规制允许的。国内学者一般认为自愿原则要求医疗机构和医生在进行器官移植前须确保器官捐献者是出于完全自愿：不能以诱导的方式让捐献者做出捐献的意思表示，也不能通过亲情压力等原因迫使捐献者做出同意的意思表示。这里说及的“诱导”“亲情压力”具体是指何种情形，是否构成对自由的限制呢？一名医生向患者宣讲器官捐献的积极意义，会否构成对患者的“诱导”？一名 13 岁的少年为烧伤的父亲两次捐献皮肤，① 这其中有没有“亲情压力”？法律中的自由从来不是随心所欲，也不是天马行空，在特定的环境包括压力下做出决定乃是生活的常态。只要行为人是基于自己的自由意志做出判断，中间没有欺诈、暴力等违法因素，仍然可以认定为自愿。例如上述行为也可以解释为

① 《爸爸不幸严重烧伤 13 岁少年两次割皮救父》，http：//baby. sina. com. cn/2017-03-04/doc-ifycaafm5062882. shtml，2017 年 3 月 4 日。

“积极引导”，“亲情压力”也可以看作“爱的奉献”吧。

在器官捐献中的“自愿”，还意味着捐献人变更意愿的自由。器官捐献的自愿表示不受合同法中要约、承诺、契约等意思表示效力的限制。自由的代价是责任，通常我们必须对自己的自由选择负责——做出的要约、承诺不能随意撤回；签订的契约须得信守。但是在医学研究领域，关于人体实验、器官捐献等的意思表示，通常认为当事人可以随时变更，不受自己先前选择的约束。之所以如此，理由何在？首先，是活体捐献会对捐献者造成生命健康威胁，法律对其有严格限制，如我国《器官移植条例》就将其限定在近亲属之间或有实际帮扶关系的人之间。因为救一人而伤一人，甚至在危及捐献者生命时实质上演变成杀一人，这是不符合医学的“不伤害原则”的。只是因为这种捐献中捐献者的生命危险并非迫在眉睫，而此种行为又体现仁爱和利他精神，因而才在严格限制的范围内被接受。其次，生命健康权利特别是生命权位于所有权利位阶的顶层，是公认的最重要、最崇高的权利。捐献者基于自己的生命权、健康权的选择不受其他债权等较低位阶权利的限制。因此即使有允诺形成的债权，也不能据此限制其生命健康权利。最后，器官捐献是一种无偿赠与，捐献者是单纯负有义务的一方，此类单务行为，法律上往往赋予义务人撤销权，以协调其利益不平衡，如赠与合同允许当事人基于一些事由撤销。器官捐献者是为了使被捐献者得到健康而致使捐献者身体受到伤害，因此，应当将器官捐献者的生命安全和身体健康作为第一因素进行考虑。在世界大部分国家的立法中，活体器官捐献的前提是不会严重影响捐献者的生命和健康。一方面，这是肯定捐献者捐献自身身体部分的高尚行为；另一方面，它也起到供受体间利益获取与受损差别的平衡作用。如土耳其和俄罗斯等国家，都将优先考虑捐献者利益原则规定在法律中。①

（二）秉持基于人格平等的利益公平分配原则

人体器官移植中的公平问题，主要涉及两个方面：一是捐献者和接受者之间的利益平衡问题；二是等待移植者之间的机会均等问题。

1. 捐献者和接受者之间的利益平衡问题

器官移植中的一个很吊诡的现象是：大量有用的器官随着遗体一起被

① 申卫星：《论人体器官捐献与移植的立法原则》，《比较法研究》2005 年第 4 期。

火化、埋葬而浪费的同时，急需移植器官的人苦苦等待却得不到救命的器官。在实践当中，器官黑市买卖现象严重，刑法都难以有效地遏制这种行为。因世界各国包括我国大都规定无偿是人体器官捐献必须遵守的原则，即捐献不能以获得经济利益为目的。现实的不如意也促使我们反思制度本身的合理性。

器官移植技术的受益者非常广泛，包括接受移植的患者个人；采集、运输、保管器官的机构；进行移植手术的医生和机构；等等。唯一不能从中直接获益的只有捐献者。对于捐献者的无私奉献给予崇高的道德评价当然是有意义的，但还是不充分的，没有激起更多主动的捐献。如前文所述，付费不一定就是侮辱或贬低人格；不付费有时反而是剥削。合理的补偿，为捐献者提供适度的利益回馈可以满足他们的合理预期，能够激发更多自主的捐献行为，这样的观点不难被人们接受，也不会贬损捐献的道德价值。

2. 捐献器官公平分配机制

人体器官是稀缺资源，解决好分配公平问题，是涉及整个捐献移植体系能否赢得民意、从而有效运行的基石。人体器官不是制造出来的，是人们捐出来的。只有公平合理分配，才会有更多人捐献。在器官分配过程中，一些不公现象抑制了部分捐献者的积极性。例如，在一个患有晚期肝癌去世的著名演员肝移植事例中，众多病患苦苦等待移植器官而不得时，他却能进行两次肝脏移植；而且移植的肝脏并非来自他的近亲属，而是公共资源。该演员第一次移植肝脏器官后，为何又在 6 个月的时间内获得第二次肝脏的机会？有人指出，这是不合医学标准的，以病情优先为原则，在国际上肝移植的标准是“中晚期肝硬化和早期肝癌患者”具有优先权。而这位演员属于晚期肝癌患者，假如按照国际肝移植的标准，通常是没有肝移植手术机会的。①

器官分配要实现公平原则。接受器官移植的人，不能因经济地位、社会地位、地域因素等外部条件影响他们接受移植的机会，平等主体应同等对待。捐献器官的使用，如果存在不公开、不公平、不公正的现象，同样会打消捐献者对器官捐献制度的信心。美国医疗伦理委员会认为，被捐献者身体状况可恢复程度，对国家和社会做出的贡献，或将来对国家和社会

① 刘长秋：《浅论器官移植中的不公平性问题及其立法应对》，《吉林公安高等专科学校学报》2004 年第 3 期。

做贡献的可能性，及可以产生的社会价值等，是优先选择的因素，对于器官分配有重要意义。[①] 当然这个标准也是值得商榷的。国家卫计委 2013 年 8 月出台《人体捐献器官获取与分配管理规定（试行）》，明确规定器官分配严格使用 COTRS 系统进行。该系统最主要的目的就是尽可能保持公正公平，避免人为干预，使器官安全、高效地匹配给最需要的人。当然，世上没有绝对的公平，这也提醒我们分配规则需要一直检讨。

（三）基于人格尊严对“物化”现象划定边界

异种移植、同种移植、人造器官移植等“物化的人”之边界在哪里？人的同一性判断标准是什么？器官资源稀缺是全世界都面临的问题，因此在同种移植之外，医学上也积极开拓其他移植的领域。同种移植是指器官在同一种属（如人类）之间的移植；异种移植就是将人类以外生物的器官移植到人体内。虽然异种移植迄今还并没有在医学上广泛应用，但在人体器官来源缺乏的现阶段，这也是器官移植技术的一个发展方向。最早的异种移植是在 1905 年由一位法国医生实行的，他将一只家兔的肾移植给一位肾衰儿童，手术获得成功，但该儿童 16 天后死于肺部感染。后来世界各地的医生们又尝试了猪、羊、猴、狒狒等动物的器官移植，但效果均不理想。20 世纪 90 年代以后，科学家们将研究重点转移到异种细胞移植，这些尝试大都取得了良好的效果。当然这些技术还存在安全性问题，譬如免疫排斥、跨物种感染等。但可以想象，随着技术的发展，这些都是有望被克服的。在信息技术发达的今天，除了器官移植，各种人造器官、智能晶片等的植入，也在改变人的自然属性。甚至激进的医生进行“换头术”，也有人在相关医疗机构冷冻头部或整个“身体”[②]。

同种移植、异种移植、人造器官植入、非生命物质的嵌入，都面临人的同一性问题。动物保护主义者关心动物权利保护问题，而人格权法学者最为关心的则是人格同一性问题。如果一个人移植了多种动物神经系统、动物器官、各种信息产品，他还是一个人吗？或者成为一个嵌合体？人和非人的界限在哪里？恩格尔哈特指出，“单纯的人类生物学生命本身具有很少的道德价值”，“只有严格意义上的人类的人的生命才是道德关怀的

---

① ［美］格雷戈里·E. 彭斯：《医学伦理学经典案例》（第四版），聂精保、胡玲英译，湖南科学技术出版社 2010 年版，第 325 页。

② 《中国首例冷冻人 遗体存放零下 196℃的液氮罐内》，http：//sh. qihoo. com/pc/detail?check = ac7f9009a76aa82c&sign = 360_ e39369d1&url，2017 年 8 月 14 日。

中心”。而“只有那些能够给出允许、能够就其自己及其财产传送道德权威的实体”才是严格意义上的人。这样的人必须具有“精神生命”，即“具有自我意识”、有“做出选择和做出道德主张”的理性能力，并“能够负有道德责任”。[①] 按照这个标准，脑支持着人的生命，“脑到了哪里，人就到了哪里”；器官移植只要不破坏脑的同一性，人的同一性就仍然保留。人的独特性在于理性，大脑被认为是理性产生的主要生物基地；大脑不死，其独特性就不会改变。医学的脑死亡标准似乎也是支持这样的法律操作。

就“人的物化”而言，有必要划定一条界线。技术上可能的，医学上是否需要毫不迟疑地跟随？我们看到，今天在技术层面，皮肤、血液、组织、器官等皆可移植。这些成分自愿和人体脱离后，往往转化为物。对于此类物化现象，现行法律应有规制。首先，从保护供体而言，活体捐献器官受到严格规制，绝不让人成为他人活着的手段，防止主体的物化。譬如活体器官捐献限于近亲属或有实际帮扶关系的人之间。其次，也可考虑对物化的遗体在不损人格尊严的情况下提高利用效率。譬如对遗体捐赠者给予一定额度的补贴，额度的制定既不能高的像黑市买卖，从而使一些人铤而走险杀伤人命；但也不宜太低使其完全没有吸引力。补贴的额度只要能促使一个不反对器官捐献的人愿意克服捐献的麻烦而采取捐献行动就够了——如丧葬费之类的标准就可借鉴。在器官捐献和移植体系中，器官捐献的自由价值、平等价值、尊严价值需好好把握，努力完善制度设计。

三　完善器官移植立法的制度思考

目前世界上大部分发达国家都制定了器官移植法律，对器官移植进行法律规制。美国颁布了《统一组织捐献法》《全国器官移植法案》；法国制定了《器官摘取法》；德国、西班牙各自制定了《器官移植法》；日本制定了《角膜肾脏移植法》《器官移植法》等。我国《民法典》第 1006 条第 1 款规定：“完全民事行为能力人有权依法自主决定无偿捐献其人体细胞、人体组织、人体器官、遗体。任何组织或者个人不得强迫、欺骗、利诱其捐献。”另外还有《人体器官移植条例》。其中《民法典》的规定较为原则，确定了器官捐献自愿、无偿的基本原则，为单行法提供了纲

① ［美］H. T · 恩格尔哈特：《生命伦理学基础》，范瑞平译，北京大学出版社 2006 年版，第 239—242 页。

领。但具体制度还需细化，捐献者对器官的支配权及其边界、捐献者是否拥有合理补偿权利等莫衷一是，仍值得研究。

（一）明确捐献者对器官的支配权

1. 主体对活体器官的支配权及其限制

人体器官是维系人体正常生理活动的物质基础，毫无疑问属于身体权范畴。借助器官移植手术，将捐献者的器官植入接受者的体内后，则所移植的器官成为接受者身体组成部分，依然受身体权制度保护。然则与捐献者身体分离的器官、位于捐献者遗体上的器官究竟属于物权还是人格权？目前，在学界主要存在器官权说、人体权说及物权说几种观点。器官权说认为脱离人体的器官该称为器官权。器官权的定义既区别于人身权，也不同于物权。人身完整性学说主张从人体分离的人体器官仍可看作身体的一部分；如果这些部分与人体分离的目的在于再次与人体结合（如精子和脐带血的保存、断肢、断指的再植等）。这些部分若因他人侵犯导致受损，致使权利目的落空，则应根据侵害身体权要求行为人承担法律责任。[①] 物权说认为从人体分离的器官，属于物权。尚未与捐献者身体相分离的器官，在活体上属于人身权客体，在遗体上属于物权客体，而对于已从人体分离的器官，无论捐献者是否死亡，都应当属于物权。[②] 日本通说认为与人体分离的组成部分已经成为物权法中的实物，其所有权属于第一次分离前的归属人，因此对于该身体组成的处理或者让渡都是可能的。

笔者也认同分离器官物权说。人体器官只要从身体中脱离出来，就不再属于人身体的组成，更不应该被视为整个人体。将已经与人分离的器官归入人的范围，是对人身权不合适的扩张。[③] 德国学者迪特尔·梅迪库斯指出，随着器官移植的发展，承认器官为物的概念变得十分重要，其所有权的转移应当适用于有关动产所有权的规则。当这些器官被移植入活体时，他们便丧失了物的性质。[④] 我国也有持类似观点的，如史尚宽先生就

---

① 张民安、龚赛红：《因侵犯他人人身完整性而承担的侵权责任》，《中外法学》2002 年第 2 期。

② 唐雪梅：《器官移植法律研究》，载梁慧星主编《民商法论丛》（第 20 卷），法律出版社 2001 年版，第 391 页。

③ 杨立新、曹艳春，《论尸体的法律属性及其处置规则》，《法学家》2005 年第 4 期。

④ ［德］迪特尔·梅迪库斯：《德国民法总论》，邵建东译，法律出版社 2000 年版，第 876—877 页。

明确表示，从人体分离的部分从分离的时刻开始就不属于人体，而是身外物。[①] 王利明教授的“中国民法典草案建议稿”中也规定，在不违背公序良俗的前提下，自然人的器官可以作为物。[②] 梁慧星教授同样认为人体的部分，一旦分离出人体，就应当被视为物，有别于人的身体。[③]

主体对器官的支配权显然并非绝对。政府和法律共同管理着源自存活的个体的、用于活体器官移植使用的器官。我国《条例》对捐献活体器官的主体有着严格的限制，年满 18 周岁且具备完全民事行为能力者才是合格的活体器官捐献者。自然人捐献器官的行为需要满足两个前提条件：具有完全行为能力并真实自愿。此外，关于活体移植，我国《条例》将有血缘关系、夫妻关系、帮扶关系等作为捐献前提。这客观上限制了部分自然人捐献器官的权利，也阻碍了医务人员及时摘取适宜的器官进行移植。批评者指责这种规定限制了器官供体的范围，无益于器官移植技术在临床上的推广，影响了对患者生命的救治，扼杀了捐献者爱心。据此“交叉移植”在现行制度中的合法性也遭到质疑。“交叉移植”指医疗机构在征得两方患者家属同意的情况下，由双方患者各自的亲属向对方患者提供活体器官，进行器官移植手术。我国曾经就出现过“交叉移植”案例：其中一例被禁止进行器官移植手术，理由是违反了器官捐献的无偿原则，而另一例顺利进行了移植。对此情况，有的学者持支持的观点，也有的学者认为这违反了无偿原则。[④] 对于器官捐献而言，进行活体器官捐献是捐献者行使身体权。捐献者对其捐献的器官都有支配权，对未与身体分离的活体器官享有基于身体权的支配权，对离体器官享有基于所有权的支配权，但需受到法律严格的限制。

首先，活体器官捐献受到个体行为能力限制。《人格权编》第 1006 条明确规定：“完全民事行为能力人”有权依法自主决定无偿捐献。我国《条例》禁止 18 周岁以下的未成年人进行活体器官捐献。美国对于未满 21 周岁的未成年人及其他无意思能力人捐献器官限制十分严格，在他们

① 史尚宽：《民法总论》，中国政法大学出版社 2000 年版，第 195 页。

② 王利明：《中国民法典草案建议稿及说明》，中国法制出版社 2004 年版，第 21 页。

③ 梁慧星：《民法总论》，法律出版社 2001 年版，第 100 页。

④ 彭志刚、许晓娟：《人体器官的法律属性及其权利归属》，《科技与法律》2006 年第 2 期。

捐献器官前都要由法院裁判确认其合法性。[①] 这样规定旨在减少医疗机构的民事责任和刑事责任，同时保护未成年人的权利，保证器官摘取的正当性和合法性。不完全民事行为能力人不得进行人体捐献。维护未成年人利益是重要的法律原则，是器官捐献中的主流立法趋势。如前所述，这是符合儿童最佳利益原则的。

依据《民法典》，未成年人不仅不得捐献器官，也不能进行人体组织捐献。但是《条例》对限制行为能力人捐献组织（血液、皮肤、骨髓等）是不禁止的，实践中往往按照一般的监护人代理规则加以处理，即监护人同意即可捐献。在这一点上，看得出我国法律一贯的态度：对监护人的全心托付与信赖。这也不免让人暗暗诟病：对被监护人是不是有点关心不足呢？法律防范人性之恶的功能在此如何体现呢？对监护人的监督与对被监护人的保护都要求此类授权应有限制。1990 年，美国伊利诺伊州发生过一起未成年人捐献骨髓的案例，案件中，孩子的父亲希望法院能够许可健康的孩子捐献骨髓给他同父异母的兄弟，但健康孩子的母亲不同意。最终法院判决支持孩子的母亲，判定父亲强迫孩子接受不符合他的最大利益。进一步推理一下，此案中如果父母均同意未成年人捐献骨髓，孩子的利益谁来保护呢？该不该有一个第三方对此种情况进行评价，中立地考虑该限制行为能力人的利益呢？有学者建议对此应由伦理委员会作为专业的中立第三方，客观、公平地评估不完全民事行为能力人捐献的风险性。[②] 此外精神病人等成年限制行为能力人器官捐献法律也没有明确规定。笔者认为在此应一视同仁。

其次，权利人对活体器官的支配范围受到法律的限制。如《条例》规定可进行活体捐献的器官限于肾脏、肝脏、组织（皮肤、血液、骨髓等）。其他器官是禁止活体捐献的。因此主体对自己身体的支配权是受到立法之限制的。

最后，法律对活体捐献者与接受者间的关系加以限制。《人体器官移植条例》第 10 条规定“活体器官的接受人限于活体器官捐献人的配偶、直系血亲或者三代以内旁系血亲，或者有证据证明与活体器官捐献

① 刘晓来：《器官移植相关心理和伦理问题分析》，《中国组织工程研究与临床康复》2008 年第 6 期。

② 孟勤国、牛彬彬：《论〈民法典〉物质性人格权的三个条款》，《社会科学战线》2020 年第 12 期。

人存在因帮扶等形成亲情关系的人员”。有人批评这种规定存在器官捐献的人群范围限制过窄，亲情关系的规定也稍显模糊的弊端。[①] 其实立法限制了“亲情关系”动机很明确，防止隐蔽的器官买卖；而模糊其他帮扶关系的规定恰好是立法技巧的体现。正因为模糊了这款规定，才为现实中可能出现的形形色色的帮扶关系留了一道门，为道德的、互助的器官移植敞开了大门，譬如交叉移植就可以据此得到合法性辩护。其出发点是防范器官买卖，但可能使得限制过于严厉，使得部分无偿捐献也被抑制了。

立法在坚持禁止器官买卖的基本原则之下，可以适当扩大捐献对象范围。在《人体器官移植条例》第 10 条规定中可增加“经人体器官移植技术临床应用与伦理委员会审查同意的其他正当情形”。这样一个兜底性条款既增加了法律的灵活性，也具备了操作性，可以避免其外延过小，以及适用的不合目的性。

2. 主体对尸体器官的支配权及其限制

尸体器官移植，器官虽然来源于死者的遗体，但支配权实际通常属于其近亲属。《条例》规定，可以对死者的器官进行摘取的条件是死者生前没有对捐献器官明确表示反对，且获得死者近亲属共同书面同意。那么死者近亲属的这种同意权本质上又是一种什么权利呢？其来源是什么呢？遗体作为特殊物，其所有权归于继承人，依法可以由继承人基于所有权决定是否捐献。因遗体的不可分性，其通常只能为继承人共有，所以近亲属共同的书面同意体现的是共有人的一致同意。死者生前明确表示反对进行遗体捐献的，这种意思表示本质上是遗嘱，是关于遗体的特别遗嘱，从而限制了继承人对遗体的处分权，使其不可以进行与死者意愿相反的支配。

我国相关法律没有特殊规定调整未成年人、精神病人等的尸体器官的捐献，当然更没有胎儿遗体器官组织捐献的规定。在美国，针对无脑畸形儿的问题，经过大量专业讨论之后，达成了一个基本共识——不该仅仅因为无脑畸形儿改变脑死亡标准。[②] 我国也出现了许多未成年人遗体捐献的

---

① 王萍、刘莹、柏宁：《论人体器官捐献权和行使边界》，《医学与哲学》2013 年第 3 期。

② ［美］格雷戈里·E. 彭斯：《医学伦理学经典案例》（第四版），聂精保、胡林英译，湖南科学技术出版社 2010 年版，第 324 页。

事例，最小的只存活了 33 小时，[①] 因有严重的先天性心脏病而去世。遗体器官捐献问题涉及死亡的判定标准。死亡标准大体经历了全身死亡—心肺死亡—脑死亡的历程。脑死亡标准下可保存大多数器官的生理活性，对器官移植具有积极意义。在不完全行为能力人遗体捐献问题上，如患有先天严重疾病的新生儿、精神病人、植物人等，当被温柔以待，在法律上必须尊重他的人格，这人格完全和你我平等，不因年幼或疾病而减损。具体到器官捐献问题上，也应统一执行脑死亡标准，不受歧视。

尸体器官为所有权客体，但作为特殊物，其权利行使也有一定的限制：源于死者意志的限制、源于法律的限制、源于公序良俗的限制。

（二）建立人体器官捐献补偿机制

为了促进器官捐献健康发展，让更多人加入到器官捐献的队列中，我国应该全面建立器官捐献补偿机制。《人格权编》第 1007 条规定“禁止以任何形式买卖人体细胞、人体组织、人体器官、遗体。违反前款规定的买卖行为无效”。首先，实践中对于“器官买卖”应做严格解释，将受体方自愿给予供体方的“补偿”与买卖区别，对受体方返还请求不予支持。其次，对于真正的器官买卖，其法律后果需考虑公平性与妥当性。民事法律行为无效的法律责任主要是返还原物、损害赔偿。但在器官移植领域，一旦行为发生，返还器官基本为不可能，但返还金钱存在可行性。如此一来，提供器官者是否必须返还所得款项？这是否会造成新的不公？在器官买卖中，双方当事人的行为都具有违法性、可归责性，但出卖自身器官者往往处于弱势地位，更令人同情。司法实务对此应予照顾。我国公民的献血行为可以依据《献血表彰奖励办法》进行荣誉奖励，可对于捐献器官这样更有意义的事却没有明确依据进行奖励。捐献器官的重要意义不言而喻，无偿原则也使得实际的器官捐献者可能是人群中道德水平最高的一个群体。当今社会中，病患、中介机构、医疗机构都可从器官移植中受益获取，唯独捐献者例外，不甚公平。美国一位母亲就在推特发文诉苦，说自己孩子的器官助数人恢复健康，自己却无钱安葬孩子。可以说器官捐献者得到了人格的应有尊重但未获得利益的应有保护；无偿的奉献展示了捐献者人格的伟岸也彰显了制度的不足。2000 多年前的孔子就已经对类似问

---

① 《全国最小器官捐献者在重庆实施捐献》，http：//www. cq. xinhuanet. com/2017－03/29/c_ 1120713507. htm，2017 年 3 月 29 日。

题做出了回答。当时鲁国的法律规定，如果鲁国人在外国见到同胞沦为奴隶，只要能够把这些人赎回来使其恢复自由，就可以从国家获得补偿和奖励。孔子的弟子子贡把鲁国人赎回来但拒绝了国家的补偿。孔子直批子贡错了，“取其金则无损于行，不取其金则不复赎人”。子路救起一名溺水者，那人送他一头牛感谢，子路收下了。孔子高兴地说：“鲁人必拯溺者矣。”[①] 可见，摒弃一切利益激励、单纯依赖道德引领的制度安排并不一定会达到预期效果；合理补偿也不会贬损高尚行为的道德价值，反而可以带动更多的高尚行为。

笔者认为应该在坚持器官捐献原则的基础上确认捐献者的合理补偿权利。普遍来说，器官捐献是无偿行为，这是世界上多数法律共同的选择。但无偿原则的目的主要是禁止人体器官交易，而非禁止补偿性的经济支付。合理补偿有利于鼓励公民捐献器官，同时也体现了法律的公平。在美国，已经有一些组织，大多是民间性质的非营利机构，帮助承担捐献者器官摘取后的费用支付。[②] 伊朗的肾脏捐献者能够获得由政府提供的奖金及医疗保险，且还能收到慈善组织或者器官受体提供的报答礼物。到 1999 年，伊朗曾经长长的肾脏待移植名单已经完全消失了。[③] 当然我们所说的补偿不同于商业化的买卖，不是要对器官定价然后价高者得，而是更多地给捐献者提供一种损失填补和精神激励。对于器官捐献者的补偿，可以包括相应的经济补偿，如治疗费、体检费、生活补偿费、丧葬费等全部或部分；还可以包含精神奖励，如颁发荣誉证书等，从而彰显法律和社会对他们这种无私行为的认可和鼓励。在我国澳门和香港等地，器官移植条例都明文规定了器官捐献者具有损害赔偿和医疗保障等权利。我国的《条例》中规定无偿原则主要是禁止器官捐献者与器官接受者间的器官买卖，其意图是为了遏制私下的器官交易；但如果捐献者能够得到一定的物质奖励或者精神表彰，又何尝不是一种践行社会公平的表现呢！前卫生部长黄洁夫在采访中指出，许多捐献者拒绝钱，认为捐献是奉献生命的礼物；可是我们的管理体制一定要体现社会对捐献者贡献的认可与报答，体现社会的关爱。实践中会采取免除捐献者抢救过程中的治疗费用；承担其安葬火化的

---

① 《子贡赎人》，《吕氏春秋・先识览・察微篇》，https：//baike. baidu. com/item/子贡赎人/4265445，2017 年 6 月 24 日。

② 申卫星、王琦：《论人体器官捐献与移植的立法原则》，《比较法研究》2005 年第 4 期。

③ 唐莉、袁劲、陈忠华：《论人体器官有偿捐赠的可行性及伦理学问题》，《中华医学杂志》2005 年。

费用；甚至承担捐献者未成年近亲属抚养费用等举措。[①] 学者建议对《民法典》本款的无偿捐献应作狭义的解释，是指人体组织、器官不得以买卖或变相买卖的方式捐献。依照法定要求和程序进行的财产激励，不属于有偿捐献，不违背本款。[②]

我国法院已经在实践中尝试对此种适当补偿行为予以认可。在一起肾脏器官移植案件中，受体方通过医院向供体补偿21万元。后受体接受移植后死亡，受体方遂要求返还钱款。法院认为，我国现行的器官移植法律制度倡导自愿、无偿的器官捐献原则，明令禁止器官买卖，但并未禁止接受器官一方对供体家属自行进行补助。民事主体从事民事活动，应当遵循诚信原则，不得违背公序良俗。受体方要求返还肾源费并支付相应利息的诉讼请求于法无据，法院不予支持。[③] 该案中法院否认了原告付费是买卖器官的主张，认可了自愿经济补偿协议的效力，并认为其符合诚实信用与公序良俗原则。这种做法体现了实践理性，对于推动器官移植工作是有积极价值的。金钱是一把双刃剑，利用得好可有效增加捐献器官的数量，缓解器官紧缺的情况；利用不好可能会抑制器官捐献，加剧器官紧缺与黑市买卖现象。

《人体器官移植条例》第7条规定："人体器官捐献应当遵循自愿、无偿的原则。"建议在此条增加一款规定："可给予器官捐献者补偿。接受方对捐献者的合理补偿及他人对捐献者的赠予不属于器官买卖。"

（三）实时检讨完善器官分配机制

国家卫计委2013年8月出台《人体捐献器官获取与分配管理规定（试行）》，明确规定器官分配严格使用COTRS系统进行。该系统在分析各国已经完善的各种分配规则的基础上，结合我国《条例》规定的原则，最终形成了厚达390多页的人体器官分配政策。其内容可以概括为三个层面：首先是区域优先的原则，其次是一系列综合评定原则，最后是一些禁止原则。区域优先原则是按照器官捐献发生医院和器官移植医院等级的优先顺序排列的原则。在综合评定原则中，排在首位的是病情危重原则。这

---

① 黄洁夫：《应制定新的器官移植法案》，http：//www.cn-healthcare.com/article/20150306/content-471030.html，2015年3月16日。

② 孟勤国、牛彬彬：《论〈民法典〉物质性人格权的三个条款》，《社会科学战线》2020年第12期。

③ （2018）京01民终1357号。

个原则的目的是降低等待名单的死亡率。分配系统还专门设计了器官捐献者直系亲属的优先原则。但是其中的一些规则也还是存在争议，如医疗紧迫性规定。按照这个规定，病情越严重、越危急的病人其分值就越高，也越有机会得到器官进行移植。紧急病人得到优先救援体现了某种公平。但是从效率角度考虑，其移植的成功性和存活的时间都比病情不那么严重的患者差，就如前文所述的某知名演员肝脏移植案。这会不会是一种“浪费”呢？这也提醒我们分配规则需要一直检讨，当人们能够在相关问题上达成更多不同于现行规定的共识时，就是修订规则之时。WHO 每五年检讨其所制定文件的做法在此值得借鉴。《条例》第 22 条规定：“申请人体器官移植手术患者的排序，应当符合医疗需要，遵循公平、公正和公开的原则。具体办法由国务院卫生主管部门制订。”建议在此增加一款：“该具体办法应当每五年进行一次检讨。”

第二节 人格权法对基因医疗技术研究应用的规制

从 2003 年人类基因组计划完成，人类对于自身生长、发育、生殖、衰老、疾病以及死亡等生命现象的遗传学本质不仅有了更深刻的认识，而且也开始着手对此进行基因诊断、基因治疗。基因诊断是通过遗传标志物的测定，为遗传病患者确定诊断或做出预测性诊断。基因治疗就是通过插入基因切片，修正不正常的基因，从而修复其基因缺陷，实现机体正常功能。基因治疗包括体细胞基因治疗、生殖细胞基因治疗和增强性基因治疗。体细胞基因治疗是用体细胞基因转移来纠正遗传缺陷，恢复机体正常功能。生殖细胞基因治疗是把基因片段插入生殖细胞基因组，使其产生正常功能并把纠正了的基因传给后代细胞并得到表达。增强性基因治疗是插入外加基因，使主体得到自己希望的生物学特征，它是用来改善非病理学生物特征的。[①] 我国科学家在基因研究方面成绩斐然，但基因技术本身也存在技术安全性、道德合理性等争议。2018 年 11 月 26 日，人民网发布消息称中国深圳科学家贺某某宣布，世界首例免疫艾滋病毒的基因编辑婴儿——一对双胞胎，已在中国诞生。这个消息在国内外掀起轩然大波，在业内业外都引起广泛讨论，令人类再次审视生命科技对生命的影响。从人

① 陈元方、邱仁宗：《生物医学研究伦理学》，中国协和医科大学出版社 2003 年版，第 220—226 页。

格权法视角观之，基因技术可能引发以下冲突。

一 基因医疗引发的人格权问题

（一）基因医疗中的人格自由问题

自然人有保持和发展人格的自由。基因治疗可能让这种自由变得很狂野，有越出伦理与法律界限的风险；也可能让其变得很无奈，甚至与人格自由本质冲突。

首先，人格自由支持基因治疗的选择，但技术本身的安全性不足问题可能使得这项自由带来难以预料的后果。由于基因插片一旦注入，就无法再取出，其影响深远且难以挽回，主体自担风险就可以使用此类技术吗？

其次，基因治疗也激起了部分人对于“无知的自由”之权利诉求。一般认为知道比无知好。但反对基因检测者指出，大多数基因检测都没有什么实用价值，反而会带来诸多伤害。一些今天仍属于不治之症的疾病，即使通过基因诊疗提前发现，但由于缺乏有效的干预和治疗措施，患者和医师都无可奈何，此一过程犹如提前宣判死刑。其中的滋味非亲历者虽然不能感同身受，但是也可想象一二。

（二）基因医疗中的人格平等问题

法国《人权宣言》宣称，“在权利方面，人们生来是而且始终是自由平等的”。但基因治疗可能再次挑战这一宣言。反对基因技术的一种理由是它有违公平，这种不平等体现在以下三个方面。

其一是制造“生而不平等”。基因增强简单地说就是人们用想要的基因代替不想要的基因，按照自己的愿望改变人的遗传性状，改善人种，譬如拥有更高智商、更加美貌、更加富有特长等。生殖细胞体外诊断就是具有这种“潜能”的技术。这项技术最为人们忧虑的是它可能被用来制造“完美婴儿”。基因增强技术可以使一些人一出生就拥有比别人更高的起点：更高的智商、更高的颜值、更高的运动能力、更高的社交能力……这是生来就不平等。基因测试的结果可能会影响到患者的心理健康、婚姻家庭、职业发展甚至保险关系，也会带来不平等。

其二是基因技术使用上的不平等。基因研究需要投入大量人力财力，但真正能够使用基因治疗的疾病有限，而且临床费用不菲，这使得基因治疗只是少数有钱人享用的技术。公共卫生经费大量投入到此领域，是不是公共卫生资源分配不公？

其三是基因利益分享不平等。在很多场合，基因研究中基因携带者的利益没有得到很好的保护：研究者、使用者都可以因此受益，但原始资料的提供者往往被剥夺了利益分享的机会，这是一种不公平。

（三）基因医疗中的人格尊严问题

“现代权利能力制度的要旨是生物人与法律人基本上合一”，原初的生物人与法律人的概念一致。[①] “只有承认并尊重人格尊严，人才能真正成其为人”。[②] 基因检测可能破坏目前法律对人格尊严的保护。基因测试的结果可能会影响到患者的身心健康，还可能导致他在就业市场、保险领域甚至婚恋市场上被歧视。一个孩子被查出携带有某种“不良”基因，他可能会被贴上坏孩子标签，从此被人侧目以对，伤害儿童的自尊，影响他的行为以及阻止他获得关爱等。人格尊严要求所有人的自尊自爱之心不受伤害，个人价值不被贬低。但基因检测信息的披露可能导致的基因歧视与人格尊严的价值目标背道而驰。

二　基因医疗的人格权法原理分析

（一）基因医疗与人格自由的协调

患者自主权支持合规性基因医疗。技术的发展拓展了人类自由的边界，虽然往往也伴随不可知的风险，但人们并非束手待毙，总在寻求解决的出路。否认基因诊疗，认为它使得主体的自由选择变成不理智的冒险；其实这种情况并非绝对。虽然没有绝对的安全，但医疗领域有自己的安全标准，基因治疗也需遵循。不伤害/有利原则是国际公认的医疗原则。在WHO的《涉及人的生物医学研究的国际伦理准则》中提出了更为明确的“风险最低化”原则。在基因治疗中，也应遵循相关安全性要求。我国也很重视基因治疗的安全性，对其采取个案审批方式予以管制。

但安全从来都是相对的，没有绝对的安全，是否自甘风险应由当事人自主选择。我们今天的许多常规医疗，仍然时有意外发生，表明不存在绝对的安全。存在小概率风险发生的医疗情形下，当事人愿意选择进行医疗行为而不是拒绝治疗，这是其行为自主的体现，也是维护其生命身体健康的抉择，譬如接受新手术、新药物等。在是否进行基因治疗方面，患者的

① 徐国栋：《民法哲学》，中国法制出版社2009年版，第134—135页。
② 王利明：《人格权法研究》，中国人民大学出版社2005年版，第95页。

自主权仍然有适用的余地。在合规性前提下，是否要承担基因治疗技术中不确定的风险，可以交由患者决定。

基因治疗的实效与患者知情权也支持基因诊疗合法化。反对基因治疗的另一个理由是一些疾病诊断出来了也无可奈何，无法治愈，反而置患者于烦恼之中，并无助于实现人格自由。可以反驳的理由是另一些被诊断出的疾病可以进行有效阻断或能够治愈，譬如通过基因重组或改造形成的细胞可以治愈糖尿病、B 型肝炎以及血友病等。对于现时仍属于绝症的基因检测，其带给当事人的影响确实难以估量。支持当事人“不想知道”的决定，就如同我们同样支持“想知道”的患者的决定一样正当。本书认为这都属于知情权范畴：患者知情权支持患者获取相关信息；但是知情权还应包含一个内容——不知情权，就像生育权包含生育的自由和不生育的自由。在选择面对不治之症的基因检测时，患者无疑有权选择进行或不进行。允许基因诊疗技术的研发和使用，才能为人们的自由选择提供可能。否则人们只是臣服于必然王国的规律支配之下，谈不上自主或自由。

（二）基因医疗与人格平等的调适

基因医疗技术可能制造“完美婴儿”，但是否允许制造这种差别，进而造成人格不平等却是法律可以管控的。一方面，私法自治的目的在于提供人们行为选择的多样性，并不会导致一窝蜂的跟风行为。基因治疗还存在更深层面的自主选择和客观判断。基因治疗第一步要面对的是对缺陷基因的认定。判断某一个体的基因有缺陷、不正常的标准是假设存在一个“正常”的基因样本。因为基因的多样性，说哪一类基因是正常样本在学术上是有争议的。人的理性并不会使人们一窝蜂地陷入追求“完美婴儿”的行列中去；对于什么是“完美婴儿”肯定也会存在不同的认识。在一些人担心人们都会追求完美婴儿的时候，还有一些人一心要制造“不完美”的婴儿：譬如一对聋人夫妇要求制造一个聋人婴儿。[①] 另一方面，生命科技使用须遵循“医疗需要”原则。据此针对缺陷的基因治疗获得认可，刻意追求此种多样性的要求不被支持，而基因加强往往因违背该原则而为现行法律所禁止。“基因加强”可能带来不平等，对此类基因技术确实需要区别对待，限制为宜。各国法律，连非医疗需要的性别选择都被禁止，追求“设计婴儿”的道路肯定曲折漫长。

---

① 程新宇：《生命伦理学前沿问题研究》，华中科技大学出版社 2012 年版，第 54 页。

基因医疗可能短期内治疗对象有限且昂贵，不甚平等；但其有广泛而普惠的未来，最终应该是造福于全人类。担心基因研究占用较多公共卫生资源，到头来却因为其自身适应症和价格而只能让少量病人受惠的观点多少有点短视。许多新技术起初看来都是应用有限且价格昂贵的，譬如手机，一开始的“大砖头”功能简单而价格昂贵，使用人数当然也很有限。但随着相关技术不断发展，现在的智能手机功能强大，远非当初的“大砖头”可比；其售价也是大大降低，在我国城市居民中几乎人手一部，甚至几部。基因技术的发展，也未必不能因其成熟而适应广泛且价格合理，较今时今日大为低廉。例如基因检测，20 年前需 10 万美元，10 年前需 1 万美元，如今则不到 100 美元。但如果现在就因为此种担心而放弃，那不仅可能使我国在此领域从此滞后于世界先进水平，更可能使我们失去一类今后的“普惠医疗”希望。

在基因诊疗研究和适用中，没能很好地平衡基因提供者、基因研究者以及基因产品或技术受益者间的利益，确实是需要重视的问题。但是可以预期，通过适宜的制度设计，这个问题不会无解。不能据此否定基因治疗本身的正当性与合法性。

（三）基因医疗与人格尊严的调和

基因技术对人格尊严的冲击是毋庸置疑，不可回避的；然而并非不可克服的。基因医疗也要尊重“人是目的，不是工具”这一普遍的道德准则。基因检测本身没有改变人，产生影响的原因是检测信息的失控。反对者诟病基因诊疗的一个理由是不理想的基因信息一旦被泄露会对患者产生诸多负面影响。对于这点，其实人身自由权制度、隐私权制度、个人信息权制度都可以提供保护。当事人可以选择只进行自己愿意接受的诊疗，拒绝不愿意接受的检测；同时还可以要求对检测结果予以保密。规制基因技术的法律也要求维护人格尊严，最典型的例子即禁止克隆人。全世界对于生殖性克隆——用无性繁殖的方式生产一个有机体（如人），大多都以其有损人格尊严为由加以禁止。人类基因组（Human Genetic Oganization，HUGO）发表的《HUGO 伦理委员会关于克隆的声明》中就规定，不应该试图通过体细胞核移植生产出一个现存人的“拷贝”。其理由就是这类技术会严重威胁人类尊严。当然克隆人是否有损尊严可以讨论，但这显示基因技术法可以成为“有道德”的法律，以维护人类尊严为其宗旨。

三 基因医疗的法律规制

2018年11月，基因编辑婴儿的诞生，在国内外掀起轩然大波，引起了民众对基因编辑的广泛讨论。其实基因医疗早已在科学界广泛展开。这些行动现在已经激起了民众广泛的关注。科学界、伦理学界、法学界都在热议基因编辑应如何规制。《民法典》第1009条规定："从事与人体基因、人体胚胎等有关的医学和科研活动，应当遵守法律、行政法规和国家有关规定，不得危害人体健康，不得违背伦理道德，不得损害公共利益。"有学者将其归纳为物质性人格权三个不得，即"不得危害身体健康、不得违背伦理道德、不得损害公共利益"，初步体现了伦理优先、兼顾效益的原则。① 有学者将其归纳为两个符合，即符合法律规定和符合公序良俗，具体而言：一是内容合法。二是程序合法。② 还有的学者认为这是确定基因人格权。③ 这是《民法典》对基因科技发展的积极回应。但《民法典》的原则规定，还不能解决基因编辑中的具体问题。现实中的诸多问题解决仍有待法学界从学理分析、司法实践以及立法进路予以推进。

依据基因编辑的对象，是作用于现存的人还是潜在的人，基因编辑可以分为体细胞基因编辑与生殖细胞基因编辑；依据基因编辑的目的，是消除公认的疾病以达到普遍的健康还是制造更强的人类，基因编辑可以分为治疗性基因编辑（基因修补）与增强性基因编辑（基因增强）。体细胞治疗技术几乎能够得到一致的同意，因为"不论是在科学观点还是公众理解中，体细胞基因治疗越来越被视为是用于治疗疾病的现有技术的自然和合理的延伸"④。对基因编辑的争议，主要集中在生殖细胞基因编辑层面。

（一）基因治疗的观点分歧

对于生殖细胞基因编辑，一些科学家认为应停止在人胚胎上的任何操作，而另一些科学家认为在时机成熟的情况下可以进行，还有学者认为是

---

① 孟勤国、牛彬彬：《论物质性人格权的性质与立法原则》，《法学家》2020年第5期。

② 王利明：《〈民法典〉人格权编的立法亮点、特色与适用》，《法律适用》2020年第17期。

③ 崔丽：《民法典第1009条：基因人格权的创设、证成与实现》，《东方法学》2021年第1期。

④ Walters. L, Palmer J. G., "The ethics of Human Gene Therapy", Edited by OttoWilhelm Merten, Mohaned Al Rubeai, *Viral Vectors for Gene Therapy, Methods and Protocols*, New York: Humana Press, 2011, p. 408.

否采用胚胎基因编辑应该根据个人意愿决定。[①] 在国家层面上，不同国家对人类生殖细胞基因编辑的态度也不同。比如英国、瑞典就相对支持在人胚胎上的研究。美国官方虽然不予资助，但民间的研究活动非常活跃且领先。欧盟其他国家、加拿大等则对此完全禁止，德国甚至将其定义为犯罪。伦理学界与法学学界大体存在三派观点：第一种主张全面禁止基因编辑（禁止论）；第二种则主张应该开放基因编辑（支持论）；第三种则主张对其进行控制，允许基因治疗但禁止基因增强（限制论）。

禁止论的观点对所有生殖细胞的基因编辑一律反对。1997 年发表的欧洲人权和生物医学理事会公约禁止对人类生殖细胞和人类胚胎进行任何程度的基因组编辑和基因修饰。德国规定擅自进行人类胚胎的实验可视为刑事犯罪。美国国立卫生研究院（NIH）明确表示禁止对人类生殖细胞和人类胚胎进行任何形式的基因编辑研究。这种做法也得到了科学界的部分支持。2015 年第一届国际人类基因组编辑峰会最终做出的声明明确规定 CRISPR/Cas9 基因编辑技术只能用于基础学术研究，禁止一切以生殖为目的的临床研究和应用。

关于基因编辑，反对的理由多种多样，主要但不限于以下一些：（1）基因编辑违反人格尊严。反对者认为基因编辑使得人类个体如工具一样被制造，其社会主体性受到了严重破坏，人类社会堕落为工具制造厂，其追求的技术价值也不再具有社会的正当性。更有人担心利用这一技术干预人类生殖会破坏人的自然本质，使“人将非人”，损害人格尊严。（2）基因编辑会加剧社会不公，有违人格平等。基因增强技术可以制造完美人类，从而导致两极分化更为严重，彻底破坏公平。优劣是相对的，基因的优劣同样如是。基因编辑技术的不当使用可能彻底破坏人类对自由平等的追求。（3）基因编辑损害潜在者自主权，有损人格自由。基因编辑中存在不可调和的权利冲突，允许编辑是将决定潜在者人生的权利交给了父母、医生等。基因编辑中无法获取潜在者的意愿，从而也就无从判断其是否符合潜在者的利益。哈贝马斯指出，经由基因编辑过的人不能把其自身视为“他们自己生活史的唯一作者”，“设计者使其自身成为另一个人之生活的共同作者”。[②] 在利用基因编辑技术进行改造后代基因的同时，

---

① 李广磊、曾艳婷、刘见桥：《基因编辑技术在人类生殖细胞中的应用研究》，《生命科学》2018 年第 9 期。

② Jurgen Habermas, *The Future of Human Nature*, London: Polity Press, 2003, p. 79.

我们已经侵犯了潜在者在未来依据自己的自由意志做出决策的权利。[①] 学者提出，潜在者应当享有“一个开放性未来的权利”，这限制了基因编辑。（4）基因编辑存在的技术性风险。基因编辑存在安全性风险。基因编辑技术虽然有了很大进步，但仍未能解决诸如“脱靶”、编辑基因存在尚不明确功能等问题，会大大增加未来世代人的生命健康风险。[②] 由于基因编辑的不可逆性，这种损害将会延续几代人，甚至长时间都可能不被发现。

支持论的观点对所有基因编辑原则上都予认可。对于基因工程（包括克隆、基因改良等）能否应用于人类，自由主义优生学对此持完全的赞成观点。[③] 支持这种观点者认为原则上对所有基因编辑，即基因修补与基因增强都不应反对。目前约有 40 个国家出台了基因编辑相关立法，其他国家则缺乏规制，存在大片基因编辑的法律真空。2018 年第二届国际人类基因组编辑峰会的声明则指出：如果生殖细胞基因组编辑的风险得到解决且符合包括严格的独立监督、迫切的医疗需求、缺乏合理的替代方案、长期随访计划和对社会影响的关注等标准，在未来可能会被接受。[④] 支持生殖细胞基因编辑的主要理由如下：（1）基因编辑有助于实现基因缺陷者生育权。基因缺陷者可借助基因编辑技术实现生育。（2）基因编辑有助于实现人格平等。德沃金支持基因编辑的理由是其符合平等主义，“任何人的生命，一旦开始，就应当成功而非失败，亦即那一生命的潜力应当被实现而不是被浪费”[⑤]。每年约有 800 万名缺陷新生儿出生，基因编辑可以降低这些疾病的发生，使尽可能多的人平等拥有同样健康的生命，这是起点的平等，对于生命历程的平等具有重大影响。（3）基因编辑有助于维护人格自由。德沃金支持基因编辑的另一个理由，“拥有生命的每一个人对各自的生命都负有一个特殊的责任，而且根据那一特殊的责

---

① 周府文、赵利文：《基因编辑技术的风险及法律分析》，《中国医学伦理学》2017 年第 8 期；朱振：《反对完美？——关于人类基因编辑的道德与法律哲学思考》，《华东政法大学学报》2018 年第 1 期。

② 曲彬、张映等：《人类胚胎基因编辑——科学与伦理》，《科学与社会》2016 年第 6 期。

③ 朱振：《反对完美？——关于人类基因编辑的道德与法律哲学思考》，《华东政法大学学报》2018 年第 1 期。

④ 周吉银、王明旭：《“基因编辑婴儿”事件后的伦理重塑》，《中国医学伦理学》2019 年第 1 期。

⑤ Ronald Dworkin, “Playing God: Genes, Clones, and Luck”, in Ronald Dworkin, *Sovereign Virtue: The Theory and Practice of Equality*, Cambridge, MA: Harvard University Press, 2000, p. 448.

任，他或她就有权利做出一些基本的决定，这些决定为其确定了一个成功的生活将会是什么”[①]。德沃金对基因工程的各种方式进行了完全的辩护，认为基因编辑符合自由主义。德沃金把人的潜能的发挥和自我决定的权利提高到几乎不受限制的地位，并适用于对人类未来世代的基因改良工程。（4）风险的利益衡量。在甘冒基因修补的风险与接受遗传缺陷甚至从此断绝基因延续（不育的情形）的不利情形之间，主体必须择一承受。技术的风险随着技术本身的发展、成熟会逐步降低，最终可能会消减人们对此的忧虑。

控制论者赞成基因修补（治疗），但反对基因增强。持此类观点的学者坚持对于非基于治疗疾病目的的基因编辑应当坚决禁止；对于哪些疾病可以使用基因编辑治疗应当作明确的规定，而且应当对疾病的范围作必要的限制。[②] 控制论吸纳支持论与反对论的合理成分，提出对基因编辑区别对待。日本生命伦理专门调查委员会近期宣布允许日本相关机构在基础研究中“编辑人类受精卵”，但是出于安全和伦理方面的考虑不允许应用在临床和辅助生殖中。我国科技部和卫生部 2003 年联合下发的《人胚胎干细胞研究伦理指导原则》中明确规定：“不得将获得的已用于研究的人囊胚植入人或其他动物的生殖系统。”我国 2016 年颁布《涉及人的生物医学研究伦理审查办法》就是专门针对我国基因编辑研究的规定，允许非生殖性基因编辑。现阶段我国采取的态度是开放研究、限制临床应用。《民法典》“人格权编”第 1009 条规定：“从事与人体基因、人体胚胎等有关的医学和科研活动，应当遵守法律、行政法规和国家有关规定，不得危害人体健康，不得违背伦理道德，不得损害公共利益。”有学者认为，民法典确立了如下人体基因编辑活动的合法性、人体健康、伦理道德、公共利益等基本行为准则；但最终还需多系统协调实现相关规制。[③]

（二）基因治疗的管控模式

本书第一章探讨了生命科技管控的原则，指出是采用适度放任还是事

---

① Ronald Dworkin, “Playing God: Genes, Clones, and Luck”, in Ronald Dworkin, *Sovereign Virtue: The Theory and Practice of Equality*, Cambridge, MA: Harvard University Press, 2000, p. 449.

② 周府文、赵利文：《基因编辑技术的风险及法律分析》，《中国医学伦理学》2017 年第 8 期。

③ 石佳友、刘忠炫：《人体基因编辑的多维度治理——以〈民法典〉第 1009 条的解释为出发点》，《中国应用法学》2021 年第 1 期。

先管控的法律模式，需要根据所涉生命科技的重要性、技术的可能性与可控性、伦理与法理的正当性来判断。

生殖细胞基因编辑技术的应用前景广泛，对人类生命的影响深远，属于具备重要性的科技。生殖细胞基因编辑技术理论上存在广泛应用的场景，目前研究已经表明，人类共有6600多种单基因遗传病，并且每年在以10—50种的速度递增，单基因遗传病已经对人类健康构成了较大的威胁。[①] 基因编辑技术在此类疾病治疗方面的适用非常广泛。生殖细胞基因编辑会遗传给后代，对个体以及人类整体都有极其深远的影响。

生殖细胞基因编辑技术具有较高实践可能性与较弱的管控性。基因编辑技术的飞速发展，特别是CRISPR技术使得人类拥有了前所未有的改变和修饰基因组的能力。[②] 虽然各国对生殖细胞基因编辑的立法不同，但科学家们表示，对生殖细胞的基因编辑理论上非常易于实现，客观上存在失控风险。多数学者认为中国贺某某团队编辑基因婴儿事件就是一起失控的实验。

生殖细胞基因编辑存在伦理与法理上的较大争议。即使是在最具正当性的基因修补方面，也不存在完全一致的认识。而在生殖细胞的基因增强方面，则存在较大分歧，其正当性更是存疑。

鉴于以上考虑，对生殖细胞基因编辑应采取事先管控的立法。我国目前已经有卫生部出台《涉及人的生物医学研究伦理审查办法》，就是专门针对涉及人本身的基因技术研究出台的相应的法规。但是该规制的内容仅仅属于研究范围，对于临床应用、基因治疗、基因增强等问题缺少规制。目前贺某某等人则是依据刑法相关规定被判处非法行医罪。

在规制基因科技的立法模式选择上，有的学者建议采取总分结合的立法模式，制定《人体基因科技基本法》与专门调节各具体领域的单项人体基因科技法，如《人工辅助生殖法》《基因检测法》《基因治疗法》《胚胎干细胞法》《治疗性克隆法》等。[③] 有的学者建议制定以《基因技术法》为核心、以基因资源管制法和基因权利保护法为辅助，与伦理规范相结合的法律规范体系，以对人类基因编辑技术进行全面的风险规

① 赵钦军、韩忠朝：《基因编辑技术的发展前景及伦理与监管问题探讨》，《科学与社会》2016年第3期。

② 赵欣、赵迎泽：《对话周琪：华盛顿共识》，《科学通报》2016年第3期。

③ 沈秀芹：《论我国人体基因科技规制法律体系的构建》，《东岳论丛》2012年第2期。

制。[①] 有的则建议分散立法，转变现有的技术导向立法，向产品导向的立法模式转变。[②] 2019 年 2 月 26 日，国家卫健委在官网上正式发布了《生物医学新技术临床应用管理条例（征求意见稿）》。国务院也在酝酿《生物医学新技术临床研究和转化应用管理条例》。

笔者建议采取统一立法的模式，制定专门法律，辅之以科学界的"基因编辑伦理规则"。"基因编辑技术应用的风险潜在性和普遍性决定了法律应是全面化、专门化和系统化。"[③] 除在《人格权编》中规定基本原则，其他则由此单行法统一规定。虽然统一立法容易遭遇制定不易、出台不易、修改不易等难题；但其优越性也是显而易见的，一旦制定，具有立法统一、标准明确、适用方便等优点。另外，提供一些制度设计，如对伦理与法律委员会等机构的赋权，可以弥补立法僵硬的缺陷。

科学界的自我约束规则可以作为补充，用来弥补立法滞后性与不周延性。约纳斯说过："自我约束向来都是自由的代价，自由往往只能在一个强大的、约束性的道德背景面前，通过放弃放纵，通过自愿的自我限制茁壮成长。"[④] 目前我们看到生命科学界的自我约束是非常主动积极的。2015 年 12 月 1—3 日中国科学院、英国皇家科学学会和美国科学院在华盛顿联合召开人类基因编辑国际高峰会议，会后成立了"人类基因编辑：科学、医学和伦理委员会"（Committee on Human Gene Editing：Scientific，Medical and Ethical Considerations）（以下简称委员会）。2017 年 2 月委员会发布报告，讨论了人类基因编辑的科学问题、伦理问题和监管问题，并提出了相关原则。[⑤] 其制定的规则作为行业自律规则，可以一定程度上弥补法律之不足。在一些缺乏相关法律的国度，这些规则具有一定的填补作用；在已经有了一些相关立法的国家，它们也起到了辅助与解释作用。基因编辑婴儿事件在科学界就遭遇了普遍批评即是一例。该事件引发第二次基因组大会的强烈关注，认为其严重违背当前国际共识，医学伦理委员会

① 王康：《人类基因编辑多维风险的法律规制》，《求索》2017 年第 11 期。

② 刘旭霞、刘桂小：《基因编辑技术应用风险的法律规制》，《华中农业大学学报》（社会科学版）2016 年第 5 期。

③ 刘旭霞、刘桂小：《基因编辑技术应用风险的法律规制》，《华中农业大学学报》（社会科学版）2016 年第 5 期。

④ ［德］汉斯·约纳斯：《技术、医学与伦理学——责任原理的实践》，张荣译，上海译文出版社 2008 年版，第 13 页。

⑤ 祝叶华：《人类基因编辑"底线"公布　基因治疗或有"法"可依》，《科技导报》2017 年第 4 期。

及其审查质量不符合法规。[①] 国内法中，可以规定医疗伦理委员会及其审查制度，来建立普遍的行业自律规则与个案审查机制，对基因编辑的临床应用进行规制。

（三）基因规制的路径选择

基因医疗的应用前景非常广阔，它对于加快新药物或新疗法测试、改善疾病治疗效果、拓展器官组织移植等方面都有积极作用。基因医疗所需之干细胞，依据其分化潜能，可以分为专能干细胞、多能干细胞和全能干细胞。人们对生物银行的兴趣不断加剧，政府和企业纷纷对其投资。但是许多深远的法律和道德挑战仍然没有得到解决，例如研究参与者的持续控制权——保留对捐赠样本和健康信息的控制程度和性质，仍然存在分歧。新兴的社会趋势似乎可能会加剧这些问题。[②]

干细胞的来源有成体以及胚胎（普通胚胎与克隆胚胎）。对于从普通胚胎获得干细胞，如胎儿生殖细胞、辅助生殖剩余胚胎等，应征得胎儿父母同意。胚胎在孕妇体内时，我国法律视其为孕妇身体的一部分；如果能够活着出生，依据《民法总则》可视为主体。但用于提取干细胞的胚胎或者是已经脱离母体的、没有生命的胎儿；或者是根本未曾进入母体的试管胚胎（严格说是受精卵或胚囊），都不属于独立主体或母体部分，不能依据母亲身体权或胎儿人格权予以保护。

主体对分离于自己的身体物质无疑拥有天然的财产权；但物质上所附的基因信息，当事人对其享有何种权利呢？学界有不同观点，有的主张作为人类共同遗产加以保护；有的主张作为私权加以保护。在主张后者的学者之间，一些学者则主张在现有权利框架下解决基因权利保护问题；另一种提议另起炉灶，创设一种新型的权利——“基因权”。

基因应否作为私权保护，其实早在人类基因组研究成果可否申请专利的问题上，就体现了分歧和争议。如世界绿色和平组织坚决反对赋予基因专利保护，认为这是一种现代奴隶制，它会破坏主体平等原则，使一部分人的生存与发展掌握在另一部分人的手里。人类基因组还提出了“common heritage of Mankind or Humankind”原则，即人类共同财富原则。

---

① 周吉银、王明旭：《“基因编辑婴儿”事件后的伦理重塑》，《中国医学伦理学》2019 年第 1 期。

② Caulfield Timothy、Murdoch Blake，“Genes，Cells，and Biobanks：Yes，There's Still a Consent Problem”，*PLos Biology*，Vol. 15，No. 7，2017，pp. 1-9.

该原则主张禁止任何国家、企业或私人将基因资源据为己有，将基因资源私有化会排除其他国家或人民利用的机会，基因财富资源应该是全人类共有的。发现了基因双螺旋结构的科学家 Waston 和 Crick 就拒绝将双螺旋结构专利化。Waston 为了抗议美国国家卫生研究院（NIH）将人类基因组研究成果专利化，他甚至辞去了该基因组项目的领导职位。赞成者则认为基因专利可以促进基因研究的发展，法律规制可以防范基因歧视、基因滥用等邪恶。目前有些国家认可基因专利。这种立法是因为专利保护的论证在立法者那里获得了令人信服的确证，还是国际国内财团的利益压倒了伦理性的考量，不得而知。

坚持基因权私权保护的学者，部分主张在既有权利框架下解决基因保护问题，但他们选择的进路也不尽相同。有的学者主张以人格权——身体权进路解决基因权利保护；有的主张以财产权——所有权进路加以保护；还有的主张以知识产权进路加以保护。王康博士则提议创设一种新型权利——基因权，其内容包括：基因平等权、基因自主权、基因隐私权、基因公开权。基因平等权主要用于对抗基因歧视；基因自主权旨在贯彻告知后同意；基因隐私权强调主体对个人基因信息的控制；基因公开权用于对基因经济利益的惠益分享。①

对于基因保护，从公平角度而言，人类共同遗产资源原则和提法无疑是较为合适的。正如该原则倡议的，基因资源是一种独特的、无可替代的资源，它应该是人类共同的财富，而不应仅仅归属于某个个体。基因专利权、基因所有权因此都应受到限制。但是有学者也认为这会造成发达国家，特别是生物医药技术较发达的国家对不发达国家的资源掠夺。② 但是否认基因的“人类共同遗产原则”，使基因可专利化，恰好又使得发达国家凭借基因专利实现了对不发达国家的一轮剥削。③ 从国家层面而言，对基因采取何种定位策略，不仅是一个法理和法律问题，还是一个国家重大利益决策问题，体现的是不同发展程度国家的博弈。而我国采取何种策略应当重点参考我国生物医学发展的水平来决定。

《民法典》第 1034 条规定，“本法所称个人信息包括……生物识别信

---

① 王康：《基因权的私法规范》，博士学位论文，复旦大学，2012 年。

② 刘长秋、刘迎霜：《基因技术法研究》，法律出版社 2005 年版，第 24 页。

③ 颜厥安：《鼠肝与虫臂的管制——法理学与生命伦理探究》，北京大学出版社 2006 年版，第 134 页。

息……健康信息、行踪轨迹等”。这意味着基因权利同时可以借助个人信息权予以保护。考虑到《民法典》的统帅性，将基因治疗的各种问题事无巨细地规定于其中的想法显然不现实，也不太合乎逻辑。人体试验条款已经对基因治疗予以了规制；个人信息涵摄了基因信息，已经为基因信息的保护提供了路径。这个条款既可以为医疗需要的基因治疗正名，又可以为限制非医疗需要的基因增强提供依据。但更为重要的是，该规定为其他单行立法或法规规章出台，提供了立法依据与原则。

（四）基因修补的权利进路

法律应对基因编辑如何规制存在不同观点。笔者借用密尔的“不伤害原则”理论，依据基因编辑对相关主体造成的切实权利影响来分析法律应有的选择。笔者建议对基因修补与基因增强采取不同规制：法律可允许基因修补类的基因编辑；限制与禁止基因增强类的基因编辑。允许基因修补符合潜在者（儿童）最佳利益、符合生育权主体的利益、对任意第三人或社会无害，符合密尔的“不伤害原则”。基因增强则存在损害儿童自主权、增加生育权主体负担、对他人或社会可能造成伤害的风险，属于依据密尔“不伤害原则”应予禁止的情形。支持基因修补存在以下正当理由：

1. 支持生殖细胞基因修补符合潜在者利益

支持生殖细胞基因修补有助于潜在者的身体健康权实现。目前大约有6%的婴儿有出生缺陷。对基因编辑疗法的拒斥有悖个体健康原则。[①] 恢复潜在者的未来健康权支持基因修补。[②] 有的学者直言现代生物技术“引发了对生态、伦理和人类健康等一系列严重的负面效应”[③]。即使技术还存在一定风险，这也是两害相权的一个选择题：对于携带有遗传性疾病基因的人而言，在需要承受技术不确定带来的健康风险与需要面对可能的世代相传的疾病威胁之间，必须做出选择。

支持生殖细胞基因修补有助于潜在者实现人格平等与尊严。先天缺陷的儿童失去了常人拥有的健康身体或精神，一出生就处于“残疾”这样

---

① 王翠平：《人胚胎基因编辑治疗的伦理分析——以 CRISPR/Cas9 技术为例》，《自然辩证法通讯》2018 年第 11 期。

② 朱振：《反对完美？——关于人类基因编辑的道德与法律哲学思考》，《华东政法大学学报》2018 年第 1 期。

③ 陶应时、蒋美仕：《现代生物技术的负面效应及其治理路径》，《湖南大学学报》（社会科学版）2016 年第 6 期。

一个弱势的地位。如果有机会从根源上消除“残疾”，让每个儿童拥有和健康人一样的起点，对于实现人格平等与尊严大有助益。

2. 支持生殖细胞基因修补符合生育权主体利益

为了帮助不育者实现生育权，法律允许人们使用诸多辅助生殖技术。就实现主体上述生育目的而言，基因修补与其他辅助生殖技术本质上并无不同。因而科学家才会质疑那些批评基因编辑不道德的观点：“对胚胎进行基因编辑或对大量胚胎进行筛选后择不良胚胎摒弃，哪个更道德一些呢？”① 而且，对于某些遗传性疾病来说，没有体外受精的胚胎会是正常的，因而对这种疾病进行筛选是无用的，只有基因修补才能达成生育目的。

3. 支持生殖细胞基因修补符合社会利益

在抚育日益社会化的国家，残疾儿童的照料成本部分甚至全部由社会负担，支持基因修补有助于降低社会经济负担水平。“人既不能漠然地同人以外的生命世界打交道，又不能漠然地和人自身打交道，而要肩负起对自然和未来人的责任。”② 在技术成熟的情况下，人们阻止残疾生命的出生，使本来可能具有先天残疾的儿童以健康的状态面世，有机会度过“完美的一生”，可以增加人类整体的道德成就感。

此种政策也鼓励了基因修补领域科研自由，有助于相关医学进步，符合公众意愿。《人类基因组宣言》中确立的基因研究的基本原则之一是“保护科学家的研究自由”。在一项澳大利亚墨尔本大学研究人员开展的全球调查中，调查对象包括来自美国、英国、日本和韩国等全球 185 个国家的 12000 多人，其中有约 60% 的受访者赞同基因编辑技术的治疗性应用，包括人类胚胎的基因编辑，只有 10%左右的受访者表示反对，另有 30%左右的人态度不明确。③ 这表明支持基因修补是符合公众意愿的选择。

《民法典》第 1008 条规定：“为研制新药、医疗器械或者发展新的预防和治疗方法，需要进行临床试验的，应当依法经相关主管部门批准并经伦理委员会审查同意，向受试者或者受试者的监护人告知试验目的、用途和可能产生的风险等详细情况，并经其书面同意。”联系到基因治疗问

---

① 方陵生：《人类基因编辑伦理问题的讨论——一位记者关于人类基因编辑峰会的手记》，《世界科学》2016 年第 2 期。

② ［德］汉斯·约纳斯：《技术、医学与伦理学——责任原理的实践》，张荣译，上海译文出版社 2008 年版，第 15 页。

③ 汤波：《基因编辑技术会用来改良人类吗？》，《科技生活》2017 年第 3 期。

题，此条款可推导出以下几项内容：第一，该条规定的是“新药”或“新的治疗方法”，可以涵摄基因治疗，不包括基因增强。第二，“基因治疗”如作为“新的治疗方法”，进行人体试验前需先报主管部门批准。第三，“基因治疗”需贯彻知情同意原则。

在单独立法出台之前，实践还需依据现有法律来处理基因保护问题。笔者以为，可以依据身体权和个人信息权对基因诊断与基因治疗的实践进行保护与规制。基因，就物质层面而言，它本属于人的身体的组成部分，因此对基因的提取、检测等可以沿着身体权保护的路径进行规制；就其非物质层面部分，即通过对基因检测所获得的信息，可以借助个人信息权加以保护。《民法典》《个人信息保护法》对身体权、个人信息权都有规定。

身体权人对自己的基因载体有支配权。依据身体权规则，自然人有保持身体完整性的权利，可以保护身体组成各个部分不受破坏，并拒绝非法接触。据此，若要获取他人基因，必须接触其身体并提取相应物质。如果未经权利人同意即采取上述行为，就是对其身体权的侵犯。因此提取基因的前提是获得权利人同意。当此部分身体组织自愿与身体分离时，如不以回到身体为目的（如献血等），它不再是身体的组成部分，不再属于身体权保护范畴。但是依据相关法理，它作为财产首先属于原身体权人、现所有权人，获得此部分应该征得所有权人同意。依据医学伦理和法律规则，提取者必须在充分告知的前提下，征得权利人同意才可以进行提取。

基因拥有者可以基于个人信息权控制基因信息，包括是否检测以及是否公开相关信息。基因检测虽然可以告知人们诸多信息，但是当事人也可以选择是否通过检测去获知或确证某些信息。当一些当事人考虑到可能的检测结果会给自己带来不利影响（如获知不治之症的信息而陷入痛苦怨尤之中，导致惶惶不可终日），也完全有权拒绝检测。同样基于保护当事人身体权与个人信息权的理由，法律应该严格限制保险公司、用人单位等进行基因检测。实践中已经发生多起因基因检测而对当事人产生歧视的事例，有的保险公司依据当事人的基因检测数据来确定是否接保、如何确定免责条款、是否提高保费等；有的用人单位依据基因检测结果，仅仅为避免未来可能承担较高医疗负担而拒绝聘用求职者等。如美国一些具有镰状细胞的黑人因为被检测出具有此类基因而失去许多工作机会，并被保险公司拒保。美国国会为此出台了法律，即 1972 年《国家控制镰状细胞贫血法案》，要求该类筛查必须自愿且保密。为保护当事人正当利益，避免基因歧视，就应根据身体权、个人信息权保护规定，严格限制基因测试。在当事人同意情况下，检测机构提取到基因物质进行基因诊断，获知的相关信息也必须采取措施加以保密。《民法典》等法律对于个人信息处理有明确规定。

（五）基因增强的法律限制

法律应禁止基因增强类的基因编辑。基因组编辑技术的增强目的使用提出了公平、社会规范、个人自主性以及政府作用问题。① 有的学者认为，基因增强与治疗的界限并不总是清晰的，人为的画线总会存在问题，对某些基因进行编辑是介于两者之间的。因此对其研究不必分类限制，可以一律许可。② 法律应保持适度的开放性，为科学进步和社会发展预留通往未来的路。生殖系基因编辑的临床试验及应用、增强性基因编辑目前应被禁止，但在未来其安全性得到确保、社会共识达成和有效监管到位的情况下存在解禁的可能。③ 笔者对此表示认同。基因增强的限制主要在于临床应用，不限制基础研究也可避免造成我国在生命科技领域国际竞争的滞后。当社会伦理观念变化之后，法律也可实时进行调适。但现阶段，立法应禁止其临床应用。笔者同样借用密尔的"不伤害原则"理论，依据基因编辑对相关主体造成的切实权利影响来分析法律对基因增强应有的选择。笔者分析认为基因增强存在损害儿童自主权、增加生育权主体负担、对他人或社会可能造成伤害，属于依据密尔"不伤害原则"应予禁止的情形。理由如下：

1. 支持生殖细胞基因增强违背潜在者利益

基于对生命多元性的理解和对人的自主性的维护，潜在者能够并应当拥有两大权利：一是恢复潜在者的未来健康权；二是拥有一种开放性未来的权利。这两大权利既能表明恢复健康是必要的，同时又能揭示增强性的基因修复是不合理的。④ 儿童被编辑了某种基因，意味着基因编辑者扮演了上帝角色，参与了个体传记生命的谱写，损害了其独立自主性。笔者认

---

① 邱仁宗：《人类基因编辑：科学、伦理学和治理》，《医学与哲学》2017 年第 5 期。

② 张迪、周思成：《人类胚胎基因编辑研究引发的伦理思考》，《基础医学与临床》2017 年第 10 期。

③ 田野、刘霞：《基因编辑的良法善治：在谦抑与开放之间》，《深圳大学学报》（人文社会科学版）2018 年第 4 期。

④ 朱振：《反对完美？——关于人类基因编辑的道德与法律哲学思考》，《华东政法大学学报》2018 年第 1 期。

为，基于人格尊严和人格平等原则，对基因增强技术应用应该严格禁止。基因增强技术对人本身的物化加剧，导致人类生育向产品制造方向的滑行——因为生命不再是天赐的，不再有惊奇，而是沦为实验室定制产品，携带常规而非优秀基因的胚胎可能被视为残次品。

2. 支持生殖细胞基因增强不合理扩大了生育权主体义务

人类如何认识基因决定着人们形成何种基因伦理意识，同时也影响着人类的社会伦理行为。[①] 基因决定论认为基因在生命进程中起着决定性作用。支持这种观点可能引导一种新的伦理观念形成：父母有义务为孩子提供最优良的基因。先不说基因编辑中仍有许多不确定风险，即使此类技术发展到可以将风险降低到人们愿意接受的程度，也还有许多实际问题。例如父母实际上有没有经济能力履行此种基因增强义务？有没有知识能力鉴别和挑选“最优良”基因？例如被发现的影响人智力的“聪明基因”，同时被发现与“抑郁症”有千丝万缕的联系。患有导致镰状细胞贫血症的相关基因同时可能具有提高抗疟疾能力的功能。对于部分基因的突变，很难说其引起的表型变异是遗传适应还是遗传缺陷。如果允许基因编辑，负责任的父母应该如何选择呢？

正如德国学者波塞尔所讲：“技术是欲望的实现。”基因编辑充分体现了人们内心的期待，体现了技术的自由本性，扩大了人们的行为空间。[②] 那些轻率地选择增强孩子基因的做法，实现的是准父母自己的人生欲望，而非儿童的自主愿望。就像今天一些家长要求孩子替自己“圆梦”一样，是专断而不负责任的。如果允许这种行为，就会造成一种潮流，对负责任的家长也会造成“裹挟之势”，令人觉得不进行基因编辑就是一种不负责任的生育——准父母没有尽力为孩子提供最好的基因。这使人难以独善其身。最后无论自愿与否，大家都走上基因增强之路。防范此种风险的做法就是先予禁止。

3. 支持生殖细胞基因增强不符合现阶段社会利益

在现阶段，基因增强技术的应用可能会加剧社会不公，扩大歧视，违反平等。“如果允许基因增强，如增强身体的耐力和韧劲、智力和美貌，

① 刘旭霞、郑钧午：《基因编辑技术的社会伦理分析与道德调控研究》，《法制博览》2016年第14期。

② 刘科：《生命从自然编辑到基因编辑的转变与反思》，《伦理学研究》2017年第2期。

那么竞争将在受精卵之前就开始了，社会的分裂将始于受精卵的分裂。”① 本来生命的获得，是人类所剩不多的公平领域。但是允许任意的基因增强，那些拥有更多资源的人就会率先利用此项技术，使得其后代在生命起点上就获得了比普通人更显著的优势，再加上后天资源的差异，普通人还没开始，就已经输掉了人生资源竞争的战役。贫寒子弟对抗富人后裔的武器是“努力”，基因增强则可能使这一利器也失效。这个是在财富不公的基础上的又一不公，其影响也许不比财富不公小。还有比这更令人沮丧的不平等现象吗？基因增强的这种“涉他性”，使得它不只是单纯的个人行为，而具有了社会意义。因此基因编辑技术的发展与应用规制，必须要高度重视公众的理解和参与。② 据墨尔本大学的调查报告显示，只有27%的受访者同意进行非治疗目的的基因改造，而43%的受访者明确表示不同意。③ 这也反映了现阶段公众对基因增强的观点。

基因增强的“强”，具有伦理性与时代性，可能随时代变迁、观念变化而改变，但基因具有较稳定的遗传性，两者在基因编辑中的冲突会带来难以预估的负面影响。譬如今天的“瘦”“白”是对美的普遍看法，导致这些性状的基因是“强”的；但“壮”“黑”也曾经是某时某地美的标准。这些“强”的标准改变时，我们要不要对已经在世的人以及以后的人都再度进行基因编辑呢？如此一来，“基因编辑何时了”？对此，我们必须慎而又慎，对其应用应该加以严格限制。2019年12月30日，“基因编辑婴儿”案一审公开宣判，3名被告人因共同非法实施以生殖为目的的人类胚胎基因编辑和生殖医疗活动，构成非法行医罪，分别被依法追究刑事责任。④ 这是通过实践亮明了我国法律的态度。

第三节　人格权法对医疗美容技术应用的规制

爱美是人的天性，人们对“美”的追求经久不衰。在现代以前，由于客观原因，人们更多的是通过外部修饰手段来美化自身。进入到现代社

---

① 王康：《基因权的私法规范》，中国法制出版社2014年版，第10页。

② 杨怀中、温帅凯：《基因编辑技术的伦理问题及其对策》，《武汉理工大学学报》（社会科学版）2018年第3期。

③ 汤波：《基因编辑技术会用来改良人类吗？》，《科技生活》2017年第3期。

④ 王攀等：《“基因编辑婴儿”案一审宣判，贺建奎等三被告人被追究刑事责任》，http：//www.xinhuanet.com/2019-12/30/c_ 1125403802.htm，2021年6月11日。

会，伴随着经济发展，特别是医疗整形技术的进步，进行整形美容的人大大增加了。相关数据显示，到 2013 年，中国整形手术数量占据了全球总数的 12.7%，已经成为全球排名第三的整容大国。[①]

一 医疗美容技术引发的人格权法问题

医疗美容只是一个诞生不到百年的新兴行业，它起初的主要目标是对第二次世界大战后大量伤病员重塑外形。今天，医疗美容早已经超出了其初始目标，被许多健康人广泛使用，形成了一个年产值数百亿元的重要产业。与医疗美容快速发展相伴的，是其遭遇的种种诟病以及越来越多的医疗美容纠纷。《2010—2015 年中国整形美容行业调研及投资前景预测调研报告》统计数据显示，我国已经发生了 20 多万起各种类型的美容致人毁容案件，平均每年的美容“毁容”案件高达两万起之多。

（一）医疗美容行为的正当性争议

民众对医疗美容的看法不一：前赴后继，身体力行者有之；坚决反对，批评抵制者有之；听之任之，包容认许者有之。其实，如何选择，如何行动，实属个人自由，当然不能强行要求；但是当一个人的态度转化为影响他人权利的行为时，其中的是非就很有必要分辨了。对医疗美容的一种诟病是医疗美容背离人格自由、违背人格平等、贬低人格尊严。一些医疗美容手术有较大风险，受术者为了美容而牺牲健康甚至生命，这种“人格自由”值得肯定吗？身体权虽然是“自然人维护其身体组织器官的完整性并支配其肢体、器官和其他组织的权利”[②]，但其内容支持这种选择吗？对整容者的看法也存在分歧。整体而言，这还不是一种为公众广泛接受的行为，整容者在一些场合会遭遇歧视：一些人士在考试、招聘方面抵制整容者是否违背人格平等原则？“医疗美容”反映出美容者虚荣，不自信，容貌至上；[③]“为悦己者容”的做法是不是有将主体客体化的趋势，这是否贬损当事人的人格尊严？

（二）医疗美容纠纷法律救济问题

对医疗美容的另一诟病是它是否属于医疗行为？医疗美容由于其并非

---

① 安吉拉：《谁是真正的主导者整容时代下的利益集团》，《世界博览》2014 年第 22 期。

② 杨立新：《人身权法论》，人民法院出版社 2002 年版，第 398 页。

③ 姚同伟：《容貌至上主义：韩国女性整容文化研究》，硕士学位论文，中央民族大学，2017 年。

诊疗性的——受术者并非通常意义的“患者”，不够美丽也并非严格意义上的疾病——因而遭受到脱离医疗目标的批评，医疗的对象是病人，而“整形美容者”本身并非“病人”，[①] 医疗美容导致受术者健康受损，和医疗目标价值南辕北辙。如此医疗美容还算是医疗行为吗？法律上应该和普通医疗行为同样对待吗？纠纷救济路径为何？

二　医疗美容行为的人格权法原理分析

（一）医疗美容行为与人格自由

人格自由原则与身体支配权能支持个体的整容选择。人格自由是“人格不受约束、不受控制的状态”。依据人格自由法理，每个人都有保持与发展人格的自由。[②] 发展人格的自由中包含成为自己想成为的人的自由。一个人对自己的要求，有内在的，有外在的，改变自己不想要的外表，追求自己想要的外表，也是发展人格自由的一种具象。达到此目的的手段，可以是常规锻炼，也可以是外科手术、医疗美容。基于身体权，主体对自己身体器官、组织等享有有限支配权能；此项权能也支持其进行美容手术的抉择。[③] 但此种有限支配，以不对健康造成重大损害为限，否则将被限制。2021 年 7 月 30 日，国家卫健委发布禁止开展“小腿神经离断瘦腿手术”的通知即是例证。

通常而言，只要无害他人，主体就可以自由选择自己的行为。医疗美容恰恰是这样一种无害他人的选择：对身体所有者而言，整容通过对身体的改造达到了积极的效果，使其获得新生，找回了在社会生活中的自我认同，能够更好地面对生活；[④] 医疗美容的种种风险是由受术者本人承担的：整容的相关费用、整容的肉体与精神痛苦、整容失败或反弹的风险等都是由整容者自己而非他人负担。因此持不同意见者当然可以坚持自己的意见，却并不能享有阻止他人整容的权利。医学界无权对受术者的选择进行任何道德评判和批判；只有义务向人们揭示手术过程风险、改进手术方

---

① 王一方：《追捕“人造美女”——对“医疗美容”的近距离鞭挞与远距离哲思》，《中华医学信息导报》2005 年第 19 期。

② 杨立新：《人格权法专论》，中国高等教育出版社 2005 年版，第 128—129 页。

③ 王利明：《人格权法研究》，中国人民大学出版社 2005 年版，第 351 页。

④ 姚同伟：《容貌至上主义：韩国女性整容文化研究》，硕士学位论文，中央民族大学，2017 年。

式、努力降低风险。[①] 我国卫生部出台了医疗美容的管理办法，还出台了《医疗美容项目分级管理目录》，对此类医疗美容并无一般禁止规定，这表明立法是认可其合法性的。立法许可此行为进行，笔者以为这是法律保障人格自由的一个具体表现。

（二）医疗美容行为与人格平等

人格平等原则禁止对整容者的歧视。无论公民有何差别，其人格是相同的，绝无高低贵贱之分。[②] 所有人在法律上不因性别、职业、职务、宗教信仰、文化程度、政治立场、财产状况、民族、种族等，其人格一律平等。同理，我们也无权把人分成“整容人”和“自然人（非整容人）”，从而区别对待。在“看脸”的时代，美貌可以使其获得相对竞争优势：美国经济学家调查发现长相漂亮的人平均收入比长相一般的人高。整容手术能使天生容貌不佳而遭受冷遇的人获得相对的公平，不会再因为“以貌取人”而得不到平等的对待。因此可以说整容在此种情景下具有“纠错”功能，使得部分人因容貌因素被歧视的现象因整容而得以改变，最终实现人格平等。

如前所述，整容对社会而言，是合法无害的行为，整容者并不因为整容而贬损人格，对其赤裸裸的差别对待是没有法理依据的歧视。如在某戏剧学院的招录考试中，仅仅因为整容就拒绝考生，是不公平、不合法的。无论整容与否，演员考试应该重点考察其能力，譬如表演的功底或潜力。既然招考如考官们所说，不是选美，不重颜值，那就不应该“看脸”，无论天然脸抑或人造脸。但是拒绝“整容者”的行为，恰恰是强调了“看脸”，是对“不看脸”口号的“打脸”，只不过是变成了看“原生态”的脸和“貌似原生态”的脸（整容得他人无法看出是否手术的脸）。这种无理的区别对待，考生完全可以以违反人格平等之一般人格权起诉招考方。

（三）医疗美容行为与人格尊严

医疗美容符合人格尊严原则。人格尊严“是指民事主体作为一个‘人’所应有的最起码的社会地位，并且应受到社会和他人最起码的尊重”。[③] 个体作为法律上的“人”，依据人格尊严原则，本应给予无差别的

---

① 王一方：《追捕“人造美女”——对“医疗美容”的近距离鞭挞与远距离哲思》，《中华医学信息导报》2005 年第 19 期。

② 梁慧星：《中国民法经济法诸问题》，法律出版社 1991 年版，第 73 页。

③ 杨立新：《人格权法专论》，中国高等教育出版社 2005 年版，第 129 页。

尊重。但在一个“看脸”的时代，“人”却因外貌被分类为“美人”、“普通人”和“丑人”，并被据此区别对待。

整容可以使容貌不佳者获得其本应享有的尊重，是对人格尊严的维护。一些人特别是天生容貌不佳者，之所以做出这样的选择，是追求人格尊严的无奈之举。爱美之心古已有之，至今尤烈！大大小小的荧屏上固然充斥着形形色色的美男靓女，就连许多普通的工作也要求应聘者“容貌秀丽”“容貌端庄”“容貌好、气质佳”……亚里士多德就说过：美貌比任何推荐信都更具说服力。韩国女性既要遵循传统文化中关于社交礼仪的要求，又要满足现代职场重视个人形象的需要，包括有符合大众审美的外貌。这种对女性的严苛要求，刺激了韩国整容产业的发达。①

整容者的选择不过是针对以貌取人的社会现实的一种自我调适。当全社会都在“以貌取人”，个体无力抗争时只能顺从；要求其以一己之力对抗社会整体意识，确实是强人所难。医疗美容首要的目标当然是变得美貌；同时美貌会使人精神上更加愉悦和自信。整容，可以使部分“丑人”变为“普通人”或“美人”，使其更有尊严地活着，避免被冷遇、被歧视、被错待。因此可以说整容在此处也具有“纠错”功能，使得部分人由于容貌因素被剥夺的人格尊严得以恢复。

整容是个体的自主选择，尊重他人自主决定是人格尊严应有之义。霍夫曼认为“人性尊严”就是指“共同体成员相互间承认、尊重对方自我决定的权利”。② 整容对他人并无损害，某种程度上还使得世界变得更美丽了，他人因而并无权利阻止。孝顺文化也不构成反对整容的理由，身体发肤不可受损的观念今时今日早已改变，君不见许多医疗美容者甚至是父母出资，亲自陪同进行。整容是人们无力改变世界时的“削足适履”；当世界只提供一种规格的“履”时，我们不能既要求其“着履”前行，又指责其“削足”的伤口和疤痕。

三　医疗美容的属性探讨与法律救济

（一）医疗美容行为的属性探讨

我国《医疗美容服务管理办法》（下文简称《管理办法》）中规定：

① 姚同伟：《容貌至上主义：韩国女性整容文化研究》，硕士学位论文，中央民族大学，2017年。

② 转引自王利明《人格权法研究》，中国人民大学出版社2005年版，第96页。

"医疗美容，是指运用手术、药物、医疗器械以及其他具有创伤性或者侵入性的医学技术方法对人的容貌和人体各部位形态进行的修复与再塑。"医疗美容包括美容外科、美容牙科、美容皮肤科和美容中医科，涉及诸多不同级别项目，应用相当广泛。

认为接受该类医疗美容手术者本身并非真正的"病人"的质疑，存在一定合理性，但并非绝对正确。今天的医疗技术已经重塑和新构了"患者"的概念：生殖技术的发展，使得健康的"孕妇"几乎都带着"病人"的头衔，在全程的医疗监控下完成怀孕—孕检—分娩—产后复健等；基因技术的发展使得一些致病基因的携带者在完全没有发病症状的情形下就接受医疗；一些可能几十年后才会发作或者永远不会发作疾病的人被定义为"病人"；即使健康人也被要求或建议去进行各式各样的体检；医疗仅针对"病人"的范畴早已经被突破，更多医疗保健消费者出现，防止"未病"也成为医疗的重要目标。可见，具有正当性的医疗需求决定了行为的医疗属性。疾病或病人不是决定行为医疗属性的唯一标准。从这个层面分析，医疗美容其实是一种兼具实验性的非诊疗目的性之医疗行为，属于广义的医疗行为。①

但是与传统的医疗行为相比，医疗美容又具有自身的特征。医疗美容与一般医疗服务还有以下不同之处：（1）医疗目的不同。对医疗美容的美容者而言，其并不存在心理上和生理上的疾病；医疗的目的就是增强美感。而普通的医疗服务，则是指医疗机构为患者提供诊疗服务，患者往往罹患疾病或受有外伤等，其就医的主要目的是希望医疗机构能够治愈自己的病症。医疗美容追求的是"美丽"，医疗整形则是追求健全，即健康、完整。两者的层次显然不同，前者追求"锦上添花"，可以说是奢侈性追求，后者是"雪中送炭"，是必需性追求。（2）诊疗措施决定方式不同。一般的医疗服务措施都是对症下药，以尽快地使患者康复，患者大多听从医疗机构的安排，较少自主选择权。而医疗美容采取的措施，美容者有很大的决定权，美容机构与美容者更多的是通过协商来决定。（3）诊疗的紧迫性不同。在一般的医疗服务合同中，患者罹患疾病，诊疗的紧迫性很强；急诊等紧急情况下，诊疗可以说是刻不容缓。医疗整形同样具有紧迫性、结果预期上具有更多不确定性，可协商范围有限。而在医疗美容中，

① 马军、温勇、刘鑫：《医疗侵权案件认定与处理实务》，中国检察出版社 2006 年版，第 148 页。

美容者事先有充分的时间同医疗机构进行充分的协商，所以其诊疗的迫切性要小得多。（4）结果保障性不同。在一般的医疗服务中，考虑到医疗本身蕴含的普遍风险，医方只需提供相应服务即完成自己的义务。医疗美容手术由于患者本身没有疾病，追求的是“美丽”，因而结果性要求更加强烈、在签订合同的过程中，医疗机构通常会就美容者术后已达到的特定美容效果做出约定，承诺达到美容效果，否则即承担违约责任。因此医疗美容与普通的医疗行为相比，在法律适用，损害界定、责任分担和损害赔偿范围等方面都存在差异。[①] 从此角度而言，医疗美容具有显著的契约特点，结果性承诺也使其更易于借助合同法而非单纯依赖侵权法的纠纷解决机制。

（二）医疗美容纠纷的法律救济

1. 医疗美容纠纷的合同法救济

依据合同，医疗美容服务接受者（美容者）享有要求医疗机构按约定提供美容服务，及时医治的权利；以及在没有达到预期的美容效果，容貌、健康、生命受损时的赔偿请求权。美容者有按约定支付医疗费、配合进行诊疗的义务等。医疗机构若违反合同的约定应当承担违约责任。医疗美容机构有按照约定履行医疗美容服务契约义务、瑕疵担保义务、附随义务等。其违约责任的构成要件应与一般的违约责任构成要件大体一致。（1）违约行为。医疗美容法律关系中，按照合同约定与法律规定，医疗机构负有提供医疗美容服务、瑕疵担保等义务。医疗美容合同与医疗服务合同在违约责任认定方面的差异，主要体现为在美容者未达到美容效果时可以根据医疗美容合同的约定认定美容机构违约；而一般患者医治无效或效果不明显时不能依据医疗服务合同要求医疗机构承担违约责任。（2）受有损害。所谓损害就是指因一方当事人的违约行为而给另一方带来的履行利益的损害。医疗美容中，美容者不能达成“变美”甚至被“毁容”就属于损害。（3）违约行为与损害之间存在因果关系。守约方要求违约方赔偿损失时，需要证明违约行为与损害之间存在因果关系。在医疗美容合同中，违反合同的责任形式主要为损害赔偿和继续履行。

2. 医疗美容纠纷的侵权法救济

医疗侵权指医疗机构和医务工作人员在医疗过程中所采取的医疗行

① 赵西巨：《医疗美容服务与医疗损害责任》，《清华法学》2013 年第 2 期。

为，给患者的合法权益造成了损害，需承担侵权责任的行为。这些权益包括生命权、健康权、身体权、隐私权、知情权等。在医疗美容过程中，医疗机构和医疗工作人员由于违反了相关的法律、法规或行业规范从而侵犯了美容者的合法权益，理应承担相应法律后果的行为。医疗美容机构的行为是否构成侵权，需依侵权四要件、结合医疗美容的特殊之处进行判断。

（1）美容机构违反了法定义务。医疗美容机构负有合理注意义务、技能运用义务、告知义务、保密义务等。违反上述义务则属于不法行为。（2）美容机构对美容者的合法权益造成侵害。工作人员在医疗美容过程中因过失导致美容者死亡的情况可视为对生命权的侵害；因美容手术造成了美容者身体状况的恶化或者是生理机能的受损可视为对身体权或健康权的侵害；还有精神方面的损害，如因美容无效或美容不成反毁容而造成美容者精神上的绝望、痛苦等。对于医疗美容侵权来说，美容者得主张的损害包括人身伤害和精神损害。[①]（3）损害与行为之间存在因果关系。因医疗美容机构的过错给美容者造成损害的，可以认为美容机构没有尽到合理的诊疗义务，构成侵权。美容者有权要求美容机构承担损害赔偿责任。（4）医疗美容机构方存在过错。若要提起侵权之诉，那构成侵权行为的四要件缺一不可。最高人民法院《关于审理人身损害赔偿案件适用法律若干问题的解释》第 6 条规定：医疗费包括“适当的整容费”，这是对整容这一行为适法性的认可。法院的一些判决也支持当事人在美容费用发生后向责任人主张赔偿。[②]

基于请求权竞合理论，在医疗美容无效或效果不明显时，美容者的固有权利并未受到损害，那么主张违约责任比主张侵权责任更便利；在美容者受到严重伤害或死亡的情况下，受害者及其家属主张侵权之诉更有利。

小结

生命维护技术对人类生命提供了更多呵护，相关法律也需跟进。

器官移植技术对人格权法的基本价值与具体制度都带来冲击。相关立法应基于人格自由鼓励器官捐献，基于人格平等公平分配器官以及器官捐献中的利益，基于人格尊严限定器官移植的底线。《民法典》规定了器官

① 王利明：《侵权责任法与合同法的界分——以侵权责任法的扩张为视野》，《中国法学》2011 年第 3 期。

② （2017）闽 03 民终 364 号。

捐献的主要原则，相关立法需明确捐献者对器官的支配权，获得适当补偿的权利。有关机构应及时更新相关细则制度。

基因治疗同样冲击着人格自由、人格平等、人格尊严，立法需对此进行调适。对于基因修补与基因增强，学界有支持说、禁止说、折中说不同观点。但立法应允许基因修补，这有助于潜在者生命健康利益、准父母生育权利实现以及增加社会福利、减少社会公共负担。立法宜限制基因增强的应用，因其现阶段具有不符合潜在者人格自由与尊严、加重准父母义务以及加剧社会不公等弊端。

医疗美容虽然存在认识分歧，但整体上它是一种个体对社会“容貌至上”观念的回应，有某种程度的纠错功能，符合人格权法基本原则，属于广义的“医疗行为”，但与一般诊疗行为有别。在纠纷救济上，存在违约与侵权两种救济途径。

在一个世俗的、多元化的社会中，我们必须理解，自由的代价是悲剧性和多样性的。

——恩格尔哈特①

第四章 人格权法对生命变异技术应用的规制

人类的生命有其本来的面貌，如何“生”、如何“存”、如何“死”，都有其自然的样态，譬如经由父母两性繁殖而出生、作为男性或女性度过一生、在死亡后长眠于世等。诸多生命科技虽然不断雕塑着这些自然的形态，但大多是一种维护性的篆刻，通常并不会改变其核心或本质，笔者称其为生命维护技术。但另一些生命科技，则可能重塑人类生命本来的面目，改变其核心的内容，产生颠覆性的影响，笔者称其为生命变异技术，譬如克隆生殖、变性手术、人体冷冻等技术。

第一节 人格权法对克隆人技术研究应用的规制

1996 年 7 月 5 日，克隆羊“多莉”出生。② 多莉羊的问世，打开了生命复制的魔匣，预示了克隆人类的技术可能性。这不仅引起了科学家、伦理学家、社会学家、法学家的普遍关注，也吸引了普通民众的目光。虽然旋即有立法出台，对此加以禁止；但争议并未就此消灭。20 余年过去了，正式的公开资料并未显示克隆人已经问世，喧嚣的反对声似乎也已经平息

---

① ［美］H. T. 恩格尔哈特：《生命伦理学基础》，范瑞平译，北京大学出版社 2006 年版，第29 页。

② ［美］理查德·W. 奥利弗：《即将到来的生物科技时代——全面揭示生物物质时代的新经济法则》，曹国雄译，中国人民大学出版社、北京大学出版社 2003 年版，第 109 页。

了关于克隆人的讨论；但“克隆人是否冒犯了人的尊严”问题尚未得到有效解决。①

虽然许多国家对生殖性克隆立法禁止，但仍有一些国家对此没有立法，也缺乏全球普遍参加的相应公约——联合国禁止克隆人的文件只是不具有法律约束力的宣言而非公约。一些私营机构或个人仍在继续克隆人研究。2012 年 12 月 27 日，布里吉特在美国迈阿密向法新社透露：世界上第一个克隆婴儿于 26 日降临人世，她的名字叫“夏娃”。② 虽然这些消息真假难辨，不过单纯就技术角度而言，一些科学家指出克隆人的诞生已经是技术可及的事情。这向人们提出了一个严肃的问题：法律应该如何对待克隆人？从人工生殖技术应用的历史观之，人工授精、试管婴儿最初遭遇反对，今日却被广泛应用；代理孕母起初也是非议声一片，现今已被部分法律接纳；似乎克隆人研究与应用的前景未必就如立法者所愿。进行相关研究，做好可能的预案，并非绝对无的放矢。

一　克隆人技术带来的人格权问题

克隆人对人格权法提出了诸多挑战，在法律上如何回应至今仍是困扰人们的难题。

（一）克隆人的人格确认困难

1. 克隆人非人说

一种观点认为克隆人非人。持这种观点的学者认为生物人因出生而获得民事主体资格，称为自然人。自然人是基于自然规律出生的生物人。克隆人属于无性生殖的人，并非基于自然规律出生，因此不能称为民法上的自然人，所以不能获得民法上的主体资格。③ 支持这种观点的论据有生物学的、社会学的、宗教等方面的理由。

2. 克隆人主体说

这种观点则强调克隆人属于自然人，应享有人的法律待遇。虽然许多科学家和民众反对克隆人实验，但他们中的一些人对克隆人却持宽容的态

---

① 张新庆、杨同卫等：《“生命尊严”系列讨论之二：生殖性克隆是否冒犯人的尊严》，《中国医学伦理学》2017 年第 9 期。

② 雷丽华：《邪教“雷尔教派”与克隆人》，《中国宗教》2003 年第 2 期。

③ 吕群蓉：《在人与非人之间徘徊——以民法“自然人”概念为基础分析克隆人》，《法学杂志》2011 年第 12 期。

度。《柳叶刀》杂志在讨论克隆人首要原则的社论中指出“人首先就是一个人，无论他或她是怎样产生的”[①]。一些学者指出，虽然完全有必要禁止克隆人实验，但应该把“一个通过克隆出生的个体视作一个享有全部公民权益的人”[②]。诺贝尔文学奖获得者石黑一雄的著作《别让我走》，讲的就是一个关于人类将克隆人当作器官供体的故事。这部小说让人们直面客体说的非道德性，反映了我们人类对克隆人技术最深沉的忧惧。

（二）克隆人的身份识别不易

什么是人？经典作家说，人就是一切社会关系的总和。在法律上，这些错综复杂的社会关系往往以身份的方式直观明了地加以体现，如父母子女、亲属、配偶、作者、消费者等。马克·奥热说，克隆人真正的问题是身份问题，因为身份必须以血缘和承认亲子关系为前提。所有与出生相关联的仪式都是为了更确切的辨认父母乃至祖先。性别和血缘的双重参照归根结底是我们对社会和个人的想法。如果克隆技术的实施导致否认这种双重参照的重要性，这会对人、对社会产生深刻影响：这将会导致形成一个被切断了血缘的人、一个几乎是孤独的、没有直系亲属的人。[③] 克隆人的亲子关系很难用传统父母理论去界定。卵子虽然来自女性，孕育的子宫也只能由女性提供，但她们都不提供遗传物质，克隆人与她们是母子还是陌生人？遗传物质提供者（亲本）可以来自男性或女性，克隆人与亲本的身份关系不明，他/她们之间是亲子、同辈还是其他？显然，克隆人在血缘关系上将会引起“翻天覆地的变化”。[④]

虽然人一旦出生就享有人格权，但人格权总是和每一主体独立捆绑在一起，如某个人的生命权、肖像权、名誉权等。而某个人的认定往往是借助生物特征来进行识别，譬如身份证上的肖像；譬如容貌被毁、证件遗失时的 DNA 鉴定等。如果存在克隆人，当出现一些故意或无意的混同现象，由于最终的生物学标志无法区别亲本与克隆人、同批克隆人之间的不同，可能会出现无法最终确定主体身份，从而使得权利主体的权利得不到救

---

① Editorial, “First Principle in Cloning”, *Lancet*, No. 353, 1999, p. 81.

② 张乃根、[法] 米雷埃·德尔玛斯—马尔蒂主编：《克隆人：法律与社会》，复旦大学出版社 2002 年版，第 99 页。

③ [法] 亨利·阿特朗等：《人类克隆》，伊达等译，社会科学文献出版社 2003 年版，第 54 页。

④ [法] 亨利·阿特朗等：《人类克隆》，伊达等译，社会科学文献出版社 2003 年版，第 54 页。

济。譬如科幻作品中展现的那样，一个克隆人杀死和自己一样的亲本或克隆人，替而代之。那个被杀死的人，由于根本不被人知晓，其权利被侵害也难以救济。

(三) 克隆人的尊严实现存疑

如果克隆人技术成熟，生活中出现许多克隆人，他们会否得到和其他“自然人”一样的对待是很值得怀疑的。有人认为这是一种新型的奴隶制，“在这种奴隶制形式里，克隆人将成为他们假定的基因组质量的表达工具……成为他们基因组的奴隶，同时又是为达到这一目的而把他们制造出来的人类群体的奴隶”。“这些克隆人有可能被视为是源自不同的种族的，或被视为是人类低等级的或后人类的异变。”① 相似但不同的另一种观点认为克隆人是违反人权的，它最终导致有组织地对人进行选择，其应作为反人类罪受到禁止。克隆人在反对者看来，就是技术的产物，某种意义上和冷冰冰的机器并无实质区别。克隆人的基因是被选定的，体现的是操作者的意志，克隆人的意志天生处于次等的、服从的地位，贬损了其作为人的尊严。②

二　克隆人技术的争议与法律选择

对于克隆人技术的出现，可以说是有人欢喜有人忧：有人认为它是科技的重大进步，开启了人类繁殖的新篇章；另一些人却认为它是潘多拉的魔匣，带给人类的是不可预知的灾难。

(一) 反对克隆人技术的理由

对于克隆人给社会可能带来的影响，一些学者表现出了深深的担忧，理由大体可以概括为以下几个方面。

第一，克隆人丧失自我。单纯从技术角度而言，只要有足够的卵细胞，克隆人可以存在无限多个。虽然，人的身心塑造很大程度上依赖于后天的教育熏陶，但生物因素的影响也不可忽视。由于具有与其原型完全相同的基因，由基因决定的生理特征，如与原型相同的体貌特征，甚至相同的生理缺陷和遗传疾病都会在克隆人身上重演和表达。在数量超过一个

① 张乃根、[法] 米雷埃·德尔玛斯—马尔蒂主编：《克隆人：法律与社会》，复旦大学出版社 2002 年版，第 93 页。

② 马中良、袁晓君、孙强玲编：《当代生命伦理学 生命科技发展与伦理学的碰撞》，上海大学出版社 2015 年版，第 74 页。

时，克隆人更有可能被视为一种“备胎”，有随时被取代的风险，因而导致克隆人丧失人格尊严、成为第二等存在的问题。克隆人是主体的对象，非主体。故此不应允许克隆人出生，民法应为克隆技术设置边界。[①]

第二，克隆人将使传统家庭解构，代际关系错位。无性繁殖的克隆人将打破世代传承的观念，颠覆双系家庭结构。随着克隆人的出现，传统两性结合的家庭模式会受到更多同性家庭的冲击，人类家庭结构模式会发生变化，生育与抚养的关系淡化甚至分离，对出生的后代也不甚公平。克隆人的身份在现行社会制度下难以界定，克隆人和原体之间是平辈还是长辈与晚辈间的关系？克隆人与原体的配偶、亲属间是何种关系？这些都难厘定。代际关系会因此出现错位与混乱，克隆人与其亲本（被克隆者）、与其亲本的配偶、子女及其他亲属间的关系，都变得错综复杂，更为重要的问题是他们相互间的权利义务关系也因此而混乱不清。

第三，克隆技术妨碍人类进化。克隆在微观层面上观之，是技术的一大进步；但就人类进化的宏观视野而言，则可能是一种退步。有性生殖使得个体生命充满着每一个基因的独特信息，使生命成为独一无二、神秘美好的存在。无性繁殖是一种低级繁殖方式，克隆动物大多存在胚胎发育异常和幼仔严重缺陷，还将使基因本身的力量和质量逐渐退化，终将使人类失去遗传的多样性，造成种族的退化。许多科学家指出，两性繁殖有利于基因融合，促进进化的多样性，是合乎物竞天择、适者生存的自然规律之生殖模式。而克隆是无性繁殖，是对亲本的直接复制，失去了基因融合的过程，丧失了多样性，不利于人类物种进化。克隆人类及克隆人类器官可能会改变人种。[②] 虽然基因技术或能缓和此种困境，但就基因筛选而言，同样存在筛选标准科学性的质疑。

第四，克隆人对生命尊严的冲击。克隆人技术一旦实现，对西方宗教生命观势必形成严重挑战。它既冒犯了神创论所衍生的天赐生命、人性尊严、神圣原则；也违背了两性繁殖、自然进化原则。在基督教会看来，克隆人涉及世界观的问题：人的生命究竟是上帝赋予、男女爱情的产物，还是可以任意生产的商品？在雷尔教派宣布制造出克隆人时，梵蒂冈教廷就

① 吕群蓉：《在人与非人之间徘徊——以民法“自然人”概念为基础分析克隆人》，《法学杂志》2011年第12期。

② Ke-Hui Cui, “Three Concepts of Cloning in Human Beings”, *Reproductive BioMedicine Online*, Vol. 11, No. 1, 2005, pp. 16-17.

严厉谴责，认为此举“毫无伦理道德和人性的考量”。教廷生命科学院指出，无性生殖的克隆，包括那些所谓以医疗为目的的说法，都是对人类的挑战，因为它使人的主体性变为玩物和异想天开的产品。据此，反对者认为，克隆人技术在现时观之，是弊大于利，纵使技术上可行，但伦理上不应该，社会上不宜为其开绿灯。[①] 欧洲议会就克隆人问题发表文件，其确信无论任何形式的克隆人类都是不道德的、令人厌恶的、违反了对人的尊重并严重侵犯了基本人权。[②]

（二）支持克隆人技术的理由

对于克隆人技术，一些人颇为欢迎。如以《时间简史》闻名的物理学家霍金就表示，关于克隆人的恐慌完全是大惊小怪，他并不觉得克隆人和长期以来大家制造兄弟姊妹的方法有什么根本区别。何祚庥院士也很早就指出，克隆人就像试管婴儿一样最终会被接受。赞成克隆人的人认为该项技术有以下积极影响。

第一，克隆符合孩子（克隆人）的利益，不会损害人类尊严。支持克隆生殖的人往往会陷入反对者设置的两难陷阱：如果克隆不安全，会伤害到孩子，则是错误的；如果克隆够安全，会改良孩子的体质，这种优生也是错误的（因为这就制造了先天不平等）；——其实克隆对孩子有益。[③] 克隆生育的孩子会清楚地知道自己是多么地被需要，就像其他通过人工生殖方式生育的孩子一样；他/她们通常是父母坚持不懈的努力和花费大量金钱得来的。而普通人中只有一些是被父母期待的；另一些则完全是父母性生活意外的结果。此外，克隆孩子的人不会刻意去保留缺陷基因，而会克隆健康孩子，这也符合孩子的利益。克隆人是否冒犯了人的尊严？答案是没有。对于克隆人而言，无“克隆”则无“人”，更遑论人之尊严。克隆技术的应用使得被克隆出来的人获得了人的要素，进而成长为人并拥有了人的尊严。[④] 科幻作品中总是强调克隆人与母本的完全一致，从而产生

---

① 张乃根、［法］米雷埃·德尔玛斯—马尔蒂主编：《克隆人：法律与社会》，复旦大学出版社 2002 年版，第 100—120 页。

② Ronald Dworkin，“Playing God：Genes，Clones，and Luck”，in Ronald Dworkin，*Sovereign Virtue：The Theory and Practice of Equality*，Cambridge，MA：Harvard University Press，2000，p. 439.

③ ［美］格雷戈里·E. 彭斯：《医学伦理学经典案例》（第四版），聂精保、胡玲英译，湖南科学技术出版社 2010 年版，第 200 页。

④ 张新庆、杨同卫等：《“生命尊严”系列讨论之二：生殖性克隆是否冒犯人的尊严》，《中国医学伦理学》2017 年第 9 期。

人格独立与身份认同方面的焦虑。其实，关于克隆人的这种心理焦虑、身份认同的预测都是一种猜测，而且往往缺乏可靠的科学依据，只是讨论者的主观猜测。就如同当初有人臆测人工生殖的孩子在知晓事实后会感觉不幸福一样，结果调研表明并非如此。在知晓事实后，孩子和父母的关系变得更亲密了，而不是疏远了。通常一个更肖似长辈的孩子得到长辈更多的关注和喜爱，而不是排斥。人是社会的、文化的、历史的动物，严格来说，人是独一无二的、不可复制的——种种社会的、文化的、历史的因素，在塑造人格时起到决定性作用；而这些恰恰是技术无法复制的。一个人无论是通过克隆产生的还是通过其他基因复制方式产生的，他都不会在广泛意义上的独特性方面和基因提供者表现得一样，没必要因此大惊小怪。①

第二，开辟了新的生殖模式，有助于巩固传统家庭。克隆为生育权的实现提供了新的路径。人类克隆的出现使得法院必须考虑亲子关系的社会制度，并寻找新的方法来定义旧观念不能处理的现代复杂性亲子关系。一些法院已经依据社会性定义来解决这些问题，依靠生产的意图与选择作为决定现代家庭的因素；另一些人转向科学，在亲子关系的遗传概念中寻找真理和权威。克隆技术第一次将基因、妊娠和意愿变成完全可控制和彻底相分离的不同事项。② 一些科学家坚信，就像人工授精、试管婴儿技术一样，克隆人技术也可以帮助不孕夫妇，最终为大众接受，并“供少数人在特殊情况下使用”。③ 就像助孕技术帮助维持了父母子女的传统家庭结构一样，克隆技术也可以帮助维系传统亲子组成的家庭结构。重建家庭的重要性远远超过受孕的形式。当然，克隆人只能是在克隆技术成熟后并被正当运用的前提下出生。正当与否的判断标准是：（1）除克隆外没有其他技术途径可达成生育目的；（2）应用此技术的目的具有道德合理性。④

第三，克隆人不会损害人类基因多样性。克隆人对人类基因库的影响

① NM Morales, “Psychological Aspects of Human Cloning and Genetic Manipulation: the Identity and Uniqueness of Human Beings”, *Reproductive BioMedicine Online*, No. 10, 2009, pp. 43-50.

② W. Nicholson Price II, “Am I My Son? Human Clones and the Modern Family”, *Columbia Science and Technology Law Review*, No. 11, 2010, p. 119.

③ ［美］理查德·W. 奥利弗：《即将到来的生物科技时代——全面揭示生物物质时代的新经济法则》，曹国雄译，中国人民大学出版社、北京大学出版社 2003 年版，第 203—204 页。

④ 张新庆、杨同卫等：《“生命尊严”系列讨论之二：生殖性克隆是否冒犯人的尊严》，《中国医学伦理学》2017 年第 9 期。

很小甚至几乎没有。现今全球人口六十多亿，需要使用克隆技术的人很少，能够成功达成愿望的数量会更少。有更为便捷和愉悦的生育方式，相信大多数人都知道如何选择，而不会一窝蜂地追逐克隆人生殖模式。医疗目的原则也会限制跟风现象，使克隆人生殖限定在法律允许的界限内。即使克隆人数量达到百万级，相对于六十多亿的数目仍然是微不足道的。人口遗传学中的“回归均值规律”表明，如果有巨大的人口生殖，随着时间推进，异常值将被正常化。①

第四，允许克隆技术是“保持科学独立性”的需要。一些科学家坚信从克隆羊走向克隆人是科学的必然，因此没必要因为其违背了某些人的信仰而阻止它的发展。他们坚信，克隆技术控制得当将大大有益于人类的健康幸福。② 2001 年 8 月英国独立报对 32 位科学家进行调查，超过半数的科学家认为，如果技术和安全困难能够克服，那么 20 年内将诞生克隆人。“如果克隆人对人类有利，那么即使它被禁止于一时，但不可能永远被禁止。”③ 克隆人的成功实践将会平息关于生殖性克隆歇斯底里的争议。

（三）克隆人技术的立法规制

在克隆人的法律管控上，学界存在控制说和禁止说两种观点。控制说认为，有性生殖与无性生殖创造出来的都是同样神圣的人类生命，应该允许无性生殖作为人类的补充生殖方式；哪些人可以被允许克隆，如何确定克隆人在家庭法、亲属法等法律中的身份地位才是克隆人法律控制的重点。禁止论则认为，克隆人以无性生殖代替有性生殖，是强暴自然、违反人类繁衍规律的大逆不道行为，它将使人类生命形式的丰富性逐渐消失，可能导致人种退化、冲击法律观念、引起社会动荡，诱发社会失控，应该严厉禁止。④

笔者赞同克隆人控制说。认为克隆人违反自然就是大逆不道的观点有些武断。人类科技发展、社会进步的历史就是不断打破自然束缚的历史，是从必然王国走向自由王国的历史。点燃火炬打破黑暗，人类才得以走向文明；人造卫星冲破地球引力才能漫游太空；人类改变基因病态面貌才能

① ［美］理查德·W. 奥利弗：《即将到来的生物科技时代——全面揭示生物物质时代的新经济法则》，曹国雄译，中国人民大学出版社、北京大学出版社 2003 年版，第 194 页。

② 王庆跃主编：《从夏娃到克隆人》，珠海出版社 2002 年版，第 129 页。

③ 赵寿元：《造福人类的遗传学》，上海科技教育出版社 2000 年版，第 61 页。

④ 张乃根、［法］米雷埃·德尔玛斯—马尔蒂主编：《克隆人：法律与社会》，复旦大学出版社 2002 年版，第 66 页。

治愈遗传疾病。完全顺其自然，人类可能至今还在过茹毛饮血、穴居生存的原始生活。人类对自由的渴求促使我们不断打破自然，人类中心主义本就是不契合自然的，然而它却是几千年文明的基石。克隆人冲击法律概念？确实会的，但是在一切都需与时俱进的社会，法律有什么理由能够保持始终不变呢？迈向回应型法，是现代法的一种趋势。法律对人工生殖技术从反对、禁止到许可、支持的接纳过程就生动地展现了法律的变革必要性和变革可能性。

但就现阶段的立法活动而言，显然禁止说获得了优势。在多莉羊诞生之前，各国就已有法律对克隆人予以规制，克隆羊出世之后，立法更是加快了脚步。基于对克隆人的担心，一些国家和国际组织对生殖性克隆技术采取了立法行动。英国、日本、美国、法国、俄国、意大利都在 2000 年通过法案，禁止人体克隆。我国政府明确表示不赞成、不允许、不接受、不支持生殖性克隆人实验，但支持治疗性克隆研究。一些禁止克隆人的公约也相继问世。联合国在禁止克隆技术方面的努力成效不大，由于分歧难以弥合，法律委员会最终不得不寻求不具有法律约束力的政治性宣言，而放弃起草禁止克隆人的公约。2005 年联合国大会最终以 84 比 71 的微弱多数通过了《联合国关于人的克隆宣言》。我国代表对此投了反对票，中国代表苏伟强调，我国将加强对治疗性克隆研究的管理和控制，继续反对生殖性克隆。① 克隆人立法终将走向何方，科学家的参与程度以及技术的成熟度将成为关键性因素，我们不妨拭目以待。

三　人格权法对克隆人技术的回应

（一）克隆人主体资格认可

克隆人实验虽然被法律禁止，但笔者以为：克隆人如果出现，应该被作为人加以对待，承认其自然人资格和主体地位。

1. 反对克隆人之论据分析

反对克隆人的指控大都指向此类技术可能的负面影响，而并非克隆人本体，这在某种意义上表明克隆人本身无可厚非，所以批评者也难对其加以指责。克隆人自身是无辜的，只是在生殖方式上与“我们”不同，不

① 邹德浩：《我国为何反对“克隆人声明”》，《环球时报》2005 年 2 月 21 日第 24 版。

该受到“我们”的歧视、凌辱、排斥，应当得到尊严。[①] 而批评者担心的因素也非确定无疑或无可救药。

认为克隆人会破坏世代、家庭制度的观念并非无解。早有学者提出可以依据克隆人和亲本间的年龄差距，来确定世代谱系。至于家庭制度会否被破坏，一定程度上取决于该技术应用的管控。就如人工生殖技术，一开始也被担心会颠覆家庭制度，但在法律管控下，实践证明一些人当初担心的事项并没有发生，反而为维护传统家庭制度添砖加瓦。

认为克隆人会破坏进化的担忧多少有点杞人忧天的意味。首先，克隆基因的表达和翻译存在错误的现象，是由于技术不成熟所致，法律管控下的克隆人当然需在技术安全性有保障时才被许可。其次，认为克隆会取代有性生殖从而使人种退化，那就必须是社会中大多数人选择放弃有性生殖，转而寻求单性繁殖才可能出现的情况。克隆人技术与人工生殖一样，相信即使能够实行，大多人仍会选择有性生殖。如此一来，人类基因的多样性不会丧失，甚至一些不能自然生育的人，也可以通过克隆保留其基因，可能还会丰富人类基因库。

至于宗教的理由，这个就毫不新奇了。1616 年的教皇保罗就指控伽利略试图扮演上帝。人工生殖技术问世之初，也被指控人类试图扮演上帝。但随着科技的发展，教廷最终改弦易辙。在克隆人问题上，教廷虽然反对，但一些宗教领袖也认为，如果能够通过克隆使不育教徒得到具备自己基因的孩子，也应该允许。[②]

再退一步，即使这些理由都成立，被克隆出来的人又是何其无辜！毕竟出生是我们所有人都不能选择的处境，如果需要有人对此负责，也应该是违背规则的克隆实验者，一意孤行的委托人，而不是纯洁如羔羊的克隆人。

2. 克隆人具备自然人的要素

生育的自然状态已经是一个不断被改写和重新诠释的概念。自然人的本意确实是指基于自然规律出生之人。但随着科技发展，特别是现代生殖技术的实践，使得生育不断融入科技和人文的色彩，“自然规律”不再是完全“自然”的了。例如，在罗马法上，主要依据以下四个方面对自然

① 张新庆、杨同卫等：《“生命尊严”系列讨论之二：生殖性克隆是否冒犯人的尊严》，《中国医学伦理学》2017 年第 9 期。

② 黄丁全：《医疗法律与生命伦理》，法律出版社 2004 年版，第 391 页。

人进行判定：首先，婴儿必须完全同母体分离；其次，它是生下存活的人；再次，分娩应当是完好的，不能产生于流产；最后，新生儿必须具有人的形态。[①] 这是一个原始的、与当时社会生命科技水平相适应的判断。随着生命科技进步，人的界定标准也在变化。自然人概念的通说是“基于自然规律而出生的人”[②]，这在十几年前也是学界的共识。但是近些年来，对自然人概念的表述已经发生改变：“自然人即生物学意义上的人，是基于出生而取得民事主体资格的人。”[③] 这种概念变化是与我们时代生殖科技的发展适应的。由于生殖保健、剖腹生产、人工授精、试管婴儿、代理孕母等技术的滥觞，生殖的自然面貌都被技术改变，已经缺乏纯粹的自然，强调基于自然规律出生在法律上已经有些不合时宜。因此徐国栋先生才会说，“出生不是一个自然，而是一个严格处于法律干预下的‘人文’”[④]。在此，法律更进一步，承认克隆是一种造人的方式，是基于自然规律出生并不存在不可跨越的障碍。

现在法律中的自然人概念，强调作为自然人被认可的条件通常有二：其一，他/她是生物人，在基因谱系中属于人类；其二，他/她已经出生。符合这两个条件即可获得法律人格。如德国《民法典》第 1 条规定“人的权利能力自出生开始”，这已成为大陆法系之通约。我国《民法典》第 13 条规定“自然人从出生时起到死亡时止，具有民事权利能力，依法享有民事权利、承担民事义务”。这个规定也没有对自然人进行界定，实际是认可所有已出生的生物人即为自然人。克隆人属于已经出生的生物人。克隆人在基因谱系中的生物人地位毋庸置疑：克隆人是对亲本的复制，继承了亲本 98%的基因（另有约 2%源于去核的卵子），因此其生物人地位没有疑问。本书要讨论的克隆人当然也得是“出生”的人。在生命伦理学界，对人类物种成员在人类社会中的定位，存在平等主义与等级主义两派观点。平等主义观点强调所有人类成员，甚至受精卵、胚胎、胎儿等，在价值和权利上都是平等的；等级主义学说则对各色人等进行划分，认为不同等级的人在价值和权利上是不平等的，最基础的划分就是位格成员和非位格成员。依据等级主义学说，位格是理性的个体，不仅仅是生物学意

① ［意］彼得罗·彭梵得：《罗马法教科书》，黄风译，中国政法大学出版社 1996 年版，第 30 页。

② 郭明瑞主编：《民法学》，北京大学出版社 2001 年版，第 41 页。

③ 王利明：《民法》，中国人民大学出版社 2020 年版，第 60 页。

④ 徐国栋：《民法哲学》，中国法制出版社 2009 年版，第 186 页。

义上的人；不是所有的人类都是人（拥有位格）。[①] 获得位格的时间点是等级主义面临的难题，通常提出的标准有出生、体外存活、胎动、产生知觉、获得生命等。在法律上，这些标准都有其被接纳之处。出生是获得民事权利能力的标准，被大多数国家民事立法所接纳。体外存活、胎动往往是限制堕胎法参考的依据。而拥有知觉是禁止生殖性克隆立法的一个历史标准（此前国际上受精卵培植研究被限定在 14 天内，是因为依据科学标准，14 天之后的受精卵会开始神经细胞分裂，产生知觉）。无论依据哪一个标准，已经出生的克隆人都能够满足，否认其位格在生命伦理学上是不能立足的，在法律上也是无法证明的。克隆人不应被看作实验室里培育出来的科学怪物，而应被视为多元文化价值体系中的社会一员。克隆人也有其后天成长的独特环境，并受其所在的家庭、社会与文化各方面影响，可以形成独立人格。因此克隆人取得主体资格的条件都已具备。法律应确认其自然人身份。

3. 否认克隆人为自然人的不合理性

首先，否认克隆人为自然人对克隆人不公正。如果仅仅因为法律禁止克隆人实验就否认克隆人的自然人资格，这是不合理的。如同我国实行计划生育，禁止超生，那么可否据此否认超生儿童的自然人资格呢？显然不能。禁止克隆人实验和禁止超生都是管理性规定，确认自然人资格是赋权性规定。就逻辑推理而言，违反管理性规定不能当然导致失权状态。如果因为克隆人基因表达和翻译缺陷导致生命质量低下，可以否认其人格吗？这一点其实完全可以比照残疾人来对待。如果克隆人通过了孕检程序，带着严重生命缺陷出生，那么他和普通先天严重残疾儿并无区别。法律通常并不否认这类残疾儿的人格，相应的政策完全可以适用于克隆人。其实克隆人也好，超生儿、严重残疾儿也好，健康人也罢，对于人类来说，出生是个体自己最无能为力的，不可抗拒的事实。不能因此去惩罚个体是自然正义的要求。

其次，否认克隆人为自然人，可能带来对其他自然人的不公，产生法律滑坡效应。对生物人加以分类，仅选择部分群体赋予其主体资格，承认其为法律上的人，是法律曾经的做法，“古代繁杂的人法似乎以制造两种

---

① ［美］H. T. 恩格尔哈特：《生命伦理学基础》，范瑞平译，北京大学出版社 2006 年版，第 252—276 页。

人的分裂为能事”[①]。如奴隶制社会的法，公然否认奴隶作为法律主体的资格。今天虽然承认这些做法在当时具有相对合理性，但今日如果重新复活这些制度却绝非合理。“现代人法的最大特征是两种人的重合，即所有生物学意义上的人都是主体。”[②] 这是人类长期努力的成果。如果因为克隆人而否定这一成果，那将是法律的一种倒退。可能会带来的滑坡效应是人将再次因为种种不同而被分类对待，丧失主体性和平等性。承认克隆人确实会带来诸多法律难题，但法律并不会完全束手无策。否认克隆人，也并不能一劳永逸。无差别地赋予克隆人主体资格是防范此类风险的一个必要而有力的措施。

（二）克隆人身份制度安排

科幻电影也不遗余力地揭示克隆人通过挑战身体的唯一性所带来的社会关系变动，警示克隆人价值所包含的“恶托邦”想象的风险。[③] 但其实克隆人作为社会成员拥有人格独特性，表现为不仅与有性生殖的普通人不同，也区别于和他/她基因存在一致性的亲本。克隆人必然会在属于自己的行为模式和社会生活中烙印自己的独特生命痕迹，形成不同于亲本的人格。一个显著的例证是即使同卵双胞胎，由于其生命轨迹的不同，不仅在行为举止、谈吐气质等方面表现差异，甚至在容貌体格、健康状况等方面也会大相径庭。基于这种社会独特性，在法律上予以克隆人独立的身份设置是完全必要和可能的。

一个克隆人诞生，需首先确定其身份关系，特别是亲子关系。因为亲子关系是人类抚养制度的基石，是建立其他社会关系的前提。身份以及社会关系难以确定的特征会导致一系列社会问题，例如克隆人在继承母本或者母本父母的遗产时如何界定法律上所享有的权利？所以，有学者指出：克隆人可能会导致父将不父、母将不母、子将不子的尴尬局面，严重破坏人类的伦理和法律秩序。[④] 有人担心“一卵多胎同胞”会成为现实。假设祖孙三代由同一来源的“种子”，那么这种人伦关系会显得非常难以接

---

① 徐国栋：《中国民法典起草思路论战》，中国政法大学出版社 2001 年版，第 162 页。

② 徐国栋：《中国民法典起草思路论战》，中国政法大学出版社 2001 年版，第 162 页。

③ 黄鸣奋：《电影创意中的克隆人：从科研禁区到科幻热门》，《探索与争鸣》2017 年第 7 期。

④ 韩东屏：《反思关于克隆人问题的讨论》，《武汉科技大学学报》（社会科学版）2001 年第 4 期。

受。[①] 安排好克隆人在法律中的身份地位，确实是非常重要的。在克隆人身份确定方面，笔者认为也可参照前文提出的界定人工生殖子女亲子关系三原则。在人工生殖儿童的亲子关系确定方面，前文提出了“尊重生殖意愿原则”“超越基因联系原则”和“兼顾儿童利益原则”。在克隆人身份确定问题上，笔者建议继续坚持此三原则。

首先，克隆人的身份应尊重委托者的生殖意愿来确定。进行生殖克隆的委托者，通常都有较为明确的生殖意愿，如不育夫妇提供自己的或子女的细胞，意图克隆自己的子女。委托人的生殖意愿是生育自己的儿女，成为克隆婴儿的父母。此时，可以考虑将克隆人与委托人之间的关系界定为父母子女关系。如果委托人克隆的目的是为母本延续血脉，克隆出母本的子女，则此时克隆人与母本为父母子女关系，与委托人的关系则需借助委托人与母本的关系再行界定。例如委托人与母本原本是父母子女关系，则克隆人与委托人为祖父母与孙子女关系。

其次，克隆人身份的确定应超越基因联系原则。理论上讲，生殖克隆之初衷就是维持基因的延续。因而委托人通常会使用自己的基因或自己亲属的基因。因此，克隆人与委托人存在基因联系是常态。但在委托人为夫妻双方时，由于克隆的单性繁殖特点，提供主要遗传物质的只能是一方，另一方配偶与克隆人往往缺乏基因联系。此时，坚持超越基因联系规则和尊重生殖意愿规则可以确定委托人夫妇与克隆人为父母子女关系，而不只是其中一方与克隆人存在亲子关系。此外，克隆细胞捐赠的情况下，细胞的捐赠者并不一定有成为父母的愿望，使用捐赠细胞者也不一定有共享亲权的意图。因此不宜基于基因联系而推翻其生殖意愿，需超越基因联系原则。

最后，克隆人身份的确定应兼顾儿童利益原则。克隆人的身份确定应该遵循儿童最佳利益原则。对克隆人与遗传物质提供者、供卵母亲、生育母亲、其他机构或个人的关系进行契约安排时，除应合乎法律和合乎公序良俗外，还应当充分维护克隆儿童利益。否则，此类契约不应执行。有学者建议婚姻家庭法对克隆人作以下规范：克隆技术的使用者限于不育夫妇，排除同性恋家庭；夫妇对生殖克隆一致同意且现无子女；克隆人与基因提供者无法律上的权利义务关系，仅具有禁止近亲结婚的效果；供体只

---

① 杨沛：《克隆技术对生命伦理的冲击》，《科技风》2018 年第 11 期。

能提供一次基因克隆以防过多基因雷同的人存在；克隆人与委托夫妻之间为亲子关系。[①] 这个建议体现了对儿童利益的维护。其不足一是委托人范围限定过严，将现代许多国家认可的同性恋伴侣排除在外，限制了这部分群体的生育权。二是仅仅将委托生育夫妇与克隆人之间的关系限定为亲子关系，排除了其他亲属关系之可能，不一定与人们的观念一致，也可能在某些情况下带给克隆儿童困惑。因此笔者建议对克隆人身份增加一些规范，以保护现行秩序和克隆人利益。

其一，保障克隆人在具有亲属关系的家庭环境中成长。在符合克隆条件大前提之下，禁止委托人克隆与自己无法律上亲属关系之人；鼓励以建立亲子关系为目标的克隆；限制以建立祖孙关系等亲属关系为目标的克隆。克隆一个和委托人在法律上没有亲属关系的人，是人为制造“孤儿”，不符合儿童利益，应该禁止。

禁止委托人双方年龄超过60周岁的克隆生殖。因为现阶段我国人均寿命不足80周岁，而成年年龄为18周岁。为克隆人抚养计，法律应该规定委托人至少应有一方年龄不能超过60周岁，否则禁止其克隆。若允许在双方都高龄时仍克隆生殖，将使克隆人面临法律上的抚养人缺失等重大风险。因此，对此以事先禁止为宜。同时，这也可以排除机构获得克隆人监护权的概率，防止对克隆人的奴役与剥削。

禁止委托人与克隆人年龄之差小于20周岁的生殖克隆。我国法律规定的成年年龄为18周岁，女性婚龄为20周岁。这可以成为我们确定委托人与克隆人身份关系的参考依据。建议规定禁止未满20周岁的自然人进行生殖克隆。这样可以避免未成年人成为父母，也可以减少婚外生育，既保护现存的未成年人的利益，也保护潜在的克隆人的利益，使其得以在有完全行为能力之父母、父母可缔结婚姻的抚育环境下成长。

其二，委托人对克隆人与委托人身份关系的意愿应符合常情，以减少克隆人的生活困扰。

禁止将克隆人确定为委托人的长辈。由晚辈“制造”长辈的生殖行为，不仅不符合生活常理，也不符合克隆人的利益。克隆长辈的做法可能使克隆人一出生就面临无父无母的状态，在抚育、人身权益、财产权益等方面都可能无法保障。

---

① 吴汉东主编：《高科技发展与民法制度创新》，中国人民大学出版社2003年版，第193页。

委托人低龄的一方与克隆人年龄差距20—40周岁的，双方委托人与克隆人间身份关系应确定为父母子女关系。依据婚姻法规定，自然人结婚的最低年龄为20周岁，假设其20周岁时即结婚并立即生育，其子女也在同样年龄结婚生育，在40岁之前，仍不会有孙辈出生。可见，在自然人依法进行婚育时，40岁之前不可能生出孙辈。至于违法早婚早育，非属社会常态，此处不予参照。由此可知新生儿与父母年龄差距在40周岁以内属社会大数现象。克隆人与委托人的关系可参照此现象确定为父母子女关系。另外，自然生殖的情形下，也会存在年龄差距20—40周岁的兄弟姐妹。但笔者不建议将此年龄差距段的委托人与克隆人确定为兄弟姐妹关系。理由是若委托人父母已去世，则委托人为自己克隆一个兄弟姐妹，会使其一出生就无父无母，不符合儿童最佳利益原则。若委托人之父母健在，其父母欲克隆子女应自己充当委托人。但其父母已有委托人这一子女，不符合克隆制度要求的委托人无子女条件，也不宜进行克隆。

委托人低龄一方与克隆人双方年龄差距40—60周岁的，其身份关系参照基因来源，依据委托人意愿加以确定。若基因系源自委托人自身或捐献者，则委托人只能确定其为自己子女。若基因来源于委托人已离世的子女，则依据委托人意愿确定为父母子女关系或祖父母、外祖父母与孙子女、外孙子女关系。这样既照顾了儿童尽可能在具有亲子关系的家庭环境中成长的利益，也兼顾了尊重委托人意愿与社会伦理的需要。

克隆人与委托人之间身份关系确定后，其他亲属关系以此为据加以推导，均可确定。卵子提供者通常无意成为克隆人的母亲，在克隆生殖中也很少提供遗传物质，可比照人工生殖中的配子捐献者，排除其与克隆人之间的亲属关系。生育母亲如非遗传物质提供者，可依据其意愿参照试管婴儿或代理孕母的制度确定其与克隆人的关系。其他机构或个人与克隆人的身份关系依据收养法、婚姻家庭法等确定。

（三）克隆人人格尊严维护

把克隆人看作“我们”中的一员，不在其成长、学习、就业、婚嫁等方面设置壁垒，完全和我们一视同仁，克隆人就不存在尊严沦丧的危机。认为克隆人是奴隶、是机器，因而其人格尊严难以得到和维护的看法本身就是陷入了论证的逻辑循环。这种看法把否认其人格作为前提，把不能维护其人格作为结果，是以因为果，以果为因，犯了论证上的循环错误。当我们不把克隆人看成没有人格的奴隶、冷冰冰的机器，而是和其他生物人一样的主体，承认其法律人格和尊严，维护其人格就不是不可能完成的任务。

在克隆人这一事实对他人不生负面影响时，克隆人无须宣示自己的特殊出生渠道。但涉及缔结婚姻时，如果克隆人的出生方式会对配偶的婚姻权利产生实质性影响，如存在不育或其他问题，相对人的知情权要求克隆人履行告知义务；同时相对人负有保密义务。这就像许多婚恋者，因为披露自身患有疾病或身怀缺陷，可能被拒绝或接受，但我们不会因此否认其人格尊严；克隆人也一样不会因此就被剥夺尊严。

第二节 人格权法对变性技术应用的规制

变性手术是性别重置手术的俗称，即 Sex Reassignment Surgery，简称 SRS，是指为使易性癖病患者的生理性别与心理性别相符，通过整形外科手段如组织移植和器官再造，即切除患者原有的性器官、重建新性别的体表性器官和第二性征的医疗行为。易性癖是指个体有性身份认同障碍，持续地感受到自身生物学性别与心理性别之间的矛盾或不协调。易性癖者“性”与“性别”是冲突的，其心理上自我认同的性别与其生物学上的性别并不一致，他们想要改变自己的生理性别，以自己认同的心理性别来生活。[①] 易性癖一度被视为一种反自然的亵渎行为，患者曾经甚至受到行政、司法的惩处；后来又认为易性癖者是父母幼年性别教育不当所致；目前国外有科学实验已发现部分易性癖者的易性癖倾向与大脑组织结构异常有关。因此现在更多强调易性癖为一种疾病，且致病原因先天因素居多。1931 年，世界上第一例公开报道的变性手术在丹麦获得成功；媒体关于我国变性手术的首例公开报道是在 1980 年。[②] 为规范变性手术技术应用，保护变性者合法权益，卫生部于 2009 年颁布了《变性手术技术管理规范（试行）》（以下简称《变性手术规范》）对开展变性手术业务的医疗机构及人员等提出了要求，对受术主体的资格条件等做出了限制，为我国变性手术提供了法律指引。不过对变性手术还存在一些认识和规制方面的问题。

① 高桂云、郭琦主编：《生命与社会：生命技术的伦理和法律视角》，中国社会科学出版社 2009 年版，第 326 页。

② 莫爱新：《变性人私法问题研究》，《中国性科学》2012 年第 6 期。

一　变性手术引发的人格权问题

（一）变性手术对身体健康权的挑战

变性手术需要对受术对象的身体进行改造，因而首先涉及身体权。变性手术并非普通的整形外科手术，不仅仅是对第二性征的整复，而是对生殖器官的改造，改变了受术者的生理性别。由于变性手术的复杂性与专业性，国外医学界称变性手术为“性别工程”。[①] 这种治疗使受术对象从第一性征到第二性征都发生改变，相当于重塑身体。男变女易性术中，男性睾丸被切除，再构造阴道、阴蒂和阴唇；另外通过胸部、喉结等外部整形手术使其外表更女性化。女变男易性术中，女性生殖器被闭合或切除，再通过阴蒂释出术或阴茎形成术进行男性生殖器再造；最后对乳房、髋部、臀部等进行外部整形使其外观更男性化。[②] 传统的身体权理论认可的身体权权能包括身体完整性不得破坏。[③] 现代的人格权法理论认为身体权包括主体对身体的有限支配权，但此种支配，限于符合法律和公序良俗前提下的身体部分之放弃或改变；器官或组织之捐献；相关诊疗之拒绝等。[④] 变性手术这类对身体的支配是否在合理限度内，不无疑问。

变性手术毫无疑问会损害受术者的身体健康：受术者虽然在性器官和其他性征上具备了异性的外观，但其染色体不会改变，因而其在遗传学上的性别没有变化；相反，为维持此种人造的外部性征，受术者需终身服用性激素。受术者无论男女都将丧失生育能力，其性能力也会受到影响。[⑤] 变性手术的这种现状使得部分变性者哀叹：自己并不是从男性变为女性，或从女性变为男性，而是变成了不男不女的第三性。健康权在一些学者看来，仅仅是防卫性权利，并不具有支配性。认为其有支配性的学者，也坚持健康权人只享有有限的支配权能。杨立新先生指出，健康权最基本的权能之一是健康维护权，强制性改善公民健康的行政措施是维护个人健康和公共利益的必要手段；对于放弃健康的患者给予强制治疗是合乎人道主

---

① 陆俊杰：《性别选择与法律之回应——法理视野中的变性手术》，《医学与哲学》2007 年第 7 期。

② 曹元华、陈志强主编：《中国女性皮肤病学》，中国协和医科大学出版社 2009 年版，第 926 页。

③ 杨立新：《人身权法论》，人民法院出版社 2002 年版，第 399 页。

④ 王利明：《人格权研究》，中国人民大学出版社 2005 年版，第 351 页。

⑤ ［美］格雷·F. 凯利：《性心理学》，耿文秀等译，上海人民出版社 2011 年版，第 426 页。

义，因而是适宜的。[①] 有人认为，变性手术会对受术者身体健康造成重大伤害，医生实施变性手术有实施故意伤害罪之嫌，被害人的承诺免责在此不能适用。那因为变性手术而自我损害健康的行为是否为健康支配权所涵摄的合法行为呢？

（二）变性手术对主体性权利的冲击

联合国《性权宣言》指出："性是每个人人格之组成部分，其充分发展依赖于人类基本需要……性权乃普世人权，以全人类固有之自由、尊严与平等为基础。"性别不可变更是许多传统法律与伦理的通约，变性手术则会打破这一规则，对传统性权利的边界产生冲击。学者指出，自然性别承担着主体角色辨认、人类繁衍、特定秩序维持的重要功能；社会特定的性别文化形式与法律结构也是由自然而生的性别差异所催生。[②] 变性手术使性别改变成为现实，让易性癖患者获得重新选择性别的机会，但这是否为性权利、性自由权或性自主权涵摄？性权利包含选择自己性别的权利吗？性自由或性自主权赋予了主体改变性别的自由吗？

（三）变性手术对婚姻自主权的影响

"婚姻自主权是公民按照法律规定，自己做主决定其婚姻的缔结和解除，不受其他任何人强迫或干涉的人格权。"[③] 变性人可以以变性后的性别缔结或维持婚姻吗？变性人缔结婚姻时，有无义务向交往对象披露自己变性的信息？如果不披露，相对人的婚姻自主权如何保障？如果配偶一方进行了变性手术，使自己变成了和配偶相同性别的人，他们/她们的婚姻如何界定呢，是当然无效，还是必须解除？或是可以维持？变性人和其配偶的婚姻自主权如何平衡？

二 变性手术的人格权依据分析

（一）基于身体健康权的变性手术

1. 易性癖的疾病定性支持基于健康权的易性手术诉求

易性癖是一种罕见的性身份障碍，在 1938 年首次被报道，1949 年

---

① 杨立新：《人身权法论》，人民法院出版社 2002 年版，第 429—435 页。

② 陆俊杰：《性别选择与法律之回应——法理视野中的变性手术》，《医学与哲学》（人文社会医学版）2007 年第 4 期。

③ 杨立新：《人身权法论》，人民法院出版社 2002 年版，第 739 页。

Caldwell 正式命名其为“易性癖”（transsexualism），此类人则被称为“易性癖者”（transsexual）。易性癖是不是疾病？如果是，它是生理疾病还是心理疾病？这在学界经历了漫长的研究和讨论。

社会学研究不主张将易性癖定性为疾病。关于“性”与“性别”，著名性学专家哈利·班杰明说：“性（Sex）是你所看到的，性别（Gender）是你所感觉到的。”社会构建主义者认为性态本就是一种社会构建，如波伏娃所说：“一个人并不是生为女性，而是变为女性。”[①] 易性癖例证了社会坚持“性”（器官）与“性别”（公众对于一个人属于此性或彼性的分类）必须一致。[②] 这种解释不无道理，如法律上只认可男性与女性两类性别，无性人、双性人、流性人[③]等虽存在，法律与社会观念则并不认可，当事人必须择一登记甚至需通过医疗选择其中一种性别。基于对这种社会构建的反抗，或者说妥协，1993 年 8 月在美国休斯敦，“变性人法律和就业政策国际联合会”通过《变性人医疗法律标准》，强调“人们有权通过改变身体外表（包括利用荷尔蒙治疗与变性手术的方式）来表达他们的性别认同”[④]。社会学认为，不将变性作为疾病显然更尊重人权。

易性癖定性为疾病的必要性主要在于医疗诊治、医疗保险、法律制度等方面的切实需求。1990 年第 43 次世界卫生大会通过的《疾病国际分类》，将易性癖认定为性别认同障碍（Gender Identity Disorder），确定了其疾病属性。美国精神病学将这种性身份障碍定名为易性癖，以方便医学诊断与患者治疗。世界变性人健康专业协会制定的《哈利·班杰明性别识别障碍医疗标准》中也强调这样做的目的是保障患者权利而非将其污名化。

合规的变性手术是对疾病的物理治疗，是医疗行为而非致害行为。有人认为，变性手术会对人体的健康造成重大伤害，医生实施变性手术有故意犯罪之嫌。有学者指出，易性癖病因是在心理方面，其身体是完全健康

---

① ［法］西蒙娜·德·波伏娃：《第二性》，陶铁柱译，中国书籍出版社 1998 年版，第 249 页。

② ［美］理查德·A. 波斯纳：《性与理性》，苏力译，中国政法大学出版社 2001 年版，第 31—35 页。

③ 关于“流性人”，不同的时间里，性别认知会出现不同的结果，个体内心男性和女性的性别特征、表现常常交织在一起，脱离了传统的性别框架。参见李静《变性手术技术的哲学审视》，硕士学位论文，华中科技大学，2016 年。

④ 李燕：《变性手术法律标准研究》，《社会科学》2012 年第 1 期。

的，不去治疗心理病态使其适应健康完整的身体，却破坏健康完整的身体去适应心理异常，这绝非最佳选择，也非治本之术。[①] 变性手术是恢复健康还是毁坏健康？对变性手术毁坏健康的质疑事出有因：受限于医学水平，现在的变性手术无法实现真正意义上的生理性别改变，只是将患者的外观变为异性。变性手术还不能完全解决易性癖患者的困扰，反而会损害其身体健康，故还存在着一定的争议。但对于易性癖患者来说，生理正常但心理痛苦，不改变则身心对立不能协调。如果心理性别的认知无法改变，改变身体性别来契合心理认知也是一条出路，胜于心理和生理时时刻刻处于撕裂状态。虽然接受变性手术会付出一定的健康代价，比如失去生育能力等；然而相较于忍受自己无法认同的性别，过自己无法接受的生活，变性手术是自甘风险行为。

变性手术是易性癖这种疾病的最终治疗手段，健康权是其请求权依据。基于健康权，患者有治疗疾病、恢复生理健康的权利，因此作为治疗该类疾病方法的变性手术也就有了法律上的合理性。变性手术可以看作两害相权取其轻的一个选择，患者的选择也证明了其必要性。有的学者形容这是“螺蛳壳里做道场”，是只能在狭窄逼仄的环境里做出的策略性选择。[②]

2. 易性癖治疗方法为易性手术提供了身体支配的正当性

对易性癖是应该进行心理治疗还是进行手术变性治疗，在医学界曾存在争论。多数精神科医生和心理医生认为易性癖是心理疾病，心理问题是易性癖之本质，手术治疗并非正确选择，应使用心理治疗方法；而外科整形等方面的医生则认为应通过变性手术治疗，心理治疗是不奏效的。有“中国变性手术之父”之称的何清濂教授就宣称，变性手术只有在不得已的情况下才能实施，其绝非最佳选择；而一些外科医生则认为，如果确诊为易性癖，心理治疗与行为治疗都是无效的，只有变性手术才能真正有效地解决患者的问题。[③]

虽然学者们对于易性癖的手术治疗方式唯一性存在认识上的分歧，但大多认可其必要性：易性癖一旦被确诊，采用心理治疗或者精神治疗的方

① 莫爱新：《变性人私法问题研究》，《中国性科学》2012 年第 6 期。

② 郭晓飞：《无声无息的变迁——中国法视野下的变性人婚姻权》，《青年研究》2011 年第 11 期。

③ 莫爱新：《变性人私法问题研究》，《中国性科学》2012 年第 6 期。

法对患者都没有效果，无法改变患者的性别自认；实施变性手术，对于部分易性癖患者来说是唯一有效的治疗方式。德国 1978 年的一个判决也指出，易性癖者是宿命性的、有难以抵抗的冲动，法律有必要采取更正性别的措施。如果把变性看作对易性癖的一种治疗手段，把易性癖患者看作受心理障碍性疾病困扰、需要借助变性手术使自己转换角色、适应社会的群体，变性手术就是符合医学伦理原则的。变性手术是正当的、必要的医疗行为，这就使其为身体支配权所涵摄。身体权人“有权在法律和社会公共道德允许的范围内对其身体个别部分加以处分”①，自然也有权在确诊为易性癖后进行变性手术。由于易性手术的不可逆性和手术效果的局限性，易性手术需前置其他治疗程序，以排除非易性癖，确保其仅仅是作为治疗易性病的最后一种救济手段加以使用。

（二）基于主体性权利的变性手术

我国人格权法学者对性自主权的研究集中在行为自决，这方面的研究已经相当成熟；关于性别选择权是否包含在性自主权中则较少涉及。我国《民法典》中也并没有贞操权或性自主权相关权利的直接规定。以往立法对此不加规定，部分是因传统文化道德等的局限，部分是传统医学技术水平的限制。因为性别选择在没有现代医学技术的时期是不可想象也无法实践的事项，法律不予规制情有可原。在医学渐进的时期，变性手术实施极少，身体权、健康权等制度也可部分满足对此类技术的规制要求；在医学更加发达的未来，变性手术的后遗症更加轻微，甚至达到可以忽略不计的程度，则其仍可能为身体健康支配权能所涵盖。唯有在现时期，变性技术仍存种种不足，与身体健康等权利存有龃龉，则基于性权利的论证尤为必要。

人格权法中关于性权利的规定集中在性自主权、贞操权等。性自主权是指自然人在不违背法律和公序良俗的前提下，按照自己的意志表达自己性意愿、决定自己性行为的权利。② 性的人格属性使得人格权法对其加以保护有得天独厚的优势。然而传统上对于贞操权、性自主权的解释多限于性行为范畴，对性别本身的选择是否涵盖其中并无明确界定。但现代对性权利包含性别决定权的认识已经渐渐为诸多法律接受。法国 1979 年的一

---

① 王利明：《人格权研究》，中国人民大学出版社 2005 年版，第 342 页。

② 李丽峰、李岩：《人格权：从传统走向现代——理论与实务双重视角》，中国法制出版社 2007 年版，第 359 页。

项判决明确指出“根据人的性别不能变更原则，只承认姓名的变更，不能承认性别的变动”。[①] 这种观念是落后和保守的法律代表，其他国家在此问题上就表现得更开明和务实，体现了一种与时俱进的立法态度。德国、瑞典、挪威、荷兰、芬兰及瑞士、美国部分州、加拿大、南非等，都通过判例或立法承认患者此项权利。德国《民法典》将其表述为“性的自我决定”[②]，解释上可以涵摄“性别的自我决定”，支持变性手术权利。

联合国《性权宣言》指出，“性是每个人人格之组成部分”，性权利包括性自由权、性自治、性表达权、性完整与肉体安全权、性私权、性快乐权、性自由结合权、性公平权、自由负责之生育选择权、性资讯权、性保健权等。[③] 多项权利都支持易性癖者在其他治疗手段无效时进行变性手术的选择。

（三）基于婚姻自主权的变性手术

对于易性癖患者而言，变性手术通常是其实现婚姻自主权的先决条件。易性癖患者对自己的生理性别无法认同，心理性别和身体性别截然相反，其理想的婚姻对象大多是心理上的异性，生理上的同性。如果不改变身体性别，却仍然打算缔结理想的婚姻，则其婚姻对象就是外部看来的同性，则其只能表现为同性恋关系，或少数法律认可的同性伴侣关系与同性婚姻关系。如此，首先其婚姻自主权实际受到所在国法律关于同性婚姻规定的限制，很难缔结法律婚姻。其次这种婚姻外观显然也非当事人所欲的，纯属无可奈何。而允许其实施变性手术，纠正错位的性别，则当事人可以进行真正自由合法的婚姻选择，实现其婚姻自主权。

对于其他人而言，存在着遭遇变性人，在不知情的情况下与其缔结婚姻的可能；虽然由于变性人实际存在数量极少，概率很低。这种情形会否危及普通人的婚姻自主权呢？现代医学伦理学奉行“病人他人利益兼顾”原则，过分强调病人利益或过分强调他人利益都是不妥的。[④] 就民法而言，知情权制度，婚姻中的婚姻无效制度、婚姻撤销制度、离婚制度等，都为这种风险设置了预防与救济机制。婚恋对象知情权要求变性人将变性

---

① 黄丁全：《医疗法律与生命伦理》，法律出版社 2004 年版，第 503 页。

② 陈卫佐译注：《德国民法典》，法律出版社 2004 年版，第 76 页。

③ 郭卫华：《性自主权研究——兼论对性侵犯之受害人的法律保护》，中国政法大学出版社 2006 年版，第 26 页。

④ 马绍斌、范存欣：《试论变性手术的医学伦理问题》，《中国医学伦理学》1993 年第 4 期。

这样的重大事实告知结婚对象；欺诈、隐瞒则可能导致婚姻的解体。因此不必基于普通人婚姻自主权禁止易性癖者变性。对社会而言，“皈依（变性手术）后的易性癖者要比异装癖者引发的震动小”[①]，表明这也是一种符合社会效益的制度选择。所以法律的选择是规制而非禁止。

三　人格权法对变性手术的规制

（一）受术主体的限制

变性手术可使患者解决心理性别与生理性别不一致的痛苦。有学者指出法律应当将变性权作为一种消极权利，即法律不应禁止变性，需为少数易性癖者提供必要的、可以支撑其生存下去的救济手段，但也不宜鼓励和倡导。[②] 哪些人是适格的受术者？具备哪些条件才可以实施此项手术？由于变性手术的高侵入性和不可逆性，对此类手术的使用必须予以谨慎规制。

1. 受术主体的年龄限制

受术主体的年龄是否需要限制，未成年人是变性手术的适格主体吗？这一问题的争论源于一起案例：德国的一对夫妇为满足自己的女孩喜好，通过变性手术将 8 岁的双胞胎儿子变成了两个女孩。市民对此强烈反对，结果催生了禁止未成年人进行变性手术的立法。[③] 学界对这一问题存在不同观点：反对者认为变性手术对人影响深远甚至会改变整个人生的方向，受术主体需要对变性手术及其后果有着清楚的认知才可实行。未成年人的认知能力往往难以真正理解变性手术的实质意义，不适合成为受术主体。支持者认为，未成年人可以进行变性手术：不允许患有严重易性癖的未成年人接受变性手术，将会使其长期处于痛苦折磨之中，严重的可能会导致心理或精神障碍；允许未成年人在监护人的同意下早日进行变性手术，可以减少其承受的痛苦，更早适应新性别。

欧洲法律对未成年人易性多持否定态度，许多法律规定受术者年龄需大于等于成年年龄。西班牙与瑞典要求变性者需为年满 18 周岁之人。德国规定受术主体的年龄为 25 周岁。亚洲法律对未成年人变性所持态度不

---

① ［美］理查德·A. 波斯纳：《性与理性》，苏力译，中国政法大学出版社 2001 年版，第 35 页。

② 刘长秋：《变性的权利思考》，《检察风云》2016 年第 4 期。

③ 黄丁全：《医疗法律与生命伦理》，法律出版社 2004 年版，第 508 页。

一。有的允许监护人代理决定，如泰国2009年出台变性手术相关法律规定：18周岁以下泰国男性禁止接受变性手术；18—20周岁男性可以接受变性手术，但必须取得监护人许可；20周岁以上的男性接受变性手术完全由自己决定。但是该法规对变性手术中的女变男情况未涉及。日本2003年《性同一性障碍者性别特例法案》要求受术主体年龄满20周岁。[①] 我国《变性手术规范》规定申请变性手术者年龄必须满20周岁，具有完全民事行为能力。易性癖作为心理障碍，首先可进行心理治疗；未成年人有较强可塑性，心理矫正机会大，不急于去接受变性手术。研究表明，易性癖儿童在大约8岁以前接受治疗有助于其认知性别角色与其生理性别角色相一致；同时并非所有易性癖者成年后都有强烈的变性欲望。[②] 变性手术具有高风险性和不可逆性，不利于未成年人的身心健康、对人的影响重大深远，未成人通常还缺乏相应的认知能力，难以妥当地做出决定，有可能在接受手术后出现后悔的情况。这在有些成年人身上已经出现。已经发生的部分未成年人变性手术实现的都不是未成年人的意愿，而是监护人的意志。我国规定20周岁是比较合理的。20周岁属于完全行为能力人，同时也是女性结婚的法定最低婚龄，允许此时或之后变性，即防止易性癖人一时冲动酿成无可挽回的后果，又不对患者的婚姻造成过多妨碍，是妥当和合理的。有人主张将其修改为18周岁，与民事行为能力制度一致，[③] 笔者以为其实没有必要。在我国大多数18周岁的青年仍处于就学阶段，20岁则或上大专院校，或参加工作进入社会，其心智转变远非长期处于校园象牙塔中的学子可比，更为成熟，此时做出关乎命运的抉择也更为冷静理智。为了避免不可挽回的后果，再多两年的等待是值得的。

2. 受术主体的婚姻限制

已婚者可否进行变性手术？反对者认为已婚者进行变性手术，不仅会影响变性者个人，而且还会改变其婚姻家庭关系，不利于社会的稳定与和谐。据此已婚者不应该准予其进行变性手术，该手术只适用于独身的易性癖患者。支持者认为，我国法律并无禁止变性的婚姻限制，变性是有健康权法律依据支持的医疗行为，法不禁之即为可，应当承认已婚者也享有变

① 吴国平：《变性人婚后变性权及其婚姻家庭关系问题探析》，《西南政法大学学报》2011年第3期。

② ［美］格雷·F. 凯利：《性心理学》，耿文秀等译，上海人民出版社2011年版，第428页。

③ 李燕：《变性手术法律标准研究》，《社会科学》2012年第1期。

性权。已婚者变性是否应先解除婚姻？对此有不少学者主张已婚者变性需要先解除婚姻关系；否则现存的婚姻就变成同性婚姻，是我国法律所不允许的。[①] 但也有学者认为变性者无须解除婚姻关系，不应把牺牲婚姻作为行使变性权利的先决条件。已婚者变性是否需征得配偶同意？该学者认为已婚者在术前应当向其配偶履行告知义务，但配偶的同意并不能作为受术主体的资格条件。[②]

支持与禁止已婚者变性的法律并存。一些法律支持已婚者变性。英国对变性手术受术者的婚姻状态不作要求。英国 2005 年《性别确认法》规定在接受变性手术后已婚者可依据申请获得临时性别确认证书；若想要取得完全性别确认证书需先行解除婚姻关系。[③] 变性人法律与就业政策国际联合会制定的《变性人医疗法律标准》中也规定已婚患者可以接受变性手术。另一些法律则明确禁止已婚者成为受术主体。如德国《特殊情况下关于姓名及性别变更法》禁止已婚者变性。日本《性同一性障碍者性别特例法案》要求受术主体未婚且无子女。在允许已婚者可以变性的情况下会造成同性组合的婚姻，对此类婚姻组合该如何处理？在英国，变性人须先离婚，否则仍视为异性婚姻；唯有离婚才能获得正式变更后的性别确认证书。美国部分州因为其法律不允许更改性别，法律仍将这种事实上的同性婚姻看作异性婚姻。而在承认同性婚姻的法域，比如加拿大、美国的大部分州、欧洲一些国家等，法律认可变性转化的同性婚姻。[④]

我国《变性手术规范》规定受术主体必须“未在婚姻状态”是合理的。如前所述，这是有可参考的法例，也有法理基础的选择。变性权利是易性癖者的个人权利，但权利行使不能损害相关人利益和社会公序。我国《婚姻法》规定结婚双方必须互为异性，对同性婚姻不认同；因变性而产生的同性婚姻虽然有值得同情的成分，但与法律的强制性规定不符。只认可异性婚姻是我国婚姻法律的价值取向选择。波斯纳指出“婚姻界定的越宽泛，婚姻这个词以及相关术语所传达的信息就越少”。同性恋关系整体上远较婚姻关系稳定性差，允许同性恋婚姻可能使政府处于一种不诚实的地位，宣传同性恋生活是可欲的这种虚假图像，抛弃整个婚姻制度，使

① 陈焕然、陆利平：《变性手术立法刍议》，《科技与法律》2002 年第 1 期。

② 吴国平：《变性人婚后变性权及其婚姻家庭关系问题探析》，《西南政法大学学报》2011 年第 3 期。

③ 李燕：《性别变更的法律问题研究》，博士学位论文，复旦大学，2010 年。

④ 王正苍：《论建立变性人婚姻家庭之特别制度》，《湖南社会科学》2007 年第 4 期。

同性和异性结合都贬低为同居关系，对儿童也非常不利。[①] 我国《婚姻法》既然已经选择只承认异性婚姻，肯定会禁止任何途径形成的同性婚姻，以实践其立法价值和维持法律相互间的协调。

有人认为是否离婚应由易性癖患者自由选择，而不是强制要求其离婚；强制性的规定侵犯了当事人的婚姻自由、破坏婚姻、拆散家庭。强制已婚者在受术前离婚的规定，可能会使已经存在且可能继续存在下去的幸福家庭被瓦解。变性后仍然与原有的家庭成员一起和睦生活的例子我国实践中也有。[②] 这种主张恰好是要求放弃婚姻的异性条件要求，改变婚姻法价值选择，为同性婚姻张目，与现行婚姻法原则与基本制度冲突。而且这种主张没有考虑到变性人配偶的利益，实践中一些变性人擅自变性后就失踪，与他人另组家庭，陷配偶于法律窘境——法律上有配偶，事实上无婚姻。如果社会从对同性恋的宽容演进到对同性婚姻的认可，婚姻法也接纳了同性婚姻，那么这个条件可以删去。目前保留此条件具有合法性和妥当性。易性癖者只能在法律许可的范围内行使权利，已婚者要进行变性手术必须先解除婚姻关系，配偶无须对其变性手术表示同意与否。

《变性手术规范》还要求患者术前必须提交“已告知直系亲属拟行变性手术的相关证明”，这反映了性别的社会关联性，体现了对变性手术的慎重态度。但受术者是告知而非征求直系亲属同意；直系亲属是知晓而不是允许。其权利不受近亲属意愿之限制，这也体现了法律保护易性癖患者的良苦用心。

3. 受术主体的消极条件要求

在一些文学作品和新闻报道中，犯罪嫌疑人会通过整容、变性来逃避追责。这些人能否成为受术主体因而存在争议。有人主张为了防止犯罪嫌疑人通过变性手术来逃避追捕，立法应该禁止犯罪嫌疑人、有在案犯罪记录的人成为变性受术主体。但也有学者认为禁止有在案犯罪记录的人变性是对患者权利的不当限制，这不应该影响患者接受变性手术。[③] 我国《变性手术规范》要求患者术前必须提交“无在案犯罪记录证明”，此处的

① ［美］理查德·A. 波斯纳：《性与理性》，苏力译，中国政法大学出版社2001年版，第309—314页。

② 李云波：《论离婚不应成为变性的前提条件》，《法学杂志》2010年第12期。

③ 张莉：《变性人变性手术的民法基础及其法律规制》，《福建师范大学学报》（哲学社会科学版）2012年第2期。

"在案"应作何理解?"在案"的一般解释是"已记录在册,可备查询"。如此解释,则有过犯罪记录的人都不能进行易性术。这是一种苛刻的、不合理的规定。罪犯也享有身体健康权、性自主权等人格权,更何况已经承担完毕刑责的人!对此,应将"在案"与"立案""结案"对照起来进行系统解释,将此处的"在案"限缩解释为"正在处理的案件"。如此可以将虽然有过犯罪历史但已经"结案",承担完毕法律责任的主体排除在限制对象之外,使得作为易性癖患者的犯罪嫌疑人或罪犯在结案后仍可进行变性手术。但"在案"的规定也防止了在侦察、审讯或服刑阶段的自然人,为逃避法律责任而进行易性手术。

(二)手术主体的要求

变性手术是由精神科医师、心理学专家、妇产医师、整形外科医师、社会学家、伦理学家以及法学家参与的一个漫长而严谨的过程。参与人员分工合作,各行其是。"哈利·班杰明标准"是国际医学界普遍认可的变性手术医生标准。我国《变性手术规范》对于手术的实施机构、实施人员等的规定较为详尽,基本符合国际医学惯例。

(三)术前程序的完善

开展变性手术的术前程序相当严苛,因为变性手术具有高破坏性、高风险性与不可逆性。因此法律往往会规定了一个较长时间的术前检测程序,一些国家是交由诊所来进行,如美国、巴西等;另一些国家则采取法院介入的方式进行,如意大利、德国等。在美国,诊所的医生会要求决定接受变性手术的患者先开始一段大约持续两年时间的现实生活测试;如果患者坚持改变性别的决心不变,并对改变性别(激素注射模拟异性)后的生活适应良好,才可以正式进行变性手术。① 巴西规定决定申请者接受变性手术前,受术主体必须进行两年期限的资格审查,包括心理评估与身体测试。② 泰国规定申请者必须持续进行了至少1年时间的荷尔蒙疗法后才可以实施变性手术。③ 意大利1982年"关于性别重置164号法案"规

---

① [美]格雷·F.凯利:《性心理学》,耿文秀等译,上海人民出版社2011年版,第425页。

② 赵焱:《巴西政府正式批准在全国免费提供变性手术——青岛新闻网》,http://www.qingdaonews.com/content/2008-08/20/content_7905644.htm,2016年1月22日。

③ 张莉:《变性人变性手术的民法基础及其法律规制》,《福建师范大学学报》(哲学社会科学版)2012年第2期。

定对公民申请实施变性手术，必要时由法官授权任命专家来鉴定申请者的心理、身体等是否合适变更性别。[①] 德国《特殊情况下关于姓名及性别变更法》法案规定改变性别由法院根据患者申请审查决定。我国要求患者需本人提交申请，接受医师和医院伦理委员会审查，并在术前签署知情同意书。

对变性手术实施前的申请——审查程序，我国《变性手术规范》作了具体规定：在患者提交申请后，首先负责变性手术的医疗人员会审查申请者年龄、接受心理治疗的时间、变性欲望持续时间、婚姻状况等条件，判断其是否是适格的受术者；初步判断适格后，接下来还需要医院伦理委员会再次审核通过后才可进行变性手术。我国没有术前测验的强制性规定，但要求患者“对变性的要求至少持续 5 年以上，且无反复过程”。其实这个期限规定比许多国家的术前测试时间都长，但“向往的生活”和“实际的生活”还是有不同的，持续的要求表明患者变性的心志坚定，但不一定有变性后的生活体验。因此借鉴域外测验期的规定，要求在患者申请手术时，进行一段时间的性别转换生活测验和激素辅助治疗，以使患者获得变性后生活的体验，防止轻率的决定，是更加合理和妥当的。

此外法律关于易性手术申请材料中“心理性取向指向异性”的规定其实是没有道理的。性取向是指个体性渴望、幻想和感觉的对象，这个对象可能是异性、可能是同性、可能是双性甚至是无性（无生命甚至非人类）。这里的异性是根据患者术前还是术后来确定？而且性取向指向何种性别都是不违法的，同性恋、异性恋、双性恋等都是被认可的，不应据此区别对待，否则就是明白的歧视。究其立法本意，此处应该修改为“自我性别认同为异性”，这是易性癖的一个重要特征，也是手术的先决条件。

四 变性人人格权利法律保护

接受变性手术的人就数量而言是绝对的“少数人”，但少数主义原则要求我们对作为少数人的弱势群体给予平等关怀，不能使其正当的权利诉求淹没在多数人的声音之中。

---

① 高桂云、郭琦主编：《生命与社会：生命技术的伦理和法律视角》，中国社会科学出版社 2009 年版，第 341 页。

（一）变性权的人格权法确认

《民法典》第 1003 条规定："自然人享有身体权。自然人的身体完整和行动自由受法律保护。任何组织或者个人不得侵害他人的身体权。"第 1004 条规定："自然人享有健康权。自然人的身心健康受法律保护。任何组织或者个人不得侵害他人的健康权。"这里的规定偏保守，未确认身体健康权包含支配权能，难以直接为变性权提供支撑。但易性手术作为治疗易性癖疾病的手段，可以间接获得健康权支撑。

（二）变性人性别变更登记

变性人的性别应该依据医学（解剖学）标准加以确定。在性别变更法律登记方面，大多数国家采取的是医学标准，即改变法律上的性别需要进行变性手术；少数国家如英国、美国等采用自我认同性别标准，自然人改变法律上的性别并不必须要经过变性手术。法律既已允许易性癖者通过手术改变性别，则开通变更性别登记之门也是应有之义。我国现在采取的是医学标准，笔者深表赞同。北京海淀法院 2017 年就受理了一起特殊的婚姻诉讼案件，张女士诉其丈夫要求确认婚姻无效。据悉张女士的丈夫原属两性畸形，之前登记为女性身份，后将身份信息变更为男性，婚后不能进行正常夫妻生活，也无法生育，其妻请求法院确认婚姻关系无效。[①] 这起案例再次表明，自我认同标准虽然体现人格自由，但忽视登记的公示属性，容易对第三人形成错误诱导，不利于保护第三人利益与社会秩序。

（三）变性人婚姻权利保护

变性人的婚姻权是否受影响各国规定不同。传统法律基于婚姻的独特性和生育在婚姻中的重要性，对变性人婚姻往往持排斥态度。近来则以认可为主流，其理由在于如果一方面否定当事人以变更后的性别结婚的权利，另一方面却仍然坚称其结婚权未受实质性损害，无疑是自欺欺人。

自欧洲人权法院在 2002 年古云诉英国案（Goodwin v. United Kingdom）中认可变性婚姻后[②]，欧洲已经认可变性人婚姻自主权；英国本明确禁止变性人婚姻，但也被迫改变。[③] 美国大多数州也认可变性人婚

---

① 邓险峰：《婚后发现丈夫是"变性人"，女方在法律上如何应对?》，http://news.66law.cn/a/20170525/50876.html，2017 年 5 月 25 日。

② Goodwin v United Kingdom，App. No. 28957/95，35 Eur. H. R. Rep. 447（2002）.

③ 薛张敏敏：《司法的"跃进"与"越界"反思——香港终审法院之"变性人结婚权案"（W 判例）》，《中外法学》2015 年第 1 期。

姻，仅余爱达荷州、俄亥俄州、田纳西州及得克萨斯州四个州明文禁止变性婚姻。新加坡《妇女宪章》规定，只要结婚者在注册时是异性（含一方是变性者的情况）婚姻就是有效的。我国香港认可变性人以变更后的性别登记结婚。[①] 香港法的这种立场改变可以说是由 2009 年提起的“W 诉婚姻登记机关变性人婚姻登记纠纷案”推动的。该案中 W 属于男性变女性之变性人。W 在变性后获得政府颁发的身份证件及护照都变更性别登记为女，但在结婚登记时被拒绝。原审法院认为应该将此问题交由立法当局去处理。终审法院经审理认为，既然政府和社会已经接纳了 W 变性后的性别，那么允许其与异性结婚也是情理之中的。判决确定了性别的可变性以及变性人结婚的性别依据。[②] 香港立法会在终审法院判决下达后即着手修例，允许变性人在婚礼举行时依据身份证明文件上显示的性别结婚。我国法律对此并无禁止性规定，公安部的文件以及地方性法规都对其采取认可立场。因此变性人可以缔结婚姻。但基于婚姻是双方自主结合，变性人应将变性事实告知对方，不宜隐瞒。变性人实际是不育的，不育在一些婚姻法中是可诉请离婚的事由，但不是禁止结婚的理由。

变性人的一般人格权，如人格自由、平等与尊严；具体人格权如隐私权、性自主权、婚姻自主权等也可能会受到变性的影响。在立法层面，变性人的一般人格权、具体人格权都不因变性而受到减损，有违反权利保护的行为，仍可据此诉求保护：如对变性人就业、入学、生活等的额外限制即是不法的；但实际生活中，2016 年美国一个变性女孩还在为能够上学校的女厕所而诉讼。[③] 这表明把变性人与普通人一样对待，在法律实践中，还有漫长的路要走。

第三节 人格权法对人体冷冻技术应用的规制

2017 年 5 月 8 日，肺癌患者展某某的遗体，在山东银丰生命科学研究院，被浸泡在液氮罐内，成为中国本土首例“冷冻人”。[④] 在她之前，

---

① W v Registrar of Marriages，（2013） 3 H. K. . R. D. 90 （H. K. C. F. A）.

② 《W 诉婚姻登记机关变性人婚姻登记纠纷案》，《人民司法 · 案例》 2015 年第 2 期。

③ Board of Education of the Highland Local School District v. United States Department of Education，Case No. 2：16-CV-524，Signed September 26，2016.

④ 《中国首例本土人体冷冻的故事》，http：//www. wzrb. com. cn/article802613show. html，2017 年 8 月 1 日。

2015 年 5 月 30 日，胰腺癌患者杜某的遗体在冰冻状态下被送到全球最大的人体冷冻研究机构，位于美国洛杉矶的阿尔科基金会总部，她的头部被分离保存在液氮容器中。[①] 这两位患者都因罹患癌症而去世，但仍期望有朝一日能借助更加发达的医疗技术而复活。两例中国公民冷冻遗体的事例，终于使得 20 世纪 60 年代就兴起的人体冷冻技术引起了国人的广泛关注。有学者指出，像冷冻人这样的技术应用，已经不只是单纯的技术问题了，可能会引起社会关系翻天覆地的变化，应该在这之前先系统考虑其伦理问题。[②] 其实，法律也需要考虑如何应对冷冻人。

一　人体冷冻技术催生的人格权法问题

人体冷冻技术是在极低温的情况下冷藏保存人体的医疗科学技术。冷冻科学家与冷冻者们梦想未来能通过先进的医疗科技使冷冻人体解冻后被复活及治疗。目前它仍是一种处于实验阶段的技术。当今世界最大的人体冷藏公司为美国的阿尔科基金会，它保存着世界上最多的冷冻遗体。保存身体从而在未来复活的愿望并不稀奇，本杰明·富兰克林在 1773 年就曾写道："我希望发明一种使溺水者不死亡的方法，以便日后能使他重新复活，不管这一条路多么久远。"但作为被践行的人体冷冻学，则诞生于 1964 年，由密歇根大学物理系教授罗伯特·C. W. 埃廷格在《长生不死之前景》一书中提出，该书也成为人体冷冻学的圣经。在书中，埃廷格逐条列举大量科学事实，证明冷冻后的物体可以重新复活。例如许多昆虫和低级生物在冬天都被冻僵，春天又自动复活；其中一些还能自我分泌出防冻剂——丙三醇。他在书中提出不妨真的试一试，即使冷冻不成功也无伤大雅：被冷冻的人并没有失去什么，因为他已经死了。埃廷格确信先进的科学能使人复活。[③] 人体冷冻学家认为，生命是一个不停运动的过程，也不会一经中断就永不复存。当有足够的信息将这一过程重新启动时，生命就会再次出现，至少是潜在的出现。他们声称人体冷冻就是保存这些信息，譬如冷冻胚胎一植入子宫就会立即恢复生命；被冷冻法保存起来的就

---

① 《冷冻头颅 50 年后待复活，揭秘其过程》，http：//www.bioon.com/trends/news/614789.shtml，2015 年 9 月 18 日。

② 王钟的：《"冷冻人"苏醒前不妨思索伦理问题》，《科技日报》2017 年 8 月 18 日第 6 版。

③ ［美］埃德·里基斯：《科学也疯狂》，张明德、刘青青译，中国对外翻译出版公司 1994 年版，第 82—86 页。

是这样一种组织，一经解冻，它就会依靠自身的力量恢复生机。[①] 一些阅读此书的人选择了冷冻自己的遗体、头颅或者全身。此后的科技发展似乎在为这种技术不断证成：冷冻小狗、青蛙等动物的实验部分成功了；人的精子、胚胎、卵子冷冻成功了……经历了大半个世纪，冷冻人技术也走进了中国人的视野，它带来的不只是希望，也有许多困惑。

（一）“人体冷冻”的性质：合法还是非法

对于此项技术，相关的争论比较激烈，观点对立也非常尖锐。支持者认为这并不违法，如第一例“换头术”的实践者任哲平教授就声称，医学发展史表明实践（创新）先行，伦理等规范跟进；在没有规范之前谈不上违反。[②] 反对者则认为这根本就不该被允许，如有的学者就坚持长生不老的追求是违背自然规律的，每个生命都有死亡的责任。[③] 在只进行头颅冷冻的情况下，被冷冻者无论是被唤醒，还是被复活，都需要结合“换头术”才可能真正成功。“换头术”的动物实验已经开展多年，人体移植应该被允许吗？“换头术”本身在伦理层面也备受争议，法律层面则首先存在合法性问题：有人质疑，如果换头术失败，这属于自杀还是他杀？有人认为应定性为过失杀人，这是否准确？

（二）“人体冷冻”的时机：死前还是死后

埃廷格有一句名言：“冷冻的人只是相对死亡；阿尔伯特·爱因斯坦是绝对死亡。”在人体冷冻的实践中，人在开始被冷冻时的生命状态在技术上是非常关键的，而其在法律上也是至为重要的。冷冻学家们认为最佳冷冻时机是死亡之前，理论上讲也许应该是一个人最健康的时候，这样复活的希望最大；但根据法律，这样做显然是不可能的——这将被定性为故意杀人。其次的办法是在宣布病人死亡后，立即开始冷冻程序；这从技术角度而言并非最为理想，但从法律角度考虑，则最为安全。[④] 如何确定人体冷冻的时间，或者说如何确定冷冻开始时人的法律状态，生存还是死

---

① ［美］埃德·里基斯：《科学也疯狂》，张明德、刘青青译，中国对外翻译出版公司 1994 年版，第 100 页。

② 冯会玲：《传首例“换头”术将在中国进行项目组：或两年后实施》，http：//china，cnrcn /yao wen/20150915/t20150915-519869652，shtml，2016 年 7 月 12 日。

③ 李志民：《“换头术”的痴迷者，请遵守基本伦理原则》，《博览群书》2016 年第 8 期。

④ ［美］埃德·里基斯：《科学也疯狂》，张明德、刘青青译，中国对外翻译出版公司 1994 年版，第 100 页。

亡？最近国内第一例人体冷冻事件，文章报道比较模糊，报道称医学专家已经宣告其死亡，保存的应该是遗体；但文中又云专家称“死亡并非一个瞬时概念。就算心脏停搏、呼吸停止，人的身体和大脑还活着”——似乎暗示保存的是“身体”。人可以活着被冷冻吗？

（三）“冷冻人体”的属性：主体还是客体

阿尔科基金会作为一家“人体冷冻”的元老机构，至2017年8月已经完成152例人体低温保存，包括全身冷冻和大脑冷冻在内，占据全球总实施数的近一半。[①] 这些液氮罐中的冷冻人体或头颅，在法律上属于主体还是客体？在《置于寒冰》的作者克里斯·希尼看来，人体冷冻法更像是一种富人的赌博。但在马克斯·莫尔看来，人体冷冻是一笔普通人也能承担的费用。这项技术越普及，法律对相关问题似乎就越无法回避。展某某的遗体在山东银丰生命研究所的液氮罐中以头朝下的方式保存着。这具遗体是否不再具有主体性？它是继承人的所有物吗？还是成为研究所可以自主处置的实验体？

（四）“冷冻人”复活后身份：本人还是新人

自第一例人体冷冻起计算，至今已经过了半个世纪；在这数十年中，并无一人被复活。阿尔科基金会的科学家们坚信有一天这些人可以被复活，虽然时间表遥遥无期，不能确定。如果有一天，这些技术被成功实践——如同科幻小说里描述的那样，[②] 复活（被唤醒）的这个人在法律上是一个诞生的“新人”，还是冷冻之前的本人呢？他的人身、财产关系如何处理呢？如果时隔不远，配偶、亲属俱在，他的身份要如何认定，遗产要不要返还？即使年代久远，也会有些法律问题，譬如一个曾经的作家复活了，他的作品还在著作权保护期限内吗？

二　“人体冷冻”的合法与否分析

令人疑虑的是，“死亡”还有标准吗？冷冻情况下，如果大脑可以被复活，还有什么能让人死亡？“永生”到底会给人类带来怎样的影响？人

---

① 王盈颖、陈凌瑶：《人体冷冻行业鼻祖美国公司阿尔科：冻人已有41年，争议仍存》，http：//www. thepaper. cn/newsDetail_ forward_ 1777684，2017年8月30日。

② 刘慈欣小说《三体》中冷冻人已经成为常规操作。不知道中国第一冷冻人杜某，据说也是《三体》一书编辑，是否就是受到此书的影响。参见刘慈欣《三体》，重庆出版集团、重庆出版社2010年版。

有没有追求长生的权利，生命权是否支持长生的主张？如前所述，一些伦理学者认为死亡是生命的组成部分，是生命价值的前提，打破向死而生的生命现象是对人类伦理和法律秩序的挑战，应该被禁止。[①] 但也有的学者指出，生命有限是人生痛苦的根源，国学大师钱穆先生在《人生十论》一书中指出，“人生有两大限。一为人我之限，一为生死之限。人生一切苦痛，则全从此两大限制生”[②]。追求长生打破生命有限规则在伦理上并非绝对错误。就宗教而言，也多有长生思想或教义，如基督教的天堂、佛教的成佛或轮回、道教的修仙得道，都追求生命长存。

就法律层面而言，法律也强调以人为本，包括保存人的生命。“法的标准，即法的观念本身是人。”[③] 只要无害于他人权利，特别是生命，一个人保存自己生命的努力在法律上并无否定评价。康德的法哲学甚至强调为保全自己生命而牺牲他人生命在特殊情况下也是可被法律豁免的，如一个抱持木板的落水者可以拒绝其他人可能会使其殒命的求助行为而不被惩罚。因为法律能够给出的最严厉惩罚就是剥夺生命，但当落水者生命已经面临他人行为的实际威胁时，将来可能的、遥远的法律制裁并不能超过他眼前的恐惧。[④] 所以，单纯的人体冷冻行为作为部分“落水者”（垂死的人）的救命木板，甚至并未伤害他人，法律禁止的合理性是令人怀疑的。对一个人来说，保存他或她的特定遗骸，提供了个体生存的可能性：以人类遗骸的形式保存信息提供了一个看似不可能的未来道路。如果成功，保存他或她遗体的个人价值是显而易见的，类似买彩票。买彩票让人怀抱梦想；同样，保存人类遗骸可能使我们每个人都梦想着生存，尽管这种可能性不大。[⑤] 因此阿尔科基金会人体冷冻的做法才可以持续数十年而不被禁止。

就生命权的内容而言，一般认为其包含“生命享有权”“生命维护权”和“生命利益有限支配权”。[⑥] 生命利益有限支配权支持在不违背法

---

① 唐旭、苟兴春：《“换头术”：是愚蠢？还是疯狂？》，《医学与哲学》2016 年第 5 期。

② 钱穆：《人生十论》，生活·读书·新知三联书店 2012 年版，第 79 页。

③ ［德］阿图尔·考夫曼、温弗里德·哈斯默尔主编：《当代法哲学和法律理论导论》，郑永流译，法律出版社 2002 年版，第 490 页。

④ ［德］康德：《法的形而上学原理》，沈叔平译，商务印书馆 1991 年版，第 47 页。

⑤ Thomas A. Robinson, “Stop! Are You Sure You Want to Throw Grandpa's Body Away?” *University of Miami Law Review* , No. 63, 2008. p. 37.

⑥ 王利明：《人格权研究》，中国人民大学出版社 2005 年版，第 351 页。

律和公序良俗的前提下，生命权人在面对一些高风险事项时所享有的自我决定权。这种权利甚至也是承认安乐死合法化的理由。就人体冷冻而言，在死亡后再冷冻，受术者并不承受任何生命风险，因为这是在完全丧失生命之后进行的。如果是在将死未死之际进行冷冻，则受术者承担一定的生命风险。此时冷冻的合法性需结合一国的死亡标准及安乐死立法加以考虑。

三　“人体冷冻”的生死时机确定

媒体描述阿尔科基金会完整的手术过程，正常程序冷冻的“人体”只能是死者的遗留，不可能是活人。但是在实践中，也存在一些扑朔迷离的事件，令人质疑冷冻时受术者的生命是否终结，发生在美国的多拉·肯特案即是其中一件轰动事例。多拉·肯特在1987年，87岁时因癌症死亡，阿尔科基金会的医生应她儿子索尔·肯特要求，在确信她已死亡（呼吸和心跳均停止）的情况下，未经注册医师宣布死亡，即摘取多拉的头颅进行冷冻保存。多拉除头颅外的遗体部分经县政府验尸官确认是由于肺炎死亡后而火化。但后来有报道称多拉是活着的时候被摘头的，另一县的验尸官从多拉·肯特的身体里发现了一些药物，推论这些药物可能加速她的死亡，甚至可能是致死的原因。涉事的医生及基金会的人员于是被逮捕，因谋杀受到起诉，基金会被搜查。由于人体冷冻过程中，依例需要使用一些镇静、催眠、麻醉药物，如注射巴比土酸盐等。[①] 医学检察官很难准确地区分哪些药物是生前注射的，哪些是死后注射的，因而使得事件疑云重重。这种质疑至今犹存，2009年拉里·约翰逊在阿尔科基金会工作八个月后出版了《人体冷冻：我所知道的欺骗和死亡》。拉里在书中披露阿尔科基金会对于“病人”的处理方式十分残忍，包括人为加速“病人”的死亡进程等。该书出版后，阿尔科基金会控告拉里诽谤。两方的较量最后以拉里妥协、承认书中有部分错误内容结束。[②] 这些争论最核心的问题是“人体冷冻”是否是在冷冻活人，机构会为冷冻而加速活人死亡吗？

死亡标准经历了全身死亡—心肺死亡—脑死亡的历程。正如“权利

① ［美］埃德·里基斯：《科学也疯狂》，张明德、刘青青译，中国对外翻译出版公司1994年版，第80页。

② 王盈颖、陈凌瑶：《人体冷冻行业鼻祖美国公司阿尔科：冻人已有41年，争议仍存》，http：//www. thepaper. cn/newsDetail_ forward_ 1777684，2017年8月30日。

能力的终止并非截然的过程，而是淡出”[①]；许多人相信死亡也不是一蹴而就的，同样存在一个渐进的过程。确立一个合适的标准，作为法律上生死的分界，具有很现实的意义。在一些发达国家当中，脑死亡作为判定人死亡的科学标准之一比较被广泛采用。究其原因，“脑死亡”标准不仅可减轻患者家属的痛苦，能让患者走得较有尊严；而且这一标准还可以避免社会医疗资源的浪费，特别是对增加可移植器官有积极意义——传统的全身死亡标准或心肺死亡标准之下，死者的器官往往失去活性，不堪移植；而脑死亡标准下还可保存大多数器官的生理活性，可资移植。脑死亡无疑是一个最新潮的标准，但也有人评论说“承认脑死亡标准带来了医生的尴尬：他们救人的过程同时是杀人的过程，但不承认脑死亡标准会为医生的邪恶开发空间，他们可能盲目救治一个已脑死亡的人赚钱”[②]。有学者主张，我国应采取心肺死亡为主、脑死亡为补充的死亡标准制度，这样既可契合我国民众的心肺死亡心理认同，又可最大限度与国外心、脑死亡标准立法接轨。[③] 有的学者认为在坚持心肺死亡标准的同时，可例外的允许在脑死亡状态下进行器官摘除。[④] 但就实践而言，由于法律的模糊，我国采用的是“心脑死亡”并存的模式。

在认可心肺死亡标准的法例下，受术者心跳呼吸均停止，则属于已经死亡，冷冻无违法情形；反之，法律只认可脑死亡标准的，则冷冻手术存在违法嫌疑，此时需结合安乐死立法再行论证——在不承认安乐死的立法环境中，这无疑是谋杀；在认可安乐死合法化的法域，这有可能被证明是一种类似于安乐死或较另类的安乐死方法，存在合法化的可能。为了符合现行法律，冷冻学家们承认“患者”已经在法律上死亡，但他们绝不认同死亡这个词语。他们有人使用“生物郁滞”“轻度死亡”“局部缺血性昏迷”“无变态昏迷”“生物静态状昏迷”[⑤] 等称谓来描述冷冻放置状态，努力地在自己的职业信仰和现行法律之间走钢丝。

---

① 徐国栋：《民法哲学》，中国法制出版社2009年版，第232页。

② 朱俊博、吴文英：《家属说死了，医生说没死》，《厦门晚报》2007年7月23日第4版。

③ 刘长秋、陆庆胜、韩建军：《脑死亡法研究》，法律出版社2006年版，第176页。

④ 莫红线、李颖峰：《韩国器官移植法对我国的启示》，《复旦学报》（社会科学版）2010年第6期。

⑤ ［美］埃德·里基斯：《科学也疯狂》，张明德、刘青青译，中国对外翻译出版公司1994年版，第120页。

鉴于人体冷冻至今无人复活，而认可这种疯狂的想法存在的前提是“无害”——它是对已死之人的遗存处理，并不会实质伤害已死之人。因此确保受术者已经“死亡”，而不是被促使“死亡”，是法律首要的工作。我国目前立法对此并不禁止，但为防范促使死亡的风险，在现行死亡确认制度之下，应特别重视这类人体冷冻实验中的死亡确认。首先，为保证受术者的生命权，应确定死亡是手术的先决条件。但具体采用心肺死亡标准还是采用脑死亡标准，可以交由受术者事先自行选择。这样也可以贯彻患者生命支配权，同时避免无谓的法律纠纷，浪费司法资源。其次，为保证死亡的宣布是客观中立的，宣告死亡的医师应该和冷冻机构独立，避免利益关联存在，影响其客观判断。最后，应该由至少两名医师对受术者死亡情况加以确认。

四　“冷冻人体”的法律地位界定

冷冻人大多是怀着复活的希望被冷冻，然而之后的命运就有颇多不确定因素。新闻报道阿尔科基金会曾对一对冷冻人夫妇进行解剖。这对夫妇先后在 1974 年、1978 年在跨时代公司冷冻遗体，由于不能预付冷冻费用，所以约定由该夫妇的儿子按月支付冷冻费用。几年之后，由于该夫妇的儿子因车祸丧生，按月付费就此终止。1983 年阿尔科基金会表示愿意出于慈善考虑使遗体继续冷冻，唯一的条件是先把遗体改变一下，即只存放脑袋，而不是整具遗体。阿尔科基金会在完成改变后，不失时机地对遗体进行了解剖，以获取冷冻遗体的信息，并表示“冷冻存放并不尽善尽美，但总的来说，患者的状况像人们预期的那样令人满意”①。对“人体冷冻”，有人认为不仅要对冷冻的尸体保护，也要对其财产保护；而且不仅是其财产，其权利也应受到保护。② 法律应该如何对待呢？

（一）关于遗体法律地位的学说

关于尸体/遗体的性质，是一个一直被争论，但迄今无结论之命题。概括而言，关于尸体性质的观点主要有以下几种：（1）“人格利益说”。这种观点认为自然人生前和死后都存在着先期身体利益和后续身体利益，

---

① ［美］埃德·里基斯：《科学也疯狂》，张明德、刘青青译，中国对外翻译出版公司 1994 年版，第 120 页。

② ［美］罗伯特·艾丁格：《永生的期盼——未来人体冷冻设想》，美域留学与翻译公司译，北京科学技术出版社 2015 年版，第 72 页。

这些都是受法律保护的法益。① 德国一些学者也认为遗体是“存在过的人”，遗体上有人格权的残存，在自然人死亡后继续存在。② （2）“所有权客体说”。日本学者认为，身体权就是公民对自己身体的所有权。公民死亡后，其身体变为尸体，所有权理应为继承人获得，他人非法利用或损害尸体，就是侵犯了继承人的尸体所有权。③ 我国一些学者认为身体非物，只有尸体，在人死亡后，主体资格不复存在，成为不具主体资格的特殊物，死后为其最亲近的亲属取得。④ （3）“折中说”。这种观点强调遗体为特殊物，不能将其与一般财产同等对待。死者遗体并非财产所有权标的，可以任意处分，而是基于特定文化习俗的遗体管理权。管理人只能对遗体进行火化、埋葬、祭祀等符合法律和习俗的管理，并保持其人格尊严不受侵犯。⑤

虽然关于遗体法律地位的争议没有结论，但是我们看到这些学说基本可以解决现实生活中遗体所遭遇的问题，法官们出于实践理性，有时以对“所有权”的态度处理纠纷，有时以对“人身权”的判断来审理案件，至于其属性，似乎不必说得太清楚，以案件能妥当解决为宜。譬如刑法有盗窃尸体罪与侮辱尸体罪，似是承认尸体为财产，同时又兼具人身属性。因法律中常见人格利益、人格尊严不得侮辱之规定，尚少见财产利益被侮辱之陈述。侮辱尸体罪的设立，最低限度也是承认尸体上残存人格利益；拓展开来则存在认尸体为“身体”之可能。笔者赞成遗体为“特殊物”的说法，理由与前文述及遗传物质为特殊物的分析相同。

（二）人体冷冻的生命状态分析

传统医学界使用的是“全身死亡”概念，以心脏停止跳动、呼吸停止和瞳孔放大作为死亡判断的三项征候，这三项征候代表循环、呼吸、神经三系统复合而成的器官死亡的综合状态。但随着医学技术的发展，心肺机的发明，使得心肺死亡并不一定导致其他身体器官功能的全面消失，因此这个标准受到冲击。脑死亡标准自 20 世纪中叶被提出至今，成为医学界主流接受和认可的死亡标准。持脑死亡观念者认为，人的生命中枢在脑

① 杨立新：《人身权法论》，人民法院出版社 2002 年版，第 418 页。
② 余能斌等：《论人体器官移植的现代民法理论基础》，《中国法学》2003 年第 6 期。
③ 龙显铭：《私法上人格权的保护》，中华书局 1948 年版，第 59 页。
④ 张良：《浅谈对尸体的法律保护》，《中外法学》1994 年第 3 期。
⑤ 刘茂春主编：《中国民法学　财产继承》，中国人民公安大学 1990 年版，第 107 页。

部，而当脑机能已不可逆的丧失时，人即死亡。有学者论述，个体生命死亡有一个过程，生与死之分界中有一个点，这就是死亡的临界点。一旦达到这个临界点，生命作为一个完整体系开始消解，永远无法再恢复成一个有机的整体。[①] 另有一派观点认为，生命的消失是一个过程，大体可分为三个阶段：相对死亡阶段，此阶段人的心肺、神经等高级功能停止，但仍存可逆性；中级死亡阶段，上述心肺神经功能不可逆地停止，但细胞体仍然存活；绝对死亡阶段，高级功能和细胞生命都不可逆地丧失。[②]

对于人体冷冻的操作者，如前所述，等待受术者的彻底死亡和保存受术者的复活希望之间是尖锐对立和矛盾的。冷冻学家认为人体冷冻学由两个重要部分组成：一是如何修复冷冻后的大脑，二是记忆能否随着人的复活而恢复。[③] 为实现此目标，他们一方面寄望于未来的纳米技术等可以在分子层面修复受损脑细胞；另一方面则是主张尽早冷冻受术者。"病人去世后冷冻得越早，日后复活的可能性就越大。"[④] 所以在对中国本土第一例冷冻人展某某进行冷冻操作时，媒体报道说"她的呼吸和心跳停止，主治医生宣布病人死亡"[⑤]。这里没有常见的心肺复苏抢救，也没有提及患者是否已经"脑死亡"。这从冷冻目的出发思考是可以理解的，而展某某在被冷冻的那一刻其生命状态依心肺死亡标准是已经死亡，而依据脑死亡标准判断则是不清楚的。如前所述，我国法律实质采用多元标准，冷冻人生前对死亡标准无特殊意思表示的，符合任一死亡标准即可满足"人体冷冻"必须是遗体的条件。

（三）冷冻人体的权利归属分析

在展某某人体冷冻事件中，她的家人进行了遗体捐赠登记。她的遗体捐给银丰研究院，个人不承担相关费用。[⑥] 这个权属关系还是比较清楚的，银丰研究院享有人体冷冻的所有权或管理权。但是在阿尔科基金会的

---

① 黄丁全：《医疗法律与生命伦理》，法律出版社 2004 年版，第 33 页。

② 徐国栋：《民法哲学》，中国法制出版社 2009 年版，第 207 页。

③ ［美］埃德·里基斯：《科学也疯狂》，张明德、刘青青译，中国对外翻译出版公司 1994 年版，第 125—130 页。

④ ［美］埃德·里基斯：《科学也疯狂》，张明德、刘青青译，中国对外翻译出版公司 1994 年版，第 75 页。

⑤ 蝌蚪君：《中国冷冻第一人完成！坐等起死回生》，http：//news. mydrivers. com/1/544/544820. htm，2015 年 10 月 17 日。

⑥ 《中国首例冷冻人丈夫：即使活不过来也为医学做了贡献》，http：//www. china. com. cn/shehui/2017-08/17/content_ 41426492_ 2. htm，2017 年 8 月 17 日。

液氮罐里，保存的人体权属归谁呢？和展某某事件不同，那些客户都是为自己的遗体保存缴纳了高昂的保存费用的，譬如中国冷冻第一人杜某就是向阿尔科基金会支付了 75 万元人民币来冷冻放置她的头部。[①] 这个冷冻体的权属归属于谁呢？杜某本人吗？她已经死亡，在法律上很难再保有身体权或物之所有权。阿尔科基金会吗？显然不是，阿尔科基金会收取保存费是和杜某一方形成保管契约关系，负有依契约进行保管和日后在条件许可时的"复活"义务。杜某的继承人吗？这是符合一般财产继承规则和人身法益保护规定的。

再追问下去，如果继承人不再存在，人体冷冻会成为无主物吗？可以适用先占规则取得吗？如果继承人不想继续履行合同，可以中止契约吗？阿尔科基金会就曾经对一对因为儿子死亡而不能续交冷冻费用的夫妻遗体实施摘取头颅保存和解剖身体的处理。基金会这样做的法律根据是什么呢？冷冻协议是否有一个保存期限？有限的费用显然不可能支持永远地保存，当保存期限到来，而这些人又没有被复活，该怎么处理这些冷冻人体呢？

在此，笔者以为可以借鉴冷冻胚胎的情形来考虑法律适用。美国学者指出，冷冻胚胎的地位，存在隐私权保护对象、财产、人等各种观点。但在特别法出台之前，将其视为特殊财产仍是适宜的。由于产权存在于胚胎之上，创造了胚胎的配子提供者是胚胎的所有权人；胚胎被放弃后，就归胚胎的保管者。[②] 在缺乏单行法对此加以明确时，参照冷冻胚胎，将其定性为特殊物的做法是可行和务实的。展某某的家人为她建了一个衣冠冢，将来如果不需要继续冷冻，会把她的遗体放回衣冠冢里吗？可惜我们的墓地使用期限只有 20 年，依据阿尔科基金会的行事方式推测，冷冻机构大概不会这么早就放弃人体冷冻。如果希望对自己的"身体"有良好的掌控，冷冻者或其家人就需要想得更远，对未来做出细致的安排。否则遗体可能成为无主物，而面临不确定的命运。当然，作为现行法律中的特殊物，即使冷冻机构依据契约或先占原则取得遗体所有权，仍只能进行符合法律和善良风俗的利用，不得滥用或侮辱尸体。但是被解剖、制成标本

---

① 《妈妈，我们未来见　重庆女作家冷冻遗体　盼 50 年后起死回生》，http://news.sina.com.cn/o/2015-09-18/doc-ifxhxzxp4565300.shtml，2017 年 8 月 17 日。

② Natalie R. Walz, "Abandoned Frozen Embryos and Embryos Stem Cell Research: Should there be a Connection?", *University of St. Thomas Journal of Law & Public Policy*, No. 1, Spring 2007, p. 122.

等，都在正当性利用之列，而这是否符合冷冻者的初衷就很难说了。

五　“冷冻人”复活后的身份界定

人体冷冻的参与者大多怀抱着“复活”的梦想。这带来一个很有法律意义的问题：假使科技使其变成现实，“复活人”的身份到底该如何界定呢？

“复活人”是原来的“本人”还是一个重生的“新人”？如果确认是本人，他的财产权、人身权是否可以恢复？其亲属身份关系如何认定？庆幸的是问题还并不紧迫。在目前制度下，可以考虑参考适用宣告死亡制度，仍然承认此人在主体性上的一致。在其复活后，恢复其人身财产关系。当然，冷冻人在现行法律中是真正死亡的人，并不能当然适用宣告死亡制度。只是假设以后如果这种技术成熟，适用增加，法律可以在宣告死亡制度中增加宣告死亡适用事由，将人体冷冻纳入其中即可。如此，其复活后的婚姻关系、亲子关系、其他亲属关系以及财产关系可借此确定。

在只有头颅冷冻的情形下，冷冻人复活还需要寻找身体，近来被热议的换头术或许就可以帮忙了。在头颅和身体各有原主人的前提下，融合的人在身份上属于原头颅的人格，还是原身体的人格？世界上首次被公开披露的换头术是2001年7月，由罗伯特·怀特教授在乌克兰医学科学院专家们的配合下实施的。[①] 中国2017年发生的换头术是对两名死者的头颅进行置换，显然法律风险不大。但活人换头术一旦成功，可能面临身体记忆与大脑认知的冲突，身体身份与头颅身份的对立。身体是一个人的，头颅是另一个人的，复合人的身份如何界定？哲学伦理学强调人的价值时坚持“我思故我在”，理性在人的价值确认方面具有不可否认的地位。一般通认理性主要源于人的大脑，医学上也逐渐认可脑死亡标准。从法律角度而言，人格在罗马法中，常用“caput”一词表示，而该词本意就是指头颅，被罗马法用来指称人格，寓意人格于人，恰如头颅于人之重要性。[②] 因此头颅决定人格身份不需争议太多。换头术就法律角度描述，应称为“换身术”，主体改换的不是头颅，而是身体。其实当脑部组织可部分替换，如移植其他主体部分脑组织时，才会真的造成“人格复合”或“人格融合”，成为令法律烦恼的问题。对此还是需要慎重研究；技术上允许

---

① 黄飞英、黄建东：《震惊世界的换头术》，《发明与革新》2002年第8期。

② 周枏：《罗马法原论》，商务印书馆2001年版，第106页。

的，制度上仍需慎重。具体到哪些新技术可以应用，哪些不应该应用，笔者认为这很难事先一一列举。比较可行的办法是设立一个中立的法律与伦理委员会，吸纳更广泛的社会代表，对这些重大的、争议激烈、观点尖锐对立的手术进行讨论和表决。目前的医学伦理委员会多属于医院内设机构，其效率性和操作性值得肯定，但代表性不够广泛，对现行常规的医疗进行伦理审查和决定或许是称职的，但是对于争议很大的新型技术的决定则可能缺乏代表性。

小结

本章主要讨论生命变异技术的人格权法规制，分别讨论了生殖克隆、性别变更与人体冷冻三类技术及其带来的问题的法律应对。

克隆人技术，法律对此应否许可，学者间存有争议。文章分析了反对与支持的各种理由，认为有控制地开放生殖克隆，有助于实现儿童利益，开辟生育的新渠道，维护现有的家庭结构模式，维持人类基因的多样性、尊重科学研究的独立性。在严格管控模式下，在技术成熟后，可以有限度地开放生殖克隆。应该承认克隆人的自然人资格，因其完全符合现行民法界定自然人的标准：生物人且已出生。为维护主体生殖自由、克隆儿童利益以及社会公共秩序，克隆儿童的身份确认需遵循尊重主体生育意愿、超越基因联系、兼顾儿童利益原则来确定。克隆儿童与克隆生殖委托人之间的关系原则上应确定为亲子关系；例外情况下可确定为祖父母、外祖父母与孙子女、外孙子女关系。禁止克隆孤儿。禁止委托人幼龄或高龄克隆生殖。克隆人主体资格与人格尊严不受侵犯。

变性技术会对自然人的身体健康权、性自主权以及婚姻自主权产生冲击。但这些权利自身也内含支持自然人变性的合理要素。易性癖作为一种疾病，变性手术作为此种疾病的终极治疗方法，本身可为身体健康权所涵摄。性权利中的性自由、性自治、性表达、性快乐等诸项权利都支持易性癖者在其他治疗手段无效时进行变性手术的选择。允许易性癖者实施变性手术，纠正错位的性别，则当事人可以进行真正自由合法的婚姻选择，实现其婚姻自主权。《变性手术规范》规定手术主体必须是年满 20 周岁且不在婚姻关系之中的成年人，施术者是拥有相关资质的医疗机构与医师等规定都较合理。但规定受术者需“坚持变性要求五年以上且无反复”替代了国外常用的术前检测程序（即要求决定接受变性手术的患者先开始一段大约持续两年时间的模仿变性后现实生活测试）不合理，应该规定增加术前检测程序。《变性手术规范》要求受术者的“心理性取向指向异性”的用语是错误的，应该修改为“自我性别认同为异性”。

人体冷冻技术为我国的应用带来了诸多人格权问题。本书通过分析认为，死后冷冻属于身体支配权的一种实践方式，无害他人与社会，具有合法性。人体冷冻应该在医师宣布患者死亡后才可开始，否则就有侵害患者生命权之嫌。冷冻人体在法律上可参照冷冻胚胎确定其权利归属，无特殊契约安排时，依据继承规则确定其归属。如果日后解冻技术成熟，冷冻人可被复活，则可以考虑修改现行宣告死亡制度，将人体冷冻作为宣告死亡的一种法定情形。冷冻人被复活后，可申请撤销死亡宣告，恢复其被宣告死亡之前的身份。在冷冻人是复合体（头和身体躯干分属不同自然人）的情况下，基于头颅对于人格的重要性，该自然人的人格与身份即与头颅原属自然人重合。

死亡需要选择。好死，如同好活一样，需要预谋和计划。它不可能随机发生。

——恩格尔哈特[①]

第五章　人格权法对生命终结技术应用的规制

第一节　生命权支配权能探讨

恩格斯说："今天，不把死亡看作生命的重要因素，不了解生命的否定实质上包含在生命之中的生理学，已经不被认为是科学的了。因此，生命总是和它的必然结果即始终作为种子存在于生命中的死亡联系起来考虑的，辩证的生命观无非就是这样。"[②] 然而在法律上，生命权中是否包含死亡权，死亡是主体可以主动拥抱的，还是只能被动承受的，还存有诸多认识分歧。

一　生命科技催生的生命权问题

（一）现代科技带来的"生""死"判断之惑

现代生命科技的发展，对传统的死亡标准提出了严峻的挑战。《布莱克法律辞典》把死亡界定为：生命之终结，人之不存；即医生确定血液循环全部停止以及由此导致的呼吸脉搏等生物生命活动终止之时。但是传统医学用以判定死亡的标准，如呼吸、心跳停止、脉搏消逝、瞳孔放大等，都面临现代生命科技的挑战。一些出现上述症状的人，经由现代医学技术干预，部分出现"复活"的情况。如心肺机可以代替停止工作的心

① ［美］H. T. 恩格尔哈特：《生命伦理学基础》，范瑞平译，北京大学出版社 2006 年版，第 343 页。

② ［德］恩格斯：《自然辩证法》，人民出版社 1971 年版，第 271 页。

肺功能，使一个依据传统“死亡标准”已经“死亡”的自然人依然“活着”。传统的死亡界限被打破。过往必死之人今日或可以借助现代医学技术而推迟死期。传统上关于死亡的认知被推翻。死亡概念经历着从全身死亡到全脑死亡，又发展到高位脑中心死亡这一历程。可能存在依据脑死亡标准判断死亡的人，借助现代科技帮助，仍维持心跳与呼吸，成为常人眼中的“活人”。普通人关于死亡的认知因此或被现代医学所推翻。是要像“人”一样死去还是作为“行尸走肉”活着成为艰难的选择。

（二）现代科技带来的“生”“死”价值之惑

现代科技的发展促使人们开始反思生命的内涵，区分人的社会生命与生物生命。现代医学对死亡标准从侧重全身死亡发展成侧重全脑死亡的定义，不仅仅是简单的技术进步；也昭示着一种从强调人类生物学生命价值向强调人的社会学生命价值的转变。阿甘本指出，生命有双重属性：生物生命和社会生命。在古希腊语汇中，没有 life（生命）或类似的词汇，而是由两个词来表达生命的内涵：zoē 和 bios。zoē 指所有活的存在，如动物、人；而 bios 指人的特有生活方式。[①] 人活着不仅仅是维持生物学意义的生命机能；人应该是作为人，像人一样活着才是真正的“活着”，否则行尸走肉就不再是一个比喻，而是一种“白描”。而当社会生命已经终结，维持生物生命是否还有必要，值得深思。人们开始反思生命质量与生命数量（长度）的关系。“好死不如赖活着”观念受到质疑。塞尼加的话代表了许多人的共识：“活着不是善，良好地活着才是善。因而明智的人活到他应该活得那么长，而不是他能够活得那么长。……他将始终根据质量而不是数量来考虑生命。”[②] 自然人是应该放弃一切生命质量要求努力“活着”，还是可以在生命质量低下时选择“体面”而“尊严”地“死去”？

（三）现代科技带来的“生”“死”支配之惑

现代生命科技，虽然不能阻止死亡，却可以延续死亡。对部分现代人而言，生不如死的状态才是比死亡更可怕的诅咒。传统的基督徒向上帝祈祷：“主啊，请勿将突然的死亡赐予我”——那时人们担心的是不期而至

---

① Ciorigio Agamhen, *Homo Sacer*: *Sovereign Power and Bare Life*, Stanford: Stanford University, 1998, p. 1.

② 塞尼加：《塞尼加的斯多亚哲学》，第 202 页；转引自［美］H. T. 恩格尔哈特《生命伦理学基础》，范瑞平译，北京大学出版社 2006 年版，第 352 页。

的死亡。但是今天，人们更加需要担心的是“垂而不死”：生命已经接近“终点”，身体却还在机器的帮助下维持着“行尸走肉”的状态，使“终点”变成咫尺天涯。而造成这一切的原因正是我们引以为豪的现代医学技术。美国生命伦理学家恩格尔哈特因此指出：“死亡需要选择。好死，如同好活一样，需要预谋和计划。它不可能随机发生。”[①] 自然人若想获得“选择”死亡的自由，需要法律认可他对生命的支配权能。否则，一切“预谋和计划”，都可能落空。但赋予自然人生命支配权，可能会导致生命权丧失（如自杀）。自然人是应该享有支配生命的权利，还是只能被动接受命运与技术的摆布，法律应该如何取舍？[②]

二 生命权支配权能的学理争议

（一）否认说

传统的人格权法学否认生命权为支配权，否认的理由也不一而足，大体可以概括为以下几点：

1. 生命权旨在维护人格利益，不具支配属性

一些学者坚持人格权是防卫性权利，本身不具支配性，生命权亦同。如学者尹田等认为，法律设置人格权的宗旨并非要赋予自然人支配利用其人格利益的自由，而是旨在保障决定“人之为人”的那些基本要素不受非法侵害。因此，支配性并非人格权的基本特性。[③] 德国学者卡尔·拉伦茨认为，人身权并非一种支配权，其实质是一种受尊重、人身不可侵犯的权利。[④] 温世扬先生认为，我国学者认为人格权具有支配权属性的主要原因在于传统权利特别是所有权构造的路径依赖、具体人格权的模式效应以及人格标识商品化现象的“启示”。他认为无论是私法创设人格权的目的，还是权利主体对其人格利益或者人的伦理价值实现支配的可能性，都

---

① ［美］H. T. 恩格尔哈特：《生命伦理学基础》，范瑞平译，北京大学出版社 2006 年版，第 343 页。

② 周平、严永和：《现代科技背景下生命支配权之理论审视与制度构建》，《暨南学报》2019 年第 1 期。

③ 尹田：《自然人具体人格权的法律探讨》，《河南省政法管理干部学院学报》2004 年第 3 期。

④ ［德］卡尔·拉伦茨：《德国民法通论》（上册），王晓晔等译，法律出版社 2003 年版，第 379 页。

不能证明人格权的支配性。[①]

2. 生命兼具公益属性，不能为个体随意支配

费孝通先生在《生育制度》中就指出，为了维护社会分工，社会积极鼓励生育，盖因个体的生命不仅是自利的，也是利他的。最低限度的生命存在是维护社会结构所必需的。由此可推知，主体的生命受侵害，受害者包括受害人自己、其近亲属以及社会。这种观点在反对自杀的论证中最常被提及。自杀是对生命的终极支配，但在此不适用意思自治的私法准则。因为对自己的生命的侵犯同时意味着是反对公众法益时，同意的效力就被排除。[②] 韩大元先生认为："人的生命是一种最重要的社会价值，是社会共同体的基本构成单位，对自己生命的处分不仅仅是公民个人的自由选择，也会影响整个社会共同体的价值选择。从这个意义上讲，私人并不拥有自杀的法律权利和安乐死的权利。"[③] 个体没有自杀的权利，同理也不能使协助自杀正当化，任何对生命终极意义的支配都因为有害公益而受限制。现代各国保险法曾经都规定人身保险合同中的被保险人在保险期间内死亡，权利人可获得保险金赔付；但被保险人自杀时可拒绝赔付（现在有的改变了赔付政策，仅限于短期内自杀免赔）。其理由之一是认为自杀是违背社会伦理与道德的死亡方式；给予此种死亡方式赔付，可能产生鼓励自杀的不良社会后果，有悖于社会公共政策。

3. 承认生命可支配有害人格尊严

法学上反对规定生命支配权最有拥趸的理由是如此做法有害人格尊严。持否认观点的学者坚持，支配是人对于物的一种联系。承认人对包括生命权在内的人格权，就是将人本身物化。萨维尼坚持认为法律关系的本质是个人意思独立支配的领域。他据此反对人格权法入法的理由就是因为如果承认人格权，就会导致人格权的支配性的问题。[④] 而承认生命权有支配性将导致自杀等行为合法化。福尔克尔·博伊廷认为，人不可像利用财产一样利用人格，不能在自己身上设立支配权，这样会践踏人的尊严，因

① 温世扬：《人格权"支配"属性辨析》，《法学》2013年第5期。

② ［德］克劳斯·罗克辛：《德国刑法学总论》（第1卷），王世洲译，法律出版社2005年版，第364页。

③ 韩大元：《论安乐死立法的宪法界限》，《清华法学》2001年第5期。

④ ［德］萨维尼：《当代罗马法体系Ⅰ》，朱虎译，中国法制出版社2010年版，第260页。

此为《德国民法典》所禁止。[①] 一种更深层的考虑是人一旦对自己的生命、身体等人格要素获得支配权，将会带来主客体的混淆。人将既是法律关系的主体，又是法律关系的客体，这会打破民法体系中“人—物”二分的传统。生命是人格的载体，为维持主体的法律地位，法律不应允许“把生命直接作为实现任何进一步目的之途径”[②]。

4. 传统文化不认可生命支配权

珍爱生命的传统文化反对生命支配行为。中国最古老的古代典籍《黄帝内经》中就云：“人之情莫不恶死而乐生。”传统伦理认为：“身体发肤，受之父母，不敢毁伤，孝之始也。”基督教认为上帝造人，人的生命为上帝所赐，支配生命是神灵的专利。如果一定要有生命支配权，无疑此项权利应属造人者。所以古代父母对子女有生杀大权，基督教也宣扬唯有上帝可决子民生死。这种文化和宗教上的影响根深蒂固，即对民众长期进行灵魂洗礼，也对法律精神塑造产生深刻影响。众所周知，范式民法典当初对人格权的正面规定或付诸阙如，或寥寥无几，生命权的规定更是少得可怜。文化、宗教的影响由此可见。

（二）肯定说

在我国民法学界，也有许多学者认为人格权为支配权。如梁慧星先生就曾论及，人格权人可以直接支配其人格利益，同时排除他人的干涉，属于支配权。[③] 但此支配需受诸多限制，因而往往表述为有限支配权；生命权亦同。认为生命权可支配的理由可主要归纳为以下几点：

1. 人应当有权利对自己人格组成部分予以支配

基尔克认为：“人格权，就是指保障一个主体能够支配自己的人格必要组成部分的权利。”[④] 人不仅可以成为万物的主人，也应当、必须、首先成为自己的主人。倘一己尚不能自主，何谈主宰万物。人的自主性理论，支持对生命的支配。

---

① ［德］福尔克尔·博伊廷：《德国人格权法律保护问题及其最新发展》，欧阳芬译，载南京大学法学院中德法学研究所编《中德法学论坛》（第 1 辑），南京大学出版社 2003 年版，第 89 页。

② ［英］约翰·菲尼斯：《自然法与自然权利》，董娇娇等译，中国政法大学出版社 2005 年版，第 179 页。

③ 梁慧星：《民法总论》，法律出版社 2001 年版，第 127 页。

④ ［德］汉斯·哈腾鲍尔：《民法上的人》，孙宪忠译，《环球法律评论》2001 年冬季号。

2. 生命权符合支配权的特征

支配性反映的是主体和客体间的关系，即权利人无须他人同意或辅助，即可依法按照自己的意志在权利范围内直接对权利客体管领和处理；依此而言，人格权属于支配权。[①] 主体行使自己的生命权，享有生命利益，承受生命危险，维护生命安全，往往无须他人辅助，直接实施相应行为就可以实现。这完全符合支配权独立支配客体，直接实现主体意志的特征。

3. 实践和法律事实上承认主体对生命一定限度的支配

古今中外，舆论都高度评价舍己为人的举动，现代社会也鼓励“为正义事业而献身”。而上述这些现象，无一不体现了行为人对自己生命利益的支配以及社会制度对某些支配行为的肯定。这些都表明，我们的社会伦理和制度实践是认可人对自己生命的支配权的。一些学者甚至明确提出死亡权的主张，例如刘长秋就认为“人的生命权之中实际上已经先天地包含了死亡权的内容”，保障人的死亡自由是死亡权的工具，死亡权体现了法律对人的意愿尊重和保障，在立法上也存有空间。[②] 当然这些支配，并非绝对权利，所以学者们也往往在这个支配权能前面加一个限定——“有限”，个体仅有有限的生命支配权。

三　承认生命权支配权能之分析

笔者以为，生命权支配权能应予承认。理由如下：

（一）否认生命权支配权能有违客观现实

生命作为个体享有的一种资源，无论法律承认与否，支配现象一直存在。法律虽然可以携传统文化与宗教之力，为自己的选择背书。但是一个客观的、不容否认的事实是，法律从来也未能禁止人们对自己生命的实质支配。传统法律某些时候还不得不对一些支配生命的行为进行褒扬。中外都赞美为正义事业献身和献生的人。这些人往往会得到来自立法者和执法者方面积极的评价。这无疑是合理的——不给予应有的评价反而是不公的；但是这在逻辑上是矛盾的。那些“献出生命”的人，无论情景如何特殊，选择如何伟大，但无法否认的是他/她们确实在支配自己的生命。

---

① 王利明：《人格权法研究》，中国人民大学出版社 2005 年版，第 35 页。

② 刘长秋等：《脑死亡法研究》，法律出版社 2006 年版，第 68—69 页。

如果生存是生命的最高价值，享有和维护是生命权的唯二权能，那他们这种行为就是无法解释的，难以在法律上自圆其说。这种自相矛盾只是展示了我们法律的不足。而法律成功的地方却恰恰是人们争议和诟病的地方。法律禁止支配生命的规定成功地使得一些备受煎熬却无能为力的绝症患者得不到想要的解脱，不得不忍受度日如年的痛苦折磨。

（二）承认生命支配权能是对人自身祛魅

否定说强调生命的神圣，认为生命作为天赋的一种存在，人类只有认真享用，积极维护之权，而不能擅加处分。这种学说的背后，掩藏的深层思想是：作为被创造者，无论是自然创造的，还是上帝或女娲创造的，理应依照创造者的意愿存续。支配生命的情形是不符合创造者意愿的。洛克亦曾云，“上帝扎根在人类心中和镂刻在他的天性上的最根本和最强烈的要求，就是保存自己的要求，这就是每一个人具有支配万物以维持个人生存与供给个人使用的权利的基础”①。否认生命支配权能的核心立足于生命神圣不可支配的认知基础。经过文艺复兴，现代主义和后现代主义思潮的洗礼，上帝死了。但是人们在自己身体里发现了一个上帝，这就是生命，神圣到不可支配。

而支持生命支配权的学说背后，贯穿着这样一种理念：人是自主的，理应对自己所拥有的一切，包括生命予以支配。人不应是被创造者或社会所绑架或吞噬的分子，他/她首先属于自己，其次才属于社会。作为自主自利的人，在审慎思考后，当然可以做出自主选择。笔者从来也不想否认生命的价值，但生命真的宝贵到不可以支配吗？我们的法律曾经视一些人的生命如牛马，他们的社会标签是奴隶。我们的法律也曾视妇女儿童如财物，可赠送，可交易。我们的法律还曾视老人如负累，可抛弃，可杀死。当然反对者可以说，那都是曾经，已成历史。但现在我们就没有对生命指手画脚，试图控制吗？科技进步已打破生命等人格要素神圣不可支配的观念。人们计划生育，安排后事都已经成为生活常态。生命的诞生或者逝去不再完全取决于偶然，而是人们理性选择的行为。我们的生命科技可以在此大展身手，做得不会比传说中的造人者差。这么多人插手，在笔者眼中，也依然无损生命的神圣。科技、文化都已经打破了生命的神迹，恢复

① ［德］阿图尔·考夫曼、温弗里德·哈斯默尔主编：《当代法哲学和法律理论导论》，郑永流译，法律出版社2002年版，第490页。

它世俗的一面。既然不是神，只是个凡人，他人能够插手，自己也可做主，似乎才合理。“当前讨论生命概念的时候，其实已经处于一种启蒙/世俗化的阶段，这代表了宗教世界观的衰弱与实证科学力量之支配，用 Max Weber 的话来说，这就是一个除魅的时代。”① 对人祛魅，承认人不是属于神的，那他/她就只能属于自己，自然可以为自己支配。

（三）认可生命支配权能是尊重个体权利

反对者或许还会说，人不属于神，并不当然意味着他/她就属于自己，还可能属于社会；如果属于社会，自然人对自己的生命就没有支配权了。社会学学者总结何谓人时，将人界定为“各种社会关系的总和”。在这样的背景下，个体性完全被族群所吞噬，不仅泯然众人，简直就是泯然不见。

虽然个人主义的观念在社会连带主义思潮的冲击下已经不复原来面目，但其依然耸立不倒，并未消失。为何会如此？因为即使是激进的社会连带主义者也承认一个基础：人们结成社会契约的初衷在于保全个体。一个完全消灭个体的社会是违背其存在的根本目的的。1920 年，德国律师卡尔·宾丁和医生阿佛立德·霍赫出版了《授权毁灭不值得生存的生命》一书，宣扬强调国家权利、反对个人权利的思想。他们认为：一个生命是否值得保存取决于该生命对社会的价值，而不仅仅取决于该生命对个人的意义。② 此书被认为是为后来纳粹实施安乐死做舆论上的准备。公共权力，社会利益，这样高大上的理由，其伸缩转圜、腾挪跳转之能，令人叹服。当初为纳粹张目，证成安乐死合法化的辩词；今天轻巧的一个转身，就成为禁止安乐死的理由。在忽视个体、轻视个体权利的语境中，死或生，都不是个体自决，而是公权力治理。具体到生命权领域，笔者绝不会否认生命的公益属性：生命的存在往往是利他的，但是不能因此否定生命的专属和利己性。

生命首先是属于权利个体的，权利个体关于生命的正当诉求需被优先满足。一个法理学案例，医生杀死一个健康人，他的器官可以挽救五名需要器官移植的病人。医生可以这么做吗，显然不能。把五个人换成更多人，这个实例就变成了个体与社会的关系。人们在此的坚持，恰好反映了

① 颜厥安：《鼠肝与虫臂的管制——法理学与生命伦理探究》，北京大学出版社 2006 年版，第 17 页。

② 刘长秋等：《脑死亡法研究》，法律出版社 2006 年版，第 85 页。

我们心底的意念：社会的维系不应该以牺牲无辜的生命为基础。限制个体对生命的支配，如果其意义仅仅是维系社会，那这也是对生命另一种形式的“牺牲”。而且，在很多时候，用来支持限制生命支配权的社会需要也并不像上述事例中所表现的那样重大和迫切。譬如对晚期绝症患者安乐死的要求，许多国家不支持。禁止的理由并非是这些人还被期望对社会做出积极贡献，或者是允许他们死亡会直接造成他人利益受损。禁止的原因仅仅是立法者担心允许这样做可能会让一些人厌恶或可能经由一些漫长链条传递后产生负面效应，譬如道德滑坡。法律还需要依据这样虚幻的、薄弱的理由来限制个体权利吗？

（四）确认生命支配权能更符合权利构造

人格权通常被定义为支配权，因为权利人通常无须他人配合，即可通过自主行为实现权利，完全符合支配权的要素。人格权权能包括控制权、利用权、有限转让权和适当处分权；[①] 这些权能也是典型的支配权内容。但是具体到物质性人格权，特别是生命权，对于其支配权属性，学者的判断则不无踌躇。传统学说否认生命支配权能，不认可主体对生命的支配；认为若承认生命支配权，除开自杀不论，安乐死问题也缺乏社会共识。

但这种观念正在被挑战。支持生命支配权能的学说有自然权利说、自主权说、财产权说、人格权说等。[②] 学者已经发现，近现代民法体系所持的人物两分理论，虽有助于彰显人的主体价值和尊严，但在处理因人的活体、尸体、离体组织和基因等利用的法律问题上，已部分失灵、有加剧人体物性利用和人性尊严之间冲突之嫌。[③] 有学者甚至因生命权不具有支配权能而质疑其成为人格权的资格，指出作为人格权它有两点不合：一是人对其生命不得支配；二是保有不是生命权权能。[④] 可以看到，生命权是否有支配权能，甚至危及生命权的权利属性。这也正是萨维尼当初反对规定人格权的理由：不认可人格权的支配属性，毋宁将其排除在权利谱系之外。其实这也可以反证，生命权不能没有支配权能。自然人应该享有在不违背公序良俗原则前提下自主决定其生命的自由。

---

① 杨立新：《人格权法教程》，高等教育出版社 2005 年版，第 33—35 页。

② 周平、严永和：《现代科技背景下生命支配权之理论审视与制度构建》，《暨南学报》2019 年第 1 期。

③ 汪志刚：《民法视野下的人体法益构造——以人体物性的科技利用为背景》，《法学研究》2014 年第 2 期。

④ 刘召成：《人格权主观权利地位的确立与立法选择》，《法学》2013 年第 6 期。

“客体”的范畴本由法律界定，法律也一直在附骥社会之变革。古罗马人大约不能想象声光电气之类的存在也可以成为近代法律中的“物”；近代立法者不能接受人格要素可成为支配对象，这都是因为时代局限，难免一叶障目。今人既已发现其弊端，自可大胆假设，小心求证。有学者论及，人与物或人格与财产的区分当可因应时代变迁而作必要修正。在界定人体的法律属性时，如果我们能以一种更开放、理性的心态来看待法律与社会的关系，将人体定性为物在权利构造上也不存在无法克服的矛盾，也不会必然导致主客体的混同。基于逻辑的、价值的、实践的和法释义学的综合考量，理论上可以得出有限地承认人体为物的结论。① 这更加可以为生命权支配权能张目。时移世易、科技进步、社会发展、观念变迁，但再回头走《德国民法典》当初的道路，排除人格权显属不可为；法律也应与时俱进，回应今日社会之变化，审慎考量生命权之支配性。笔者赞成此种主张：“法律应当提倡人们善待自己的生命，但同时也应当尊重权利主体在意识完全自由的情况下对生命利益的支配和处分。”② 杨立新先生等更是提出了“自我决定权”这种新型人格权，来解释生命等人格利益支配问题。③

生命科技发展带来的“生”“死”之惑，只能借助生命支配权制度解决。自然人应该选择尊严地去“死”，还是苟延残喘地“活”？是理智地追求“生命质量”，还是不择手段地追求“生命长度”？是只能被动地接收技术摆布，还是可以主动地安排体面离世？这些问题，相信难以实现统一选择，也无法判断答案正误。合理的做法是承认生命支配权能，将选择权交给自然人个体，使其可以做出自主决定，实现私法自治。私法自治“给个人获得自主决定的可能性”，它“决不是强迫人们追逐潮流，恰恰相反，它给人们选择反潮流的做法提供了一种可能性”。④ 这样一来，无论是支持生命支配者，还是反对生命支配者，都可以依据自己的意愿做出安排。

---

① 汪志刚：《民法视野下的人体法益构造——以人体物性的科技利用为背景》，《法学研究》2014 年第 2 期。

② 魏振瀛主编：《民法》，北京大学出版社 2007 年版，第 629 页。

③ 杨立新、刘召成：《论作为抽象人格权的自我决定权》，《学海》2010 年第 5 期。

④ ［德］迪特尔·梅迪库斯：《德国民法总论》，邵建东译，法律出版社 2001 年版，第 141—147 页。

第二节 自杀的立法演变与法学思辨

一 自杀法律问题的提出

生命是个昂贵的礼物，接受者似乎应该珍之爱之，惜之慎之。但决然放弃这个礼物的人也不少，古来有之，于今不绝。放弃这个礼物的激烈的方式就是通说的自杀。据世界卫生组织报告，每年有 80 万人自杀，而每一起成功的自杀背后有约 20 起自杀未遂。[①] 随着这个问题的日益凸显，世界卫生组织 2014 年出版了《预防自杀：一项全球要务》报告。报告的目标是提升人们的认识，使人们认识到自杀是公共卫生问题，在全球公共卫生与公共政策议题中优先考虑预防自杀。当自杀成为我们社会越来越无法回避的话题，法律该如何评价生命权人这种任性的选择？

放弃生命这个礼物的另一种较为温和的方式就是对病人——通常是临终病人停止治疗。在一些临终病人接受各种医疗干预而最终丧失生命的同时，另一些临终病人则要求医生停止徒劳的救治而默默迎接死神的到来。这些现象在我们生活中都并不罕见。一种不假思索的认识是人应该想方设法地努力延长生命，包括最大限度地进行各种可能的医疗；同时，人们还想当然地以为医学就是不惜任何代价地挽救生命。可事实却并非这样，2016 年 3 月的“两会”期间，华中科技大学校长李培根再次提出安乐死议案。也许我们应该思索一下那些我们奉为圭臬的生命法则，它真正的内涵。

二 规制自杀的法律发展

一般认为，第一部系统研究自杀的作品是迪尔凯姆（Durkheim）的《自杀论》。迪尔凯姆希望借助对自杀的研究，找出欧洲社会正在经历的与普遍存在的社会失调原因，提出缓解这种失调疗法的方案。[②] 但在法律上处理这个问题，开始甚早。

---

① 世界卫生组织：《预防自杀：一项全球要务》（2014），http：//www. who. int/mental_health/suicide-prevention-report，2015 年 11 月 7 日。

② ［法］迪尔凯姆：《自杀论》，孙立元等译，北京出版社 2012 年版，第 165 页。

（一）许可自杀的古代法律

古罗马法律许可人们自杀。在罗马法中，自权人对自己的人格权拥有绝对支配；就生命权而言，除积极享有和维护外，还可消极地行使自杀权。依据罗马人的生命观，在身患绝症、治疗无望的情形下，不用人为地苟延生命，而可以选择主动结束生命。① 哲学家苏格拉底是自杀而死的，但其名誉并不因此蒙尘。西班牙学者认为，罗马人授予了对于自己的无尽的权利，例如自杀和自虐；盖因罗马人信仰的斯多噶哲学流派赞成自杀。该学派认为，痛苦、重病和畸形等不合自然的生命不值得延续；人是自己身体的主人，有权决定自己的命运。因此，政府只惩罚无由的自杀，患不治之症者自杀被认为有正当理由。② 但程序上，自杀需得到元老院许可。任何想死的人都需向元老院陈述理由，得到允许就可结束生命。③ 虽然自杀的动机和理由需要被审核，但由于当时"合法的"理由非常之多，禁止自杀的法律也就徒有虚名了。

日本在自杀方面可以说是独树一帜。日本对自杀的传统道德评价非常高，武士道精神影响广泛，很大程度上也影响了法律对自杀的评价。日本社会对自杀未遂者非常同情和宽容；历史上从未有过"自杀罪"的罪名，也没有制裁"自杀未遂者"的法律；对已自杀的罪犯法律也不再追究；这与西方法律传统大不相同。近代以来，日本的文学家川端康成、芥川龙之介、三岛由纪夫、太宰治、有岛武郎、田中光英、北村透谷、久保荣、服部达、火野苇平、加藤道夫、小林美代子等人结束生命的方式都是自杀，形成了一种几乎一脉相承的传统，令世界文坛为之震撼。④ 中国古代也是允许自杀的，除了极端情形，对死者往往抱持同情的态度，有的还评价甚高，如伯夷叔齐不食周粟绝食而死；屈原投江而亡；项羽乌江自刎；即使是犯罪之人，也可通过赐死令其自杀；自杀者的罪责往往就因其死亡而既往不咎了。

（二）作为犯罪的中世纪法

欧洲中世纪法律严禁自杀。早期的基督教并不反对自杀。圣经中虽然

---

① ［日］盐野七生：《罗马人的故事V：恺撒时代（卢比孔之后）》，黄红杏译，三民书局2005年版，第194页。

② 徐国栋：《人格权制度历史沿革考》，《法制与社会发展》2008年第1期。

③ ［美］爱米尔·杜尔凯姆：《自杀论》，钟旭辉译，浙江人民出版社1988年版，第281页。

④ 李建军：《日本人自杀行为的历史文化因素》，《社会学研究》1995年第6期。

有禁止杀人的教义，但对自杀殉道者往往给予积极评价。但到5世纪时，由于殉道者众多，影响到教徒数量，于是希坡大主教圣·奥古斯丁首次宣告，自杀殉教是一种罪过。到13世纪，神学家托马斯·阿奎纳将自杀定性为犯罪行为，其理由有三点：（1）自杀违反自爱原则；（2）自杀伤害了社会群体；（3）自杀违背上帝意志。[①] 这个观点既是对欧洲相关法律的总结，也是后来自杀立法的基石。

传统的英国法律是禁止自杀的。英国国王爱德加在公元967年颁布法令，规定自杀者与谋杀犯、盗贼同罪。自杀者不许为其举行葬仪，死后不能入公墓，尸体要被鞭尸示众木桩穿心后方可下葬，而且必须埋在大道路口，令人踩踏。这些做法目的是震慑那些有自杀之念的人。[②] 依据布莱克·斯通在《英国法评论》中的记载，禁止的原因是自杀具有双重罪过：其一是灵魂之罪过，侵犯了上帝的特权，未经召唤而匆忙地去见上帝；其二是世俗之罪过，违背了国王的意志，因为他有意保全所有子民。[③] 其他欧洲各国，如德国、奥地利、匈牙利、瑞士、荷兰、俄罗斯等都有类似法律规定，将自杀视为严重罪行予以制裁，震慑自杀行为。受其影响，我国香港法例中也一度定性自杀是罪行，自杀未遂者需要惩罚并入罪；此规定直至1997年才被废除。

在东方，佛教等虽也禁止自杀，但伦理对此持宽容态度，法律也于此处有意留白，不做置评。儒家强调舍生取义，杀身成仁，对包括自杀在内的放弃生命维持理义行为都予以褒扬。日本社会以往对自杀不仅不禁止，习惯还有褒扬之意。

（三）视为权利的现代法律

现代西方社会关于自杀的理念业已转变，人们认为自杀纯属个人的自由选择问题，而不再是对上帝的冒犯。相应的法律也改弦易辙。英国法律改变了以前的做法，逐步废除了相关规定，最终在1961年废除自杀犯罪，将其由犯罪行为定性为非正当行为。[④] 法国、意大利、西班牙、俄罗斯等国也逐渐废弃自杀犯罪，德国则尤为激进，纳粹甚至出台了臭名昭著的安

---

① 刘长秋：《自杀权论纲》，《私法研究》2011年第4期。

② 李建军：《自杀：是“犯罪”还是“权利”?》，《云南大学学报》（法学版）2009年第1期。

③ ［美］H. T. 恩格尔哈特：《生命伦理学基础》，范瑞平译，北京大学出版社2006年版，第347页。

④ ［日］布施丰正：《自杀与文化》，马利联译，文化艺术出版社1992年版，第4页。

乐死法。荷兰、瑞士、美国加利福尼亚州等已经通过有条件的安乐死法案。这些法案似乎正昭示着自杀作为生命权权能在逐渐被接受。但欧洲宗教仍反对自杀，法律上也多保留协助杀人罪罪名。

东方则还是维持以往的传统。法制的世界潮流显示自杀已经由曾经的犯罪而转为非罪。1935 年中华民国刑法关于自杀不为罪的立法理由说明指出：将自杀定罪一是法理上难以证成。所谓："民不畏死，奈何以死惧之。"二是实践中操作不便。自杀可处罚的只能是未遂者；如已既遂，自然就没有处罚的可能。如此难免推导出法律鼓励自杀既遂的意味，此违背立法初衷。三是无法通过法律制裁达成禁止自杀的目标。我国的宪法和法律对于自杀行为也鲜有正面规定，其考量莫外如是。《公安机关办理刑事案件程序规定》规定犯罪嫌疑人已经死亡的，撤销案件；《刑事诉讼法》规定此种情形免于追究刑事责任。但协助自杀者的行为不一定被免责。

三　自杀的法律学说分析

加缪（Albert Camus）曾云："真正严肃的哲学问题只有一个：自杀。判断生活是否值得经历，这本身就是在回答哲学的根本问题。"① 在西方，自杀问题是哲学、宗教、法律、伦理、文学、医学、心理学等长期思考和探究的问题。

（一）自杀禁止说

对于自杀行为，多数人持反对态度。这种态度也似是主流文化常秉持的态度。三大宗教原则上均反对自杀。基督教认为自杀是犯罪，自杀者将入地狱，永世不得升入天堂。在佛教教义中，其佛门五戒，戒杀生是第一戒，而自杀也属杀生，为佛律所反对。反对自杀的法律认为自杀是致害行为，应予禁止。

1. 自杀伤害生命权人自己，允许自杀有可能导致权利的滥用

生命本身有其内在价值，至高无上；禁止自杀，对于保护生命有积极意义。仅仅是保持这样一种法律立场，就可以宣扬生命的珍贵。中国古人说，人之所宝，莫宝于生命。至于为什么生命绝对，永远具有至高无上的价值，似乎是不言而喻的。欧洲的启蒙思想家说人是万物的尺度，人的核

---

① ［法］阿尔伯特·加缪：《西西弗的神话》，杜小真译，广西师范大学出版社 2002 年版，第 3 页。

心地位由此可见；当然，拥有生命的才是人。自杀是损己行为，不值得肯定。当事人自杀哪怕仅是伤害自己，社会也应努力保护个人，避免其做出这种选择。自杀是不符合主体自身利益的，因而自杀往往被视作一种非正常的、病态的选择。例如自杀倾向属于诊断抑郁症的重要指标，抑郁症最显著之特点就是患者表现出自杀倾向。换言之，具有强烈的自杀倾向的人，很可能被诊断为病态。

2. 自杀会伤害其他人

主体可能处于各种契约、身份关系之中，享有权利的同时承担义务；自杀有时是对这些义务的逃避，不值得提倡。生命的存活有赖于他人、社会的付出：一个新生命无人抚养不可能存活，自杀者使得抚养者、社会都因此蒙受损失；而自杀者还可能充当抚养者的角色，一个丈夫与父亲自杀使得妻儿失去抚养；一些人自杀是为了躲避各种债，法律义务或道德义务，金钱债务或人情负债，自杀者一死了之，但债权人则必会因此受损。因此，自杀应受到谴责。

3. 自杀损害社会利益

生命对社会具有积极利益，不仅仅属于自己；自杀会伤害社会利益。俄国思想家别尔嘉耶夫（Berdyaev）就坚称人的生命是天赐的、神圣的：它首先属于上帝；其次属于我们的亲友和社会；最后属于整个世界；而不仅仅属于我们人本身。[①] 譬如基督教认为生命属于上帝。儒家学说强调身体发肤受之父母，生命自然也是父母赋予的。而上溯到柏拉图和亚里士多德，他们也认为生命不属于个人本身，而是属于国家的。现代社会也认为国家在公民生命方面有重要利益，因此可禁止堕胎、自杀等。

（二）自杀权利说

部分人坚持自杀权利观，认为个体拥有结束自己生命的权利；并且每个人都有权排除干预、保证权利的实现。坚持自杀权利观的依据有自然权利、自主权、财产权等不同观点。

1. 基于自然权利的自杀权

古希腊斯多葛学派普遍认为，人有结束自己生命的权利，并且这种权利是基本权利，虽然他们也谴责“轻率”的自杀行为。该学派哲学家塞尼卡说，最理想的死亡方式是用我们喜欢的方式结束生命。蒙田、伏尔

---

① 罗燕：《伦理视野下的自杀权》，《北京社会科学》2014 年第 8 期。

泰、卢梭、休谟、叔本华等著名哲学家也主张自杀是人的权利。叔本华坚信每个人都有毋庸置疑的自杀权利，“很明显，在这个世界上没有什么比人拥有对自身与生命的权利更值得肯定了”①。玛格丽特·巴庭坚持必须将自杀看作与其他基本权利并列的一种自然权利，以人的尊严为根据，自杀可以被看作一种自然权利。人们应把可以提升人的尊严的各种权利都看作自然权利。这样才能使自杀权得到有效保护，否则自杀权很容易被限制或压倒。②

2. 基于自主权的自杀权利

“自主”的一个广为引用的定义是“做我们自己或能够按照自己的信念与意愿去行动而不受任何干涉”。③ 自主权是以个体理性为基础，以个人行动自由为表现方式。有学者认为选择死亡的权利是自主权的终极表现方式，死亡权就意味着假如没有伤害或违背他人权利，人们可自主地选择死亡。④ 自主权论者往往秉持这种观点：人若为万物的尺度，应先做自己的主人；倘若一己之躯尚不能自主，何谈拥有万物。而权利的特征就在于它是自由的，权利人可以行使，也可以放弃。古希腊的斯多噶学派代表人物第欧根尼认为，只有随时准备死的人、才是真正自由的人。⑤

现代自杀通常被定义为具有完整健全心智的人故意或者意图自我毁灭的行为。彼得·辛格认为，人们没必要认为选择自杀是一种不道德的行为，一个人的愿望构成他的道德理论的基础，阻止他人自杀缺乏合理性基础。恩格尔哈特认为“自由的个人应该可以按照他们自己的选择去死，即使他们并没有选择理想的时间”⑥。陈兴良教授将自杀定义为“基于意志自由，自我决定结束生命的行为”⑦。这些观点都强调自杀是自主行为，自主权是自杀的权利基础。实施自杀行为的人必须有完全的行为能力，能够理解自杀行为的性质与后果，从而对是否进行自杀做出选择。在美国的

---

① Margaret P. Battin, *Ethical Issues in Suicide*. New Jersey: Prentice Hall, 1995, p. 181.

② Margaret P. Battin, *Ethical Issues in Suicide*, New Jersey: Prentice Hall, 1995, p. 191

③ Agich C. J., “Key Concepts: Autonomy”, *Philosophy*, *Psychiatry and Psychology*, No. 1, 1994, p. 267.

④ David M. Clarke, “Autonomy, Rationality and the Wish to Die”, *Journal of Medical Ethics*, No. 25, 1999, p. 459.

⑤ 黄应全：《死亡与解脱》，作家出版社 1997 年版，第 42 页。

⑥ ［美］H. T. 恩格尔哈特：《生命伦理学基础》，范瑞平译，北京大学出版社 2006 年版，第 348 页。

⑦ 陈兴良：《判例刑法学》（下卷），中国人民大学出版社 2009 年版，第 162 页。

保险法上，不具备行为能力者的自杀往往被定性为意外。一些受益人因此声称自杀者精神失常，缺乏自杀意图，死亡属于意外事件，应该赔付保险金。美国最高法院在 Mutual Life Insurance Co. v. Terry 一案中采纳了这种解释。①

3. 基于财产观的自杀权利

一些学者坚持将生命与财产类比，特别是将生命权与所有权比照，认为生命是一项财产，虽然较为特殊，但仍可为主体支配；正如所有权人可以支配自己的物一般。洛克论证说“每个人都是他自己的一项财产，对此除他之外任何人都没有权利”②。虽然把人说成财产听起来有点伤人自尊，但是在流行“天赋人权”，而人权即追求“自由、财产和幸福”的时代，用财产权来解释人格权、生命权无疑是一种强调其重要性的可行方法。日常生活中，我们常有“一命换一命”的说法，这和财产的互换性一致。某人冒着风险挣来的财富，常常被形容是“拿命换来的”，这种描述加强了生命与财产存在等价交换的印象。由此容易导致生命也是一种财产的判断。而财产作为客体，是可以交易、抛弃，为权利人自由处分的。鉴于财产的这些属性，在坚持生命也属于财产的论调时，比较容易通过类比方式得出生命也可让渡或抛弃的结论。

不过这一论断容易受到财产所有权人争议和财产权行使限制两点质疑。由于生命的归属是否仅属于或主要属于个体这一点上仍存争议——过去生命被认为属于上帝这一类的造人者，现在则认为属于包含亲友等的社会甚至全世界，因而个体对生命的处分权不甚确定。而即使确认财产权主体，财产权行使在法律上也可以限制，譬如我国的建设用地使用权有 70 年期限之限制，农村宅基地使用权有限制转让的规则，所有权有滥用之禁止等。因此类比限制生命处分——自杀，在财产权理论上也并非不能成立。

四 自杀的法律规制思考

法律应该如何对待自杀，这正成为许多人关注的一个问题。法律对这个问题的回应不仅涉及对意图自杀者的行为评价，也影响到其他关联者的

① Mutual Life lnsurance Co. v. Terrg, 82 U. S 236 15 W all 58Q 21 L Ed 236 (1872).

② ［美］H. T. 恩格尔哈特：《生命伦理学基础》，范瑞平译，北京大学出版社 2006 年版，第 157 页。

行为模式选择。面对自杀，旁人是袖手旁观，是积极阻止，还是提供方便，甚而勉力协助？在此，需厘清自杀的属性，然后才能确定权利人及关系人的行为模式。

我们感到，承认绝对的自杀权不仅会动摇既有的法律规则，甚而有可能颠覆我们传统的道德理念，也可能与我们承认生命支配权以维护人之尊严的初衷相去甚远。承认不受限制的自杀权，可能引发这样的事件：积极宣传自杀方法，传授自杀技术的人可能被奉为生命导师。一个青年因为失恋，其感受到的不仅仅是“难受想哭”，可能是“难受想死”。他在网上发表了自己的心情，于是一帮“热心人”出于帮助他的真诚心意，告诉他自杀八十一法，务必要助他修成正果。我们要颁发这些人“道德模范”“见义勇为”勋章吗？因此，我们还需深思自杀权制度的设计。自杀权的行使必须是审慎的，这种审慎的考量显然不能指望由意欲自杀者来实践。相当多的自杀都是不那么审慎的，甚而是任性的。因此这种审慎应该由法律规则来保证。而保障的路径，就是对自杀权行使设定条件。笔者认为自杀权的行使应符合以下条件：

（一）自杀权是维护生命尊严的最后方式

传统社会认可的支配生命必须是符合公序良俗的。生命权今日虽列位于权利金字塔的顶端，但其曾有一段“黑历史”，即被法律拒绝承认的过往，而否认的最核心的理由在于当时的立法者认为，生命权的损害无法恢复，难以救济；不能救济的权利难谓真正的权利。俗语说“一失足成千古恨，再回头已是百年身”。但是生命权的失去，却绝无回头之机会，比之任何失足的后果都要严重。正是这个原因，在法律人眼中，对生命如何的关注，施加何等严重的注意义务都不为过。表现在生命权支配权能问题上，就是要求所有人，包括权利人对此负起最大的注意义务。自杀虽然出罪，但这项自由并非绝对。献身应该基于高尚的动机，如维护社会正义，公众福祉等；私人一点的理由也是维护个体人格尊严。所以为正义事业献身的人是被铭记的，为了一时一地的挫折而放弃生命的人，常常是作为反面教材而被记住的。

基于正当目的且穷尽其他手段的自杀才是行使权利，否则即为滥用权利，任何人都可以阻止。如农民工为讨薪而自杀，妇女因为家庭暴力而自杀，贫困者因贫穷绝望而自杀，失恋者因感情失意而自杀，学生因考试成绩不理想、玩游戏被禁止而自杀……虽然各人的烦恼痛苦令人同情，但是这不能成为我们认可其行使自杀权的原因。这些困境也绝不是只有死亡才能解决的难题，也不是死亡就能够维护其人格尊严。在穷尽其他可能之前，自杀往往会被视为怯懦地逃避。并且一旦失去生命，其他解决方法都无实施可能，只留给亲人伤痛，社会损失，因此要求国家、社会袖手旁观实无可能。1960 年国际预防自杀协会（IASP）在维也纳成立，该组织工作的主旨是预防自杀。这种审慎是有道理的。一项行动影响越重大，程序就该越严谨。在生命权支配问题上，其行使的效果不言而喻，因此对其权利行使的条件加以限制是顺理成章之事。

（二）自杀权行使受他人合法权责之限制

承认自杀权利即使在逻辑上可以证成，但实践中仍需面对诸多冲突。譬如，阻止自杀是否侵权？如果承认生命权包含自由放弃生命的权能，那么下面这个案例可能就不仅仅是假设了。设若一个意图自杀者甲跳水，一名路人乙见义勇为跳入水中将其救起，自己却不幸失去健康或生命。乙方要求甲予以补偿。甲辩称自己本欲求死，为乙阻止，妨碍自己权利实现；乙方行为实为侵权，属于不法行为，自己不但无须补偿，反可以诉求乙方承担侵权责任。此情此景，我们自然不得不追问：阻止别人自杀是侵犯他人自杀权吗？再如，协助自杀是助人为乐的善举吗？显然，自杀权应受他人合法权利或职责限制，不能绝对化。

自杀权受他人合法权利限制。自杀不得侵犯他人权利，否则需依法承担责任。例如，一自杀者跳楼自杀，恰落在巡逻保安面前。保安精神受到严重刺激，致使其健康受损，无法再胜任保安工作。更有极端实例，自杀者跳楼砸在路人身上，致其当场死亡。凡此种种，皆是自杀者欲行使其自杀权，而使无辜者蒙受法律权利之损害。这种情形，属于民法滥用权利的范畴，已经超出正当行使权利的范围，需要承担责任。

自杀权受他人正当职责限制。如父母、子女、配偶、其他近亲属等作为监护人对被监护人负有保护其生命安全之责；医生、警察、教师等负有保护相关相对人生命安全的职责。对于这些人而言，坐视其死亡，是和其肩负的法律义务相违背的；他们可以阻止权利人的自杀行为。

如果自杀者自杀伤害的仅仅是他人的道德利益，这种利益能否成为对抗他人自杀的法律事由呢？譬如一个基督徒或佛教徒基于阻止杀生的宗教信仰而阻止他人自杀，或者一个普通的民众基于他的见死不救不道德的道德感而阻止他人自杀，这在法律上应否支持呢？虽然我们可以从这些行动中感受到很多的正能量，但是不得不承认的事实是：如果他人的道德利益也成为阻止权利行使的事由，这项权利就只剩下权利之名，而难以再有任何权利的内核了。自杀权也就沦为一句空谈。矛盾的是：如果不保护这种做法，又似乎使得自杀权的规定显得很不道德了。笔者以为，今日安乐死遭遇的种种否定，其原因部分即源于此。

（三）自杀权可接受的行使方式为安乐死

现代社会生命支配权能问题的焦点在安乐死。“安乐死”是指使人生命感受上最小限度地承受痛苦和最大限度地享受安详的一种死亡实施或死亡过程。[①]《中国大百科全书·法学卷》对安乐死的解释是：“对于现代医学无可挽救的逼近死亡的病人，医生在患者本人真诚委托的前提下，为减少病人难以忍受的剧烈痛苦，可以采取措施提前结束病人的生命。”安乐死在《牛津词典》中的解释为“患痛苦的不治之症者之无痛苦的死亡；无痛苦致死之术”[②]。

安乐死的分类也较为多样。常见的如主动与被动安乐死、自愿与非自愿安乐死，消极的安乐死与积极的安乐死等。这些研究分类都有积极价值，对于法律如何规制安乐死极有裨益。自杀权可接受的行使方式为安乐死。其他自杀行为，难以获得权利之名，因而也无法给予法律保障。

第三节 安乐死合法化分析与制度安排

一 安乐死合法化的理论分析

医学的使命就是不惜一切延长生命吗？法律的命令就是无论何种情形都不准支配生命吗？十多年前，我国卫生部官员曾撰文表示我国暂不适宜开放安乐死（Euthanasia），其理由是我国的国情、法律、文化都使得安乐死尚不具备实施的可行性。从社会宏观方面看，民众观念不接受安乐死，需要转变；囿于医疗科研水平等，缺乏安乐死基本问题的一致判断标准；法律层面也缺乏对生命权的规定。从微观层面而言，安乐死行为涉及患者、家属、医务人员及医疗机构四方利益，实施存在隐患，实施安乐死的

---

① 曹刚：《安乐死是何种权利？——关于安乐死的法伦理学解读》，《伦理学研究》2005年第1期。

② 《牛津现代高级英汉双解词典》，牛津大学出版社、商务印书馆1998年版，第395页。

条件和时机还不成熟。[①] 十多年过去了，安乐死在我国依然是问题而非制度。但是如果我们回避问题，它就永无解决之日。安乐死合法化有其文化的、法理的、经济的支撑依据。

（一）中外安乐死的思想是安乐死合法化之文化依据

生命伦理学通常以不伤害、有利、尊重和公正作为其基本原则，以此分析安乐死，会发现其合法化虽然提前结束一个生命，却避免了患者的身体与心理伤害、减缓了经济损失和照料负担，对患病末期的亲人是安慰与解脱，具有道德合理性。[②] 中外的历史及现实中也都有接纳安乐死的文化成分，民众并非完全排斥安乐死。

古代西方医学之父希波克拉底说过，“不要在病人身上做得过多”。他强调当死亡不可避免时，医生要做的是陪伴病人，让其安静地结束生命；不要做无谓的治疗，徒增患者的痛苦。古希腊、古罗马时代，社会普遍允许病人及残疾人“自由辞世”。西方哲学家对死亡也有深刻的见解。德国历史学家斯宾格勒说“死亡，是每一个人的共同命运……使我们成为人类，而有别于禽兽”。培根则很开明地宣称，安乐死也是医学技术的必要领域，正如长寿是生物医学最崇高的目的。[③] 所以一些西方国家率先认可安乐死制度，是有其文化渊源的。

中国并非没有安乐死的文化土壤。相反，中国文化长期以来对个体的死亡选择之规制就较宽松，安乐死的思想和实践都有其土壤。如佛教、道教都有前世今生来世的观念、有“死而不亡”的观念、认为死亡不是终局意义的。因此佛教要求在教徒即将死亡之际，家人亲友不得哭泣挽留，以免干扰其灵魂安宁，而应齐诵佛经佛号，助其前往西天极乐世界。道教“苦生乐死”，庄子的妻子去世，他鼓盆而歌，认为妻子劳作一生，终得长眠，与天地共存，值得庆贺。儒教虽然说非常重视生命价值，好生恶死，但也不将生命价值绝对化，强调还有“义”，高于生命，鼓励“舍生取义”。《健康报》报道，有关部门对北京地区近千人进行的问卷调查表

① 赵雪莲、毛群安：《中国安乐死实施的不可行性分析》，《中国医学伦理学》2006 年第 3 期。

② 李昶达、韩跃红：《中国安乐死合法化问题的生命伦理学审视》，《昆明理工大学学报》（社会科学版）2015 年第 4 期。

③ ［德］斯宾格勒：《西方的没落》，陈晓林译，台北华新出版有限公司 1976 年版，第 306 页。

明，91%以上的人赞成安乐死，85%的人认为应该立法实施安乐死。[①] 这表明进行安乐死立法有很坚实的群众基础。今天的许多地方，民众和医师对于不可挽回的死亡采取放任的态度也就不稀奇。司法实践中也表现出了对安乐死的同情与宽容。在一起故意杀人案件诉讼中，被害人患先天性智障疾病，日常生活无法自理，依靠被告人黄某某照料。在被告人本人年迈多病（已经超过75周岁）的情况下，其不愿看到自己身故后被害人受病痛的折磨，而实施让被害人先自己离开人世的杀人行为。法院认为其行为虽触犯法律构成犯罪，但，其悲可悯，其情可宥。最终判处有期徒刑三年，缓刑四年。[②] 虽然笔者并不认为被害人的死属于安乐死，也不认为其符合积极安乐死实施条件，但这反映出民众对安乐死的需求与实践，是法律缺失环境下的一幕悲剧。司法的智慧则缓和了悲剧的色彩，是这起惨剧中的一抹暖色。“不死”有时反而是恶，以希波克拉底的名义，医生们创造出了一种对人类而言最为优雅的折磨：存活——那种依赖现代医学技术苦苦维持的生命，那种似乎永不结束的苟延残喘，是更可怕的死亡。[③]

（二）认可生命支配权能是安乐死合法化之法理依据

个体的生命支配权支持其关于安乐死的选择。1992年，在加拿大的一个听证会上，身患绝症一直争取安乐死的罗得里格斯太太质问：各位先生，我想问问你们，如果我不能批准自己去死，那我这个躯壳的主人是谁呢，究竟我的生命是谁拥有呢？[④] 自主权是自愿安乐死的最坚实法理基础。越来越多的人关注生命的质量而非生命的长度。在英、美等国，独立处置权、不经本人允许而不受触及的权利，拒绝挽救生命的诊治的权利，在经历了诸多争议后逐渐被接受。在纳坦森诉克莱恩一案的判决中，法院说：“英美法是由彻底的自我决定这一前提出发的。由此可以得出，每个人都是他身体的主宰，并且，如果他具有健全的心智的话，他可以明确禁止实施挽救生命的手术。”[⑤] 学者则指出，在安乐死的情况下政府没有合格的利益去延长居民的生命，让一个身患绝症的病人以自己愿意的方式死

---

① 徐林：《国内外安乐死立法的对比与思考》，《海峡科学》2008年第4期。

② （2017）粤0104刑初1111号。

③ 吕洛衿：《死于癌症是最好的死亡?》，http://www.infzm.com/content/107187/，2015年1月16日。

④ 潘希熙：《走向死亡，谁说了算》，《社会工作》1995年第4期。

⑤ ［美］H.T.恩格尔哈特：《生命伦理学基础》，范瑞平译，北京大学出版社2006年版，第347页。

亡，而不是忍受着不必要的痛苦度过他生命的最后时刻更加富有人性。[①]而患者最佳利益原则则成为那些不能表达自己意志的人可被消极安乐死的理由。如对长期昏迷的植物人、老人，因出生即陷于严重病痛的绝症儿童等，在缺乏或不可能做出生前遗嘱（living will）表示时，代理人基于其利益的判断是可接受的。[②]

允许安乐死是保护患者生命支配权的法律选择。最早实现安乐死合法化的荷兰，已经许可从辅助自杀转变为安乐死，从临终末期的安乐死到慢性病的安乐死，从身体疾病的安乐死到心理痛苦的安乐死，从自愿安乐死到非自愿安乐死。这成为一些国家学习的榜样。美国的安乐死运动也改变着美国传统生死观与法律制度：20 世纪 70 年代医生根据家属请求撤除维持生命设备还存有争议，80 年代许多州已经认可病人自主决定放弃治疗的死亡权利（消极安乐死），90 年代俄勒冈州率先立法确认医助死亡合法化（积极安乐死），联邦也允许各州进行“试验”。[③] 这也代表了一种立法趋势。

禁止安乐死的制度遭遇挑战，催生了安乐死旅游及其他负面影响。英国学者也认为，考虑到英国目前面临的局势，通过法律允许一些有限形式的援助死亡似乎是更好的选择：在许多安乐死是自愿的情况下，检察官无法保证任何人不会代替他画线来指定什么是法律允许的，什么是不允许的；离开该国身患绝症的公民在他国实施安乐死不仅要忍受疼痛和疾病的折磨，还要承受不知道援助他们死亡的亲人是否会被追究责任的痛苦和焦虑。[④] 反对安乐死的法官、评论员和利益集团都依赖于首个使安乐死合法化的荷兰正在滑坡的论点，但是目前的数据统计与证据不支持滑坡论。学者指出依赖滑坡论的论点是可疑的；我们应当从合法化安乐死的辖区学习经验，同时认识到由于不同的社会背景和隐蔽的实践，这些经验不能在其他司法管辖区直接转换。[⑤]

---

① Michael Weiss, “Illinos Death with Diginity Act: a Case for Legislating Physican Assisted Suicide and Active Euthansia”, *Annals of Health Law Advance Directive*, No. 23, Spring 2014, p. 13.

② ［美］H. T. 恩格尔哈特：《生命伦理学基础》，范瑞平译，北京大学出版社 2006 年版，第 241—242 页。

③ 黄贤全、陈学娟：《评析美国安乐死合法化的进程》，《世界历史》2012 年第 1 期。

④ Kristina Ebbott, “A ‘Good Deatn’ Defined by Law: Comparing the Legally of Aid-in-dying around the World”, *William Mitchell Law Review*, No. 37, 2010, p. 170.

⑤ Penney Lewis, “The Empirical Slippery of Slope from Voluntary to Non-vonluntary Euthansia”, *Journal of Law, Medicine & Ethics*. No. 35, 2007, p. 197.

（三）医疗资源有效分配是安乐死合法化之经济依据

无限的欲望和有限的资源之间的矛盾如何协调，一直是个难题。柏拉图在《理想国》中的研究结论是：当医学无法恢复病人的公民职位和义务时，推迟死亡式地治疗慢性病是不好的，这样的病人应该接受死亡。今天的医疗资源当然远比柏拉图时代丰富，但是它和人们的需要相比仍然是有限的。有限的资源如何分配才是合理的呢？波斯纳的研究指出欧洲的医生更趋向于将资源分配给有更多救治希望的病人，而美国的医生则比较一视同仁，结果导致欧洲的医疗效率远远高于美国。随着平均预期寿命的上升，健康保险覆盖的人越来越多，加上医疗技术的不断进步，临终关怀的成本成为一个日益严重的公共财政负担。[①] 在我国也存在着类似问题。2016 年《人民日报》刊文称，中国每年有 270 万癌症患者死亡，他们花掉了毕生 70%以上的积蓄，占去了国家 20%的卫生总费用。[②] 如果改变观念和制度安排，提供缓和医疗服务，他们家庭的负担会大大减少，能节省大量优质医疗资源，并能实现少痛、体面而有质量的"尊严死"。对于死亡的终局，我们无可奈何；但是面对死亡的态度，人们仍可以能动自主。安乐死的实现方式包括：要求医生等停止生命维系设施和药物的使用，使生命自然终结（听任死亡）；在患者不能独立实施终结生命行为时要求医务人员等提供帮助，如药品供给等，而由患者主导终结生命（仁慈助死），在患者不能实施终结生命行为时由医务人员等应患者请求直接实施的终结患者生命（仁慈杀害）。第一种情形属于消极安乐死，后两种则属于积极安乐死，下文分类试析之。

二　消极安乐死的制度研究

安乐死的一种较为狭义的理解就是指对无法救治的病人，停止治疗或用药，让其无痛苦地死去，也即消极安乐死。在这方面，实践比立法的步伐要大得多。

（一）消极安乐死问题的提出

2003 年全国人民代表大会上，一位著名的脑神经外科专家——王忠

① Michael Weiss, " Illinos Death with Diginity Act: a Case for Legislating Physican Assisted Suicide and Active Euthansia", *Annals of Health Law Advance Directive*, No. 23, Spring, 2014, p. 13.

② 李红梅：《缓和医疗，让告别更从容》，http://news.xinhuanet.com/2016-12/15/c_1120120512.htm，2016 年 12 月 15 日。

诚，向大会提出了在北京率先试行“安乐死”的建议。他指出，现代发达的医学，使拖延生命成为可能。在病人强烈要求结束生命的同时，病人家属出于各种考虑，如道义、责任、社会舆论等，不接受“安乐死”的做法，仍寄望于医院。一些家属甚至向病人隐瞒病情，自身却背负着沉重的经济与心理负担。王忠诚医生陈述的状况，是许多医院常见的情况。如2017年传得沸沸扬扬的台湾女作家琼瑶与其继子女就其丈夫平某某“拔管”争议就是显例。在这些案例中，一方面是身患绝症的患者，在死神即将到来的时刻，却仍在绝望地忍受身体和心灵的重重折磨，希望能够终止无意义的治疗，安静地离开这个世界。另一方面是患者家属，多数也知晓患者无药可救，唯求速死；但基于家属自身的感情、社会舆论的考量，少数情况下还有奢望奇迹出现的愿望，而拒绝患者的心愿，要求其痛苦地坚持医疗，甚至接受一些创伤性医疗，如进行不大有成功可能的手术等。还有另一种情形，在中国的医院也较常见：当患者身患绝症，确无挽救可能性时，一些医生会告诉家属，尽量满足患者的愿望，带药回家等待生命终结时刻的到来。当人们这样行事之时，在道德和法律上该如何评价呢？是听从患者意愿，任其死亡更为合理，还是违背患者意愿，听从家属指令行事更为合乎道德与法律呢？

（二）消极安乐死的医学背景

消极安乐死问题绝对是现代医学催生的难题。在医疗技术尚未如此发达的古代，甚至是几十年前，我们都没有机会面对和处理这种问题。那时，一旦患者的心肺功能衰竭之后，他们大脑的功能也会快速衰竭；或者他们大脑功能衰竭，接踵而来的自然是心肺衰竭。但在医学突飞猛进的现代，已经找到诸多方法（如呼吸机、心脏器械等）可以无须大脑而使心或肺免予衰竭。当医生为挽救患者生命，而尽其所能地使用一切医疗手段，最后徒然发现这一目标已经落空时，停止使用所有医疗器械和医疗措施，则可能导致其生命终止，患者就会自动投入死神怀抱；反之，坚持继续医疗，患者就仍可维持心肺等生命特征，无望地延续痛苦。医生此时处于道德和法律上的两难境地。这种技术在今日医院比比皆是。如呼吸机可以辅助拒绝工作的肺部进行呼吸；心脏仪器可以代替停止工作的心脏搏动；喂饲的仪器可以代替嘴巴的咀嚼和吞咽；营养液可以替代罢工的肠胃功能……过去可以导致死亡的诸多情形，借助现代医学技术，都不再是无法克服的。可以说现代医学虽然不能打败死亡，但它能够延长生命。当然，也有人说，这种情况下，医学只是延长了死亡。

延长生命的医疗举措可能违背患者本人与其家属的意愿。医生面对的不总是极端情形，他们遭遇更多的可能是患者由于年老、疾病、意外等原因，生命面临不可挽回的危机。很多时候，危机不是那么急迫，但如果不加干预或较少干预，患者可能在很短时间内死亡；但如果努力采取各种措施，则患者尽管备受痛苦，但可以稍微延长些许时日。此时，患者或其家属可能要求停止无谓的治疗，医生应该遵循什么样的指引去行事呢？年老的患者、严重残疾的新生儿常常会给医生出这个难题。

技术与法律的分歧给医生带来选择困难。现代医学可延缓以前诸多必死之症，这带来双重的影响：积极的和消极的，正如事物的一体两面。医学的进步迫使了死亡概念的修订。这一脑死亡标准正日益取代原来的全身死亡标准。死亡标准的多元化使得消极安乐死更具有争议性。以前的医生只需要无奈地惋叹，今日的医生则需痛苦地纠结。有越多选择，决定就越困难。缺乏明确的法律指引，则会增加医生如何行为的选择困难。医疗技术本身的进步无法消弭此类困难。

（三）消极安乐死的历史考察

1967 年，英国护士桑德斯创办了一处诊所，专门接收生命末期的病人，“缓和医疗”由此诞生。所谓缓和医疗，简而言之，即遵从病人意愿，不采用令人痛苦的创伤性救治方法，如心脏复苏、手术、化疗、电击等，而是用镇痛药物、心理疏导、音乐疗法等方式缓解病人的痛苦。世卫组织提出“缓和医疗三原则”：重视生命并承认死亡是一种正常过程；既不加速也不延后死亡；提供解除临终痛苦和不适的办法。今天，“缓和医疗”在欧美等已经存在相当广泛；“缓和医疗”的理念也愈加成熟。笔者理解缓和医疗其实是“消极安乐死”的一种更委婉和易于为人接受的提法。

美国的相关立法是从各州开始推进，后来形成联邦统一立法。1975 年一例发生在新泽西州的消极安乐死的案件，被世界许多国家广泛报道，最终促成了美国多个州的“自然死亡法”（Natural Death Acts）立法运动。世界上第一个消极安乐死法，是美国加利福尼亚州在 1976 年 9 月 30 日颁布的《死亡权利法》，该法于 1977 年 1 月 1 日正式生效。加利福尼亚州的《死亡权利法》规定了“生前预嘱”（living will）及其生效条件，包括见证人、安乐死申请权、进行时间法律责任等。

英国的相关法律是由判例推进，最终得以确认。1961 年颁布的自杀法案规定帮助和建议别人自杀最高可判处 14 年徒刑。1992 年英国医师协会宣布支持病患自主权。1993 年英国最高法院裁定了英国第一例安乐死案件，同意停止给该患者输入营养液。2000 年的一项调查发现，英国 1998 年约有 27000 人在医生的“帮助”下（撤去相关医疗设备）死去。2002 年英国最高法院做出判决要求医生不得拒绝患者关掉呼吸机的请求。该案使英国各级法官不得不承认此案涉及人类拥有的最基本的两种权利，即生存权和对自己身体的处置权之间的矛盾和冲突。①

对安乐死较为严苛的法国，也认可了患者“放任死亡权”。2005 年法国通过法律，尽管依然否定主动安乐死，但是肯定了“放任死亡权”，承认绝症病人拒绝治疗、停止治疗而任其死亡的权利，开辟了死亡权的合法化的道路。

我国台湾地区 2002 年通过“安宁缓和医疗条例”修正案。该法案明确患者经确诊为“末期病人”，并且其最近亲属签署“终止心肺复苏术同意书”后，医师就可停止使用呼吸器，让病人安宁离世。该条例的立法目的在于保护医患双方，一方面明确医师医疗责任；另一方面尊重患者医疗自主权。②

我国民众实际上已经接受消极安乐死。1987 年我国在天津成立临终关怀研究所，目前全国有 146 家医院在试点。但对“缓和医疗”许多人仍非常陌生，身患绝症者往往很少有机会选择。缓和医疗，以较低的医疗费用，不进行创伤性治疗，帮助患者安静从容地度过最后岁月。在笔者调研中也发现，接受较高教育的人士对安乐死的认可度相当高，目前的主要障碍在立法层面，而非民众观念层面。

（四）消极安乐死的制度安排

1. 规定消极安乐死实施的客观条件

学者认为，消极安乐死实施的客观条件有三：一是患者属于当今科技无法治愈的对象，通俗地说即身患绝症；二是病人属于绝症末期患者；三是患者正蒙受不堪承受之痛苦。

身患绝症的判断。当代医学技术虽然发达，但仍然不能解决所有问题，也不可能终结死亡。无法治愈的疾病还有很多，如一些癌症、艾滋病

① 韩建军：《安乐死在英国的法律焦点》，《政治与法律》2003 年第 4 期。

② 李寿星：《不施行心肺复苏术法——〈纽约不施行心肺复苏术法〉与台湾地区“安宁缓和医疗条例”的比较》，《金陵法律评论》2013 年第 1 期。

等。当患者罹患当今医学无法治愈的疾病，客观上就满足适用缓和治疗的条件之一。

临近末期的判断。国际和国内都主张“缓和医疗”只适用于末期病人。即使是一些绝症，患者带病存活的时间也有长有短。对于绝症早期的病患，积极的治疗仍然是必要的，无谓过早放弃。但对于预估存活期不长，病情严重的病人来说，再继续创伤性治疗等，就不是那么有效了。很多国家把一个人最后几个月的生存时间，定义为生命末期。通常认为预期寿命不超过六个月的，可以认定是末期病人。我国实践中还有一个特殊情况，即工伤认定。《工伤保险条例》第 15 条第 1 款规定“突发疾病在 48 小时之内经抢救无效死亡”的应视同工伤情形。这存在诱发为获得工伤认定而放弃抢救的决定，侵害患者生命权，违背社会伦理现象可能性。此种风险未能防止，确实会增加滥用消极安乐死制度的可能，需要检讨此条规定的合理性。

不堪承受的痛苦之判断。疼痛通常指与实际的或潜在的组织损伤联系的一种不良感受与情感体验。[①] 传统上会将痛苦分为生理痛苦与精神痛苦。但有学者指出，还应增加第三类——事实之痛，也可称为客观之痛，消极之痛，是指病人因丧失了痛苦的感知能力或反应能力而默默承受非人的痛苦。[②] 如植物人、处于昏迷状态的人等，由于其已丧失痛苦的感觉能力或表达能力，这类痛苦不能依据患者的表现来判断，只能依据客观因素来衡量。具体是否不堪承受，可以交由医师、患者和家属依据具体情况进行判断。

2. 消极安乐死实施的主观条件

患者意愿应成为消极安乐死适用的主观条件，其意愿不限于“主动接受”表示，特殊情况下也包括“不反对”。认为消极安乐死对末期病人较好的判断属于客观判断，是旁人的理解。但个体对生命的感悟是不同的，生命属于个体，个人对自己的生命应该有最终的决定权，因此在这里不应强制，而要绝对尊重个体意愿。医方需履行告知义务，确保患者在充分知情的情况下，基于完全行为能力，自愿做出要求安乐死的意思表示。如果患者表示绝不放弃任何延长生命的努力，那在条件许可的情况下也应

① 史宝欣：《生命的尊严与临终护理》，重庆出版社 2007 年版，第 102 页。

② 钱丽荣：《安乐死渐进性路径探析》，载《2013 浙江省医学伦理与卫生法学学术年会论文汇编》，2013 年。

尽量满足。

之所以提出“不反对”而不是“自愿”这一表述，是因为在末期病人中有一些无法表达自己的意愿，如长期处于昏迷状态的植物人、老年病人、新生婴儿等。如果坚持“自愿原则”，这些人就会被排除在消极安乐死制度之外。但往往这些人是非常需要消极安乐死制度的一群人。在美国，对此类病人的一般治疗决定适用“替代判断”，即由患者的近亲属根据患者的可能的意愿和利益代替无法表达意愿的患者进行决定。我国台湾地区2011年通过的“安宁缓和医疗条例”修正案规定，欲执行“安乐死”的病人若已昏迷，则由最近亲属集体出具同意书代替；但“植物人”不适用该法规。在消极安乐死问题上，也有必要承认这种代理权；除非患者有“生前预嘱”，并在遗嘱中有相反表示。在当事人没有“生前预嘱”又无法表达意思的情况下，或者当事人不具备“生前预嘱”能力的，其近亲属可以代理其进行意思表示。其近亲属可依据监护人顺位确定。同一顺位有多个监护人的，可以依据具体情况，采取多数意见或者与其共同生活成员意见决定。为保护不具备行为能力者，“生前预嘱”能力不要求和行为能力一致，可借鉴《民法典》“尊重被监护人的真实意愿”这一规定，适当参考当事人真实意愿加以判断。

3. 消极安乐死实施的法律程序

“消极安乐死”需患者一方向医方申请，医生需严格依照实施条件进行判断。缓和医疗虽不特意延长死亡，但也不加速死亡，理论上不存在伤害他人的危险，因此可放宽管制。但生命诚可贵，医师仍应负告知义务，以便患者方做出选择。此外如果不属于实施“消极安乐死”的对象，医生不能擅自实施，否则可能承担怠于医疗或不当医疗的责任。

三　积极安乐死的法律规制

（一）积极安乐死问题的提出

安乐死这个词语，在中国，是和一个陕西人——王明成联系在一起的。1986年，王明成因为要求医生对其母实施了安乐死，引发我国的第一例安乐死涉刑案件。1992年，最高人民法院批示，对涉事医生与王明成行为不做犯罪处理。2003年6月，王明成被诊断为胃癌晚期，他正式提出安乐死申请，但被医院以无法可依为由拒绝了。迄今为止，在这一问题上的争论和实践已然持续多年，但是认识和行动并未达成一致。现代医学加剧了这一矛盾：挽救病人的生命和解除病人的痛苦。例如病人处于剧烈的病痛之中，大剂量的镇痛药物使用虽然能减轻其痛苦，但也可能缩短其生命，此时医生应否开具此类处方呢？患者如果有自主意志，可以自己要求“积极安乐死”吗？如果患者无相关表示，在其昏迷不醒等不能表达意志的情形，谁可以代为选择？具体何种情形下可以选择？这都是令人深省的问题。

（二）积极安乐死的法律考察

第二次世界大战期间，由于希特勒于 1938 年拟定所谓的强迫“安乐死”纲领，使 20 多万犹太人死于纳粹帝国的集中营。这一惨无人道的种族灭绝行径，遭到了全世界谴责，也使安乐死蒙受了不光彩的声誉。不过时移世易，今天人们该用全新的眼光来看待安乐死问题了。

从世界范围来看，荷兰是最早通过法律形式将安乐死合法化的国家。实际上，早在 20 世纪 70 年代，正式法律出台之前，荷兰法院和政府就已经赋予医生协助病人自杀的权利。1993 年 2 月 9 日荷兰参议院通过关于“没有希望治愈的病人有权要求结束自己的生命”的法案。[①] 据 1999 年的统计，荷兰共有 2216 名病人在医生帮助下结束生命，其中 90%是晚期癌症病人。尽管安乐死数量在荷兰、比利时激增是不争的事实，但对其解读也并非都是“失控”，有专家反而认为荷兰目前实施安乐死的“频率不足”。例如精神病患者被安乐死的数据从 2010 年的 2 例增至 2017 年的 13 例，荷兰精神疾病联盟（NVVP）主席范·德·加格表示无须诧异：“每年大约有 300—500 名提出安乐死的精神病患者，按总人数来看，13 例安乐死应该在正常范畴内。”“很多患者提出的安乐死要求都是合理的，但目前只有极少的人被批准。”阿姆斯特丹自由大学的菲利普森教授向媒体记者强调精神病患者的安乐死要求评判过程是非常谨慎的，安乐死总体人数不多。[②]

瑞士苏黎世市政府 2000 年通过决定，允许自 2001 年 1 月 1 日起为苏黎世的 23 家养老院中选择以“安乐死”方式自行结束生命的老人提供协助。比利时众议院于 2002 年 5 月 16 日通过了安乐死法案，从而成为继荷兰之后第二个使安乐死合法化的国家。英国是最早成立安乐死组织的国

---

① 欧阳涛：《安乐死的现状与立法》，《法制与社会发展》1996 年第 5 期。

② 《安乐死立法：永远的两难纠结》，http://help.3g.163.com/15/0123/14/AGLDBLA100964LVR.html，2017 年 4 月 1 日。

家，但英国至今未对安乐死立法。1932 年英国人基利克创立“自愿安乐死合法化协会”，意图谋求安乐死的合法化，但是迄今未能达成目标。英国患者还只能去欧洲其他合法化安乐死的国家实现安乐死。

美国部分州认同积极安乐死，联邦政府对此的态度逐渐改变。美国加利福尼亚州在 1976 年 9 月 30 日颁布了《死亡权利法》。1994 年美国俄勒冈州通过了《尊严死亡法》。1999 年美国国会通过了《疼痛缓解促进法》，该法禁止医生以帮助患者快速死亡而故意开这种药，但授权医生可以开出可能增加死亡危险的处方止痛药。2002 年夏威夷州众议院允许神志清醒的晚期病人要求医生开具处方，口服致命药剂死亡，但禁止使用注射或其他在他人帮助下完成的安乐死。2006 年美国最高法院裁定，由各州自行对医疗实践进行法律规范，包括协助自杀的法律在内。2006 年华盛顿州通过了允许协助自杀的提案。2009 年美国华盛顿州通过法律，允许存活期不到 6 个月的绝症患者向他们的医生请求开致命药协助其自杀，实现“带有尊严地死亡”。2016 年 6 月 17 日加拿大通过法律，使得提供医助死亡不再是非法的。

亚洲国家中第一个在法律上有条件承认安乐死的是日本，该国没有关于安乐死的成文法，但依据判决逐步形成了安乐死判例法。而在我国，要求安乐死立法的呼声一直未能转换为立法行动。除司法部公证司于 1986 年作出的《关于不宜办理“安乐死”公证事项的复函》之外，我国未有任何针对安乐死的立法。安乐死的权利基础是生命支配权能，这点虽未能在《民法典》第 1002 条中予以明确，但也未有完全杜绝。该条规定仍然是沿袭了罗马法以来的传统，将生命权权能仅仅解释为“享有权能”与“维护权能”，完全没有显示出应因时代变化、科技进步的色彩。这和部分学者十几年前的观点一致。如梁慧星先生认为：“自然人享有生命权。禁止一切侵害自然人生命或者有可能导致生命丧失的非法行为。”① 徐国栋先生曾经明确提出自然人享有生命权与防卫权，并且“不可放弃”，“禁止满足他人提出的终结其生命的请求”。②

近年来有更多学者直面现实，认可人格权支配权能。徐国栋先生把“自杀”区分为利己性自杀、利他性自杀与反常性自杀等，认为前两种不

---

① 梁慧星主编：《中国民法典草案建议稿附理由·总则编》，法律出版社 2004 年版，第 32 页。

② 徐国栋主编：《绿色民法典草案》，社会科学文献出版社 2004 年版，第 87 页。

宜全部否定，后一种难以实际禁绝。[①] 可见，徐国栋先生已经改变了先前观点。李永军先生坚持自然人对包括生命在内的人格利益的支配权，“自然人利用其人格利益，不得违反法律及公序良俗”[②]。刘长秋先生则直言“人的生命权之中实际上已经先天的包含了死亡权的内容”[③]。这体现了学界对支配权能社会需求的法律回应，笔者颇为赞同。

承认生命支配权能已经为诸多立法所接受。迄今世界上已经有许多国家与地区承认安乐死，如荷兰、瑞士、比利时、奥地利、丹麦、法国、德国、匈牙利、挪威、斯洛伐克、西班牙、瑞典、瑞士的苏黎世、美国部分州。我国台湾地区 2000 年通过“安宁缓和医疗条例”，实际上允许消极安乐死。另一些立法没有跟进的国家与地区，其司法也认可生命支配权。今日的英国和美国部分州，虽然法律没有对安乐死做出认可，但即使医生实施安乐死，他几乎肯定会走出法庭。法庭会认为，如果终止病人的生命是根据他的要求或他明确的同意并且是为了减轻他虚弱和绝望的痛苦而做的，可能就不存在道德错误。[④]

我国立法对安乐死、生命支配权能等采取了回避做法，实为不妥。生命权有公益属性，不能由当事人任意支配；但是生命权也有专属自利的私权属性，也不能绝对禁止支配。立法应该允许自然人在符合公序良俗的前提下，拥有一定限度的生命支配权能，为接纳消极安乐死甚至积极安乐死开辟通道。但《民法典》第 1002 条有维护生命尊严的规定。王利明先生认为可以从维护生命尊严的角度作出人格权编承认对患者的临终关怀之解释，这样，生命尊严也为未来特别法规定患者的临终关怀提供了上位法依据。[⑤] 而此项制度的最终落实，还有赖于司法解释或单行立法的推进。

（三）积极安乐死的制度设计

《民法典》第 1002 条规定：“自然人享有生命权。自然人的生命安全和生命尊严受法律保护。任何组织或者个人不得侵害他人的生命权。”虽然该条并未明确生命权是否包含支配权能。但“生命尊严”的引入，为

---

① 徐国栋主编：《民法哲学》，中国法制出版社 2009 年版，第 226 页。

② 李永军主编：《中国民法典总则编草案建议稿及理由》，中国政法大学出版社 2016 年版，第 40 页。

③ 刘长秋等：《脑死亡法研究》，法律出版社 2006 年版，第 68 页。

④ Stephen Hoffman，“Euthanasia and Physician-assisted Suicide：A Comparison of E U and U S Law”，*Syracuse Law Review*，No. 1，2013，p. 383.

⑤ 王利明：《民法典人格权编的亮点与创新》，《中国法学》2020 年第 4 期。

安乐死等支配生命行为预留了一丝进路，在生命尊严的价值指引下，相应的行为或可得到正当性与合法性认可。

1. 积极安乐死的客观条件

积极安乐死的客观条件与消极安乐死一样：一是患者身患绝症；二是病人属于绝症末期患者；三是患者正蒙受不堪承受之痛苦。

2. 患者自决与排斥代理原则

生命权的享有人是个体，因此是否要实施“仁慈助死”或“仁慈杀害”，决定权在本人。其他人原则上并无权利越俎代庖。我国可以借鉴美国制度，采行“生前预嘱”做法，由权利人自行进行意思表示，确定其在生命末期是否需要实施“积极安乐死”。该预嘱具有最高法律效力。在当事人没有“生前预嘱”又无法表达意志的情况下，不能擅自终结其生命。积极安乐死是比消极安乐死更深刻干预他人生命的行为，因此必须实施较后者更为严谨的制度，在保证患者生命自主权的同时，防范侵害患者生命权的风险。在积极安乐死的制度安排上，笔者认为，还需特别强调“排斥代理原则”和严格监控程序。

排斥代理原则即积极安乐死只能以有行为能力的患者明确地要求为实施条件，不宜适用近亲属等代理或依据替代原则进行判断。这和消极安乐死不同，消极安乐死只是放任患者生命自然终结，并没有人为剥夺或缩短他人生命。积极安乐死是需要患者做出选择，这种选择是充满个人价值判断的行为，推断其潜在的行为方式不具可能性，因此只能在个人明确知情同意的情况下才能实施。有人认为积极安乐死，通过积极的医疗手段提前了自然人的死亡时间，其主观上具有剥夺他人生命的故意，客观上实施了终结人生命的行为，完全符合刑法故意杀人罪的犯罪构成。① 而可能阻却其犯罪性质的最重要事由是患者同意。在缺乏患者本人同意的情况下，是难以否定其犯罪性质的。

在道德多元化的社会，即使是至为亲近之人，也未必抱持相同道德选择。譬如安乐死，如果调查一下，许多人会干脆地表示愿意对自己实施；但如果询问他是否愿意对亲人适用，那就成了非常纠结的问题。毫不奇怪，因为我们觉得对自己合适的，却不一定对别人同样适用。在道德异乡人面前，什么是正确的道德选择是难有统一结论的。笔者赞同恩格尔哈特

---

① 李茂久：《从敬畏到接纳：安乐死合法性问题的法理基础探讨》，《医学与法学》2016 年第 1 期。

的允许原则。因而，对别人的选择干预应建立在对方认可、允许的基础上。我们不能秉持道德优越感，将自己的选择强加于人，积极安乐死即是显例。医方需履行告知义务，确保患者在充分知情的情况下，基于完全行为能力，自愿做出要求安乐死的意思表示。

3. 严格管控的实施程序

积极安乐死应该由患者本人向医院提出申请。时间上可以留给患者一个“反悔期”，视具体情况，如患者的生存预期、痛苦忍耐程度等规定，可借鉴澳大利亚安乐死法 7 天的冷却期，规定一个不短于 7 天的时限，由患者决定后经过“犹豫期”仍无改变，可以进行审核。

积极安乐死申请应该由医院的伦理委员会进行审核，判断其是否符合安乐死的主客观条件，审核通过后才可以执行。执行前仍可留给患者“反悔期”。具体时间可借鉴保险法冷静期的规定，10—15 天也可以。

积极安乐死的实施需有中立的见证人。美国法要求见证人必须是医师和家属以外的人，可资借鉴，以确保患者生命安全和意志自由。

现代生命科技的发展、主体生命支配权利的诉求使得传统法律难以维系。现代医学技术的力量如此强大，某种意义上它既可以令人“起死回生”，也可以让人“生不如死”。人若不想沦为技术的奴隶，就绝对需要权利来与之对抗——生命支配权于焉为重。生命支配权赋予自然人对现代医学技术应用与否的自主抉择权利，使自然人可以按照自己的意愿决定自己的生命，避免不合意愿的被技术摆布而处于生不如死的窘境，得以“完整而体面”地度过一生。法律可以提倡人们善待自己的生命，但同时也应当尊重主体在符合公序良俗、无害他人权利的前提下，对生命利益的自主支配和处分。

小结

现代生命科技的发展使得死亡不再是自然而然的事情，而是演变成了“关机”或“拔管”的时机选择问题。这使得人们不得不重新审视生命支配权能。生命可否支配，对此存在不同观点，否认者基于生命神圣的论调，反对赋予主体生命支配权能。赞成者则基于生命自主权理论认为应承认个体对自我生命的支配。笔者坚持法律应承认主体对自我生命的支配权能，理由如下：法律内部对生命支配权能的规定矛盾；否认生命支配权能实际是夸大生命中的“神（圣）性”成分；无视个体支配生命利益的正当需求；也不符合生命权作为人格权应具有的支配权构造。

生命支配权的最极端行使方式就是自杀。自杀在早初是被法律肯定的行为；在中世纪才逐渐演变为犯罪行为；而在近现代，其有逐渐被认可为权利的趋势。反对法律许可自杀的理论多基于伤害观点：自杀伤害自己、伤害他人、伤害社会；而支持许可自杀的学者则分别从自然权利、自主权、财产权等角度论证了其合理性。现代生命科学改写了死亡的标准，颠覆了生命价值的判断，凸显了法律确认自然人生命支配权能的必要性。生命的“自利”与“公益”双重属性，决定了自然人对生命的支配权能必须受法律与公序良俗之限制。法律可接纳的自杀行为应限制为安乐死。

安乐死在中外都有接纳该制度的文化土壤；生命支配权则是其合法化的法理依据；允许安乐死还可以实现有效分配医疗资源的经济目标。因此，笔者建议以单行法方式对安乐死予以分类规制。在符合客观条件的前提下，对于消极安乐死，患者自愿应成为其适用的主观条件，患者意愿不限于“主动自愿”表示，特殊情况下（如昏迷、植物人状态、新生儿等无行为能力状态）也包括“不反对”，适用亲友“替代判断”规则。对于积极安乐死，则必须坚持患者自决、排斥代理原则。

生命是珍贵的，拥有的时候需倍加珍惜；不得不结束时，同样需要慎重对待。我们希望好好地死去；在此之前，也当努力好好地活着。

主要参考文献

一　中文文献

（一）中文著作

陈元方、邱仁宗：《生物医学研究伦理学》，中国协和医科大学出版社2003年版。

程新宇：《生命伦理学前沿问题研究》，华中科技大学出版社2012年版。

费孝通：《乡土中国·生育制度》，北京大学出版社1998年版。

冯建妹：《现代医学与法律研究》，南京大学出版社1994年版。

公丕祥：《法制现代化的理论逻辑》，中国政法大学出版社1999年版。

郭卫华：《性自主权研究——兼论对性侵犯之受害人的法律保护》，中国政法大学出版社2006年版。

黄丁全：《医疗·法律与生命伦理》，法律出版社2004年版。

李惠：《生命、心理、情感：中国安乐死研究》，法律出版社2011年版。

李丽峰、李岩：《人格权：从传统走向现代——理论与实务双重视角》，中国法制出版社2007年版。

李银河主编：《妇女：最漫长的革命（当代西方女权主义理论精选）》，生活·读书·新知三联书店1997年版。

梁慧星：《民法学说判例与立法研究》，国家行政学院出版社1999年版。

梁慧星：《中国民法经济法诸问题》，法律出版社1991年版。

廖雅慈：《人工生育及其法律道德问题研究》，赵文慧等译，中国法制出版社 1995 年版。

刘长秋、刘迎霜：《基因技术法研究》，法律出版社 2005 年版。

刘长秋、陆庆胜、韩建军：《脑死亡法研究》，法律出版社 2006 年版。

龙显铭：《私法上人格权的保护》，中华书局 1948 年版。

邱仁宗：《生死之间——道德难题与生命伦理》，中华书局 1989 年版。

沈宗灵：《现代西方法理学》，北京大学出版社 1992 年版。

史尚宽：《民法总论》，中国政法大学出版社 2000 年版。

谈大正：《生命法学导论》，上海人民出版社 2005 年版。

王利明：《民法》，中国人民大学出版社 2020 年版。

王利明：《人格权法研究》，中国人民大学出版社 2005 年版。

王利明、程啸：《民法典释评 · 人格权编》，中国人民大学出版社 2020 年版。

王泽鉴：《民法学说与判例研究》（第一册），北京大学出版社 2009 年版。

吴庆余等：《基础生命科学》，高等教育出版社 2002 年版。

夏勇：《人权概念的起源》，中国政法大学出版社 1992 年版。

徐国栋：《民法哲学》，中国法制出版社 2009 年版。

颜厥安：《鼠肝与虫臂的管制——法理学与生命伦理探究》，北京大学出版社 2006 年版。

杨立新：《人格权法专论》，中国高等教育出版社 2005 年版。

杨立新：《人身权法论》，人民法院出版社 2001 年版。

杨遂全：《中国人口法律制度研究》，法律出版社 1995 年版。

曾世雄：《民法总则之现在与未来》，中国政法大学出版社 2001 年版。

张乃根、［法］米雷埃 · 德尔玛斯—马尔蒂主编：《克隆人：法律与社会》，复旦大学出版社 2002 年版。

周枏：《罗马法原论》，商务印书馆 2001 年版。

（二）中文译著

［美］阿丽塔 · L. 艾伦、理查德 · C. 托克音顿：《美国隐私法　学说　判例与立法》，冯建妹等译，中国民主法制出版社 2004 年版。

［美］埃德·里基斯：《科学也疯狂》，张明德、刘青青译，中国对外翻译出版社 1994 年版。

［美］埃里克·A. 波斯纳：《法律与社会规范》，沈明译，中国政法大学出版社 2004 年版。

［意］彼得罗·彭梵得：《罗马法教科书》，黄风译，中国政法大学出版社 1996 年版。

［美］博登海默：《法理学——法律哲学和法律方法》，邓正来译，中国政法人学出版社 1999 年版。

［德］迪特尔·梅迪库斯：《德国民法总论》，邵建东译，法律出版社 2000 年版。

［法］迪尔凯姆：《自杀论》，孙立元、滕文芳译，北京出版社 2012 年版。

［美］格雷·F. 凯利：《性心理学》，耿文秀等译，上海人民出版社 2011 年版。

［美］格雷戈里·E. 彭斯：《医学伦理学经典案例》（第四版），聂精保、胡玲英译，湖南科学技术出版社 2010 年版。

［德］G. 拉德布鲁赫：《法哲学》，王朴译，法律出版社 2005 年版。

［美］H. T. 恩格尔哈特：《生命伦理学基础》，范瑞平译，北京大学出版社 2006 年版。

［德］黑格尔：《法哲学原理》，贺麟等译，商务印书馆 1961 年版。

［德］卡尔·拉伦茨：《德国民法通论》（上册），王晓晔等译，法律出版社 2003 年版。

［美］凯特·斯丹德利：《家庭法》，屈广清译，中国政法大学出版社 2004 年版。

［德］康德：《法的形而上学原理》，沈叔平译，商务印书馆 1991 年版。

［德］考夫曼：《法律哲学》，刘幸义等译，法律出版社 2004 年版。

［德］库尔特·拜尔茨：《基因伦理学》，马怀琪译，华夏出版社 2000 年版。

［美］李·希尔佛：《性、遗传和基因问题》，李千毅等译，湖南科学技术出版社 2000 年版。

［美］理查德·A. 波斯纳：《性与理性》，苏力译，中国政法大学出

版社 2001 年版。

［美］理查德·A. 波斯纳：《法律的经济分析》，蒋兆康译，中国大百科全书出版社 1995 年版。

［美］罗纳德·德沃金：《认真对待权利》，信春鹰等译，中国大百科全书出版社 1998 年版。

［英］罗素：《宗教与科学》，徐奕春、林国夫译，商务印书馆 1982 年版。

［德］马克斯·韦伯：《论经济与社会中的法律》，张乃根译，中国大百科全书出版社 1998 年版。

［美］M. 薄兹、［英］P. 施尔曼：《社会与生育》，张世文译，天津人民出版社 1991 年版。

［英］托尼·霍普：《医学伦理》，吴俊华等译，译林出版社 2010 年版。

（三）中文论文

曹刚：《安乐死是何种权利？——关于安乐死的法伦理学解读》，《伦理学研究》2005 年第 1 期。

陈小君、曹诗权：《浅沦人上生殖管理的法律调控原则》，《法律科学》1996 年第 1 期。

陈英耀：《我国主要出生缺陷的疾病负担和预防措施的经济学评价研究》，博士学位论文，复旦大学，2006 年。

杜旭宇：《剥削范畴及其功能作用的重新界定》，《科学社会主义》2005 年第 2 期。

郭敬波：《医疗违约责任论》，硕士学位论文，郑州大学，2006 年。

韩大元：《论安乐死立法的宪法界限》，《清华法学》2001 年第 5 期。

韩建军：《安乐死在英国的法律焦点》，《政治与法律》2003 年第 4 期。

黄邦道：《代孕行为引起的法律问题探究》，《重庆交通学院学报》（社会科学版）2004 年第 1 期。

黄金兰等：《权利冲突中的少数主义原则》，《北京行政学院学报》2004 年第 5 期。

黄启璪：《黄启璪同志谈：性别观点纳入决策主流》，《妇女研究论丛》1996 年第 3 期。

黄贤全、陈学娟：《评析美国安乐死合法化的进程》，《世界历史》2012 年第 1 期。

李昶达、韩跃红：《中国安乐死合法化问题的生命伦理学审视》，《昆明理工大学学报》（社会科学版）2015 年第 4 期。

李建军：《自杀：是“犯罪”还是“权利”?》，《云南大学学报》（法学版）2009 年第 1 期。

李茂久：《从敬畏到接纳：安乐死合法性问题的法理基础探讨》，《医学与法学》2016 年第 1 期。

李寿星：《不施行心肺复苏术法——〈纽约不施行心肺复苏术法〉与台湾地区“安宁缓和医疗条例”的比较》，《金陵法律评论》2013 年第 1 期。

李小红、李尚为：《配子捐赠实施的现状及其相关的伦理和法律问题》，《中国医学伦理学》2013 年第 1 期。

李拥军：《从传统到现代：性法律理念的更新与调整方式的转换》，《法律科学》2009 年第 4 期。

李云波：《论离婚不应成为变性的前提条件》，《法学杂志》2010 年第 12 期。

刘长秋：《变性的权利思考》，《检察风云》2016 年第 4 期。

刘长秋：《论生命科技立法的理念与原则》，《法商研究》2007 年第 4 期。

刘长秋：《生命伦理法律化研究》，《浙江学刊》2008 年第 3 期。

刘召成：《人格权主观权利地位的确立与立法选择》，《法学》2013 年第 6 期。

刘作翔：《权利冲突的几个理论问题》，《中国法学》2000 年第 2 期。

鲁克俭：《当代西方剥削理论评析》，《教学与研究》2003 年第 8 期。

陆俊杰：《性别选择与法律之回应——法理视野中的变性手术》，《医学与哲学》2007 年第 7 期。

吕群蓉：《在人与非人之间徘徊——以民法“自然人”概念为基础分析克隆人》，《法学杂志》2011 年第 12 期。

罗满景：《代孕合同合法性之立法比较研究——兼评中国现行规定》，《内江师范学院学报》2009 年第 9 期。

罗明忠、杨永贵等：《免费婚检、孕检的投入产出分析——以广东某区为例》,《南方人口》2009 年第 3 期。

罗燕:《伦理视野下的自杀权》,《北京社会科学》2014 年第 8 期。

马绍斌、范存欣:《试论变性手术的医学伦理问题》,《中国医学伦理学》1993 年第 4 期。

闵冬潮、刘薇薇:《质疑 挑战 反思——从男女平等到性别公正》,《妇女研究论丛》2010 年第 5 期。

莫爱新:《变性人私法问题研究》,《中国性科学》2012 年第 6 期。

莫红线、李颖峰:《韩国器官移植法对我国的启示》,《复旦学报》(社会科学版)2010 年第 6 期。

欧阳涛:《安乐死的现状与立法》,《法制与社会发展》1996 年第 5 期。

彭现美:《孕产妇健康目标及全球进程差异分析》,《妇女研究论丛》2012 年第 4 期。

彭志刚、许晓娟:《人体器官的法律属性及其权利归属》,《科技与法律》2006 年第 2 期。

申卫星:《从生命的孕育到出生的民法思考》,《法学杂志》2010 年第 1 期。

申卫星:《论人体器官捐献与移植的立法原则》,《比较法研究》2005 年第 4 期。

沈铭贤:《人类基因组伦理:问题与前景》,《医学与哲学》2001 年第 5 期。

史成礼:《建国以来计划生育工作概况》,《西北人口》1980 年第 6 期。

宋远升:《精神病强制医疗中的法律父爱主义》,《政法论丛》2016 年第 2 期。

谈大正:《全球化浪潮中生命法的人文精神和现实关注》,《上海政法学院学报》2011 年第 5 期。

谈大正:《生命法的价值取向和立法原则》,《法治论丛》2008 年第 1 期。

涂肇庆:《生育转型、性别平等与香港生育政策选择》,《人口研究》2006 年第 3 期。

汪习根、涂少彬:《发展权的后现代法学解读》,《法制与社会发展》

2005 年第 6 期。

汪志刚：《民法视野下的人体法益构造——以人体物性的科技利用为背景》，《法学研究》2014 年第 2 期。

王红漫：《安乐死问题立法进展比较》，《现代法学》2001 年第 4 期。

王怀章：《婚检制度改革的背景、缺陷、完善及发展趋势——从政府与社会分权的视角》，《行政法学研究》2005 年第 2 期。

王康：《基因权的私法规范》，博士学位论文，复旦大学，2012 年。

王利明：《侵权责任法与合同法的界分——以侵权责任法的扩张为视野》，《中国法学》2011 年第 3 期。

王萍、刘莹、柏宁：《论人体器官捐献权和行使边界》，《医学与哲学》2013 年第 3 期。

王巧梅、李雪婷：《英国、瑞典两国人口和计划生育公共服务考察体会》，《中国计划生育学杂志》2010 年第 8 期。

王文科：《关于婚检与孕检的策略构想》，《人口与经济》2010 年第 5 期。

王正苍：《论建立变性人婚姻家庭之特别制度》，《湖南社会科学》2007 年第 4 期。

温世扬：《人格权“支配”属性辨析》，《法学》2013 年第 5 期。

吴国平：《变性人婚后变性权及其婚姻家庭关系问题探析》，《西南政法大学学报》2011 年第 3 期。

肖君华：《优生优育的伦理思考》，《中国矿业大学学报》（社会科学版）2004 年第 1 期。

辛丹、彭志良：《四川省彭县实行节育技术责任制的经验》，《人口研究》1982 年第 12 期。

徐国栋：《民法私法说还能维持多久——行为经济学对时下民法学的潜在影响》，《法学》2006 年第 5 期。

徐国栋：《人格权制度历史沿革考》，《法制与社会发展》2008 年第 1 期。

徐国栋：《体外受精胚胎的法律地位研究》，《法制与社会发展》2005 年第 5 期。

许天祥、王晓霞等：《体外生命支持系统在急危重症患者救治中的应用进展》，《上海交通大学学报》（医学版）2016 年第 5 期。

颜厥安：《国家不应禁止代理孕母的法理学与宪法学根据》，《应用伦理研究通讯》1997 年第 4 期。

杨立新、曹艳春：《论尸体的法律属性及其处置规则》，《法学家》2005 年第 4 期。

易想和、邓志强：《政府生育伦理责任的内涵及实现》，《湖南行政学院学报》2010 年第 5 期。

尹田：《自然人具体人格权的法律探讨》，《河南省政法管理干部学院学报》2004 年第 3 期。

余军：《生育自由的保障与规制——美国与德国宪法对中国的启示》，《武汉大学学报》（哲学社会科学版）2016 年第 5 期。

余能斌、涂文：《论人体器官移植的现代民法理论基础》，《中国法学》2003 年第 6 期。

张爱宁：《从生物生命学发展对人权的影响看当前国际法面临的挑战》，《人权》2010 年第 3 期。

张莉：《变性人变性手术的民法基础及其法律规制》，《福建师范大学学报》（哲学社会科学版）2012 年第 2 期。

张良：《浅谈对尸体的法律保护》，《中外法学》1994 年第 3 期。

张民安、龚赛红：《因侵犯他人人身完整性而承担的侵权责任》，《中外法学》2002 年第 2 期。

张伟：《人工生育子女法律地位初探——兼议未来克隆人技术引起的法律难题》，《当代法学》2003 年第 6 期。

张宪丽、高奇琦：《阿甘本法学思想对生命法学的法理启示》，《西南民族大学学报》（人文社会科学版）2014 年第 8 期。

张晓玲：《人工生殖法律问题研究》，博士学位论文，山东大学法学院，2006 年。

张学军：《局部代孕法律问题研究》，《法律科学》1997 年第 3 期。

赵功民：《遗传学的发展及其社会伦理问题的思考》，《北京工业大学学报》（社会科学版）2002 年第 1 期。

赵西巨：《从美国 Moore 案看对人体组织提供者的法律保护》，《中国医学伦理学》2008 年第 1 期。

赵西巨：《医疗美容服务与医疗损害责任》，《清华法学》2013 年第 2 期。

赵雪莲、毛群安：《中国安乐死实施的不可行性分析》，《中国医学伦理学》2006 年第 3 期。

周平：《有限开放代孕之法理分析与制度构建》，《甘肃社会科学》2011 年第 3 期。

周平、胡纪平：《异质人工生殖中亲子关系界定之法律准则探讨》，《中南民族大学学报》（人文社会科学版）2014 年第 4 期。

周平、严永和：《现代科技背景下生命支配权之理论审视与制度构建》，《暨南学报》2019 年第 1 期。

周琪：《中国及中国科学院干细胞与再生医学研究概述》，《生命科学》2016 年第 8 期。

二 外文文献

Adam Crepelle, “A Market for Human Organs: an Ethical Solution to the Organ Shortage”, *Indiana Health Law Review*, Vol. 13, No. 1, 2016.

Alyssa Lechmanik, “The Battle Over The Embryo: How West Virginia Should Legally Define the Embryo”, *West Virginia Law Review*. Vol 116, No. 2, Winter 2013.

Barry Rosenfeld, *Assisted Suicide and the Right to Die: The luterface of Social Science, Public Policy, and Medical Ethics*, Washington, 2004.

Caulfield Timothy, Murdoch Blake, “Genes, cells, and biobanks: Yes, there's still a consent problem”, *PLos Biology*, Vol. 15, No. 7, 2017.

Ciorigio Agamhen, *Homo Sacer: Sovereign Power and Bare Life*, Stanford: Stanford University, 1998.

David M. Clarke, “Autonomy, rationality and the wish to die”, *Journal of Medical Ethics*, No. 25, 1999.

Foster C. Miola J., “Who's in charge? The Relationship Between Medical Law”, Medical Ethics, and Medical Morality, *Medical Law Review* , Vol. 23 No. 4, 2015.

Grubb A, “Surrogate contract: Parentage Johnson v. Calvert”, *Medical Law Review*, Vol. 2, No. 2, 1994.

Heather L. Mckay, “ Fighting for Victoria: Federal Equal Protection Claims Available to American Ransgender SchoolChildren”, *Quinnipiac Law*

Review, No. 29, 2011.

Kimberly Berg, "Special Respect: For Embryos and Progenitors", *George Washington Law Review*, No. 74, 2006.

Kristina Ebbott, "A 'Good Death' Defined by Law: Comparing the Legally of Aid-in-dying around the World", *William Mitchell Law Review*, No. 37, 2010.

Margaret P. Battin, *Ethical Issues in Suicide*, New Jersey: Prentice-Hall, 1995.

Meredith Lewis, "Book Note: Age of Human Cloning and the Constitutioual Crisis That May Result", *Journal of Law and Family Studies*, No. 6, 2004.

Riezzo Irenel, Neri Margherital, etc., "Italian Law on Medically Assisted Reproduction: Do Women's Autonomy and Health Matter?" *BMC Women's Health*, No. 16, 2016.

Ronald Dworkin, *Sovereign Virtue: The Theory and Practice of Equality*, Cambridge, MA: Harvard University Press, 2000.

Stephen Hoffman, "Euthanasia and Physician-assisted Suicide: A Comparison of E U and US Law", *Syracuse Law Review*, No. 63, 2013.

W. Nicholson Price Ⅱ, "Am I My Son? Human Clones and the Modern Family", *Columbia Science and Technology Law Review* , No. 8, 2010.

后　记

近二十年前，笔者因博士论文写作开始对生育权制度研究，惊觉生育权几乎是由近现代科技直接催生，并接受了科技全面洗礼的一项权利，由此引发了笔者对科技与权利特别是人格权之间关系的研究兴趣。多年来的研究方向也一直念兹在兹。本书的写作，源于 2012 年本人承担的国家社科基金项目“生命科技进步与人格权法制度创新研究”。

生命科技研究与实践的日新月异，相关立法政策的坚守与转变，都不断对课题研究提出新的要求，为此笔者断续写写改改，至今方得以勉强拟定书稿。英国科幻作家道格拉斯·亚当斯曾以调侃的口吻说出来他的科技三定律：任何在我出生时已经有的科技都是稀松平常的世界本来秩序的一部分；任何在我 15—35 岁之间诞生的科技都是将会改变世界的革命性产物；任何在我 35 岁之后诞生的科技都是违反自然规律要遭天谴的。已经远超 35 岁的笔者，在进行科技与法律规制的写作时，也时常反省，自己到底以什么年龄段的心态来看待问题？希望自己勇敢地像 15 岁，谨慎地像 50 岁，然这不过是痴人说梦。自然，书中一些内容，仍是言有未尽，意亦未达，就以抛砖自诩，恳请读者批评指正。

本书的写作出版，受到了各方的热忱帮助。感谢国家社科基金立项资助，使研究得以顺利展开。感谢同仁帮助以及不具名的专家对项目给出诚恳评议、助我完善书稿。感谢中南民族大学特别是法学院为我提供了宽松的科研工作环境，并帮助与资助出版。感谢本书责编中国社会科学出版社梁剑琴女士，为本书付出的辛勤劳动，致敬她的专业与敬业。感谢我的家人默默给予我的支持。当然，若有错漏，责尽在我，不及他人。